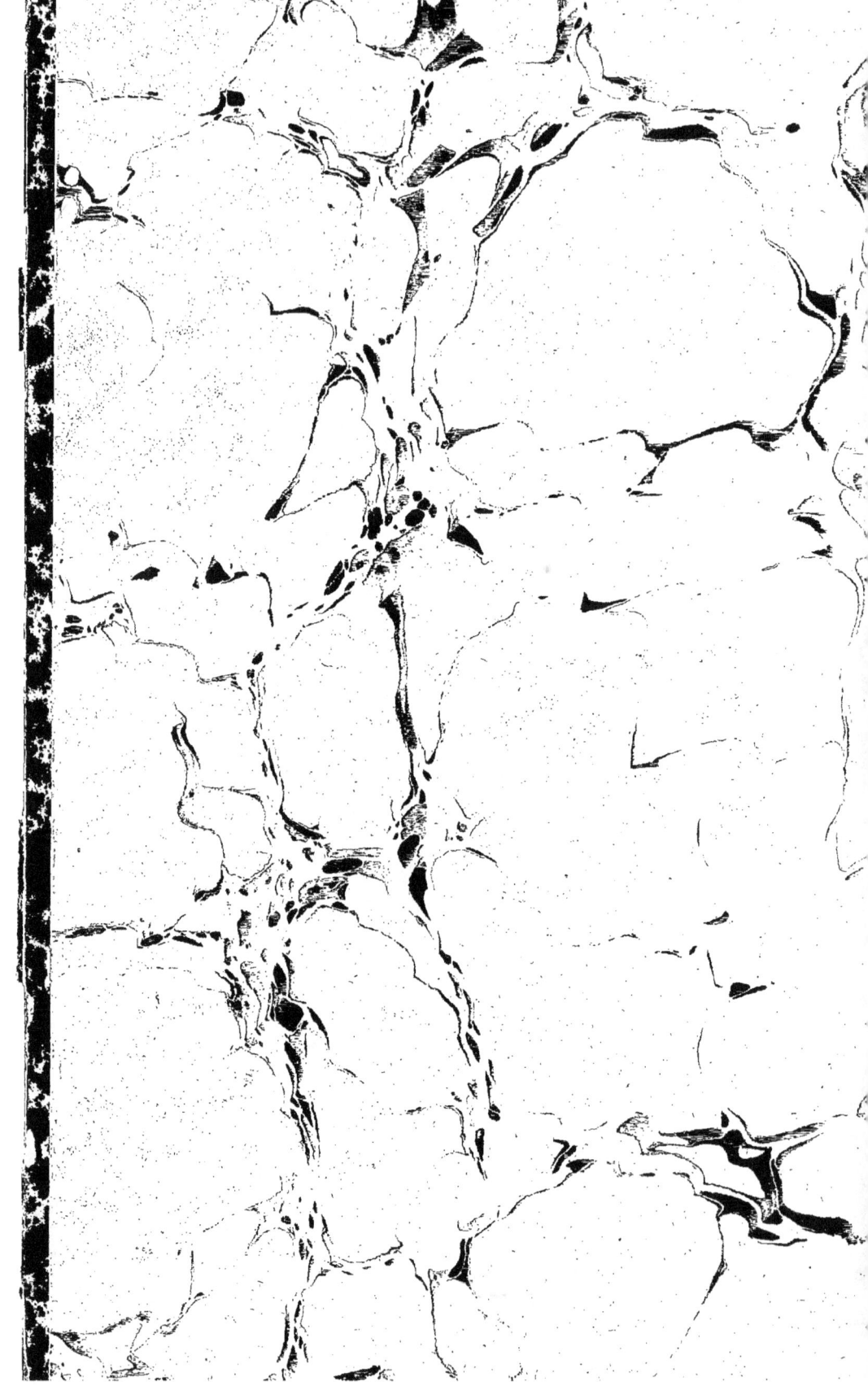

LES CLASSIQUES DE L'OCCULTE

JACOB BŒHME

DE SIGNATURA RERUM

(De la Signature des Choses)

MIROIR TEMPOREL DE L'ÉTERNITÉ

Traduit de l'allemand

PAR

SÉDIR

AVEC DES SUPPLÉMENTS ET UN VOCABULAIRE

PARIS

Librairie Générale des Sciences Occultes

BIBLIOTHÈQUE CHACORNAC

11, QUAI SAINT-MICHEL, 11

1908

DE LA

SIGNATURE DES CHOSES

JACOB BŒHME

De la
Signature des Choses
ou de
l'Engendrement
et de la
Définition de tous les Etres :

Comment toutes choses prennent leur origine dans un seul mystère ; comment ce mystère s'engendre lui-même de toute éternité ; comment le bien est changé en mal et le mal en bien.

Item : Comment la cure du corps doit être conduite suivant des analogies ; ce qui est le commencement, la rupture et le salut de chaque chose.

D'ou analogies de la pierre des sages pour la cure temporelle, avec la pierre angulaire de la sagesse du Christ, pour la cure éternelle de la Régénération.

Porte très profonde de la Nature éternelle et de la Nature initiale temporelle et de leurs statures.

A PARIS
1908

AVANT-PROPOS

La Divinité ne s'est servie que d'un seul caractère pour donner à chacune des créatures son signe, sa figure et sa forme, de manière qu'elles apparaissent comme autant de miracles du Mystère céleste ou terrestre. Ce caractère est la croix universelle qui s'étend à travers tous les trois principes dans les sphères et les tourbillons de la Nature. Telle est l'idée qui se trouve dans le frontispice dessiné par Gichtel pour le *Signatura Rerum*, et que développent les seize chapitres de ce livre.

Il a été une fois traduit en français, vers 1660, par un médecin, Jean Mandré, qui n'a réussi qu'à le rendre un peu plus inintelligible. Plus présomptueux que L.-C. de Saint-Martin, qui a mis un soin scrupuleux à rendre littéralement les idées de « son chérissime Boehme », j'ai cru qu'en supprimant les répétitions, en élaguant les périodes, en ajoutant des arguments, le lecteur moderne qui ne dispose pas de beaucoup de temps pourra mieux saisir le sens de ces textes profonds.

Boehme n'a d'ailleurs jamais prétendu consigner des choses nouvelles ; tout ce qu'il dit se trouve dans l'Ecriture et à l'école de la Nature. Par conséquent, pour le comprendre, il faut réaliser la vraie religion : imiter et suivre Jésus dans ses souffrances et sa mort, afin de revivre avec lui. C'est justement ce processus de la régénération simultanée de l'âme et du minéral, que décrit le présent livre, en se servant de la terminologie alchimique. Je veux essayer d'en donner une traduction plus concise et débarrassée des répétitions qui abondent dans les œuvres de Boehme à cause de l'insuffisance de sa culture littéraire ; je me suis permis de placer quelques notes au bas des pages pour ceux qu'intéresse l'archéologie ésotérique.

Sédir.

Février 1894.

PRÉFACE DE L'AUTEUR AU LECTEUR AMI DE LA SAGESSE

1. — *Les choses qu'il est utile à l'homme de connaître sont* (1) :

1° *Ce qu'il est.*

2° *D'où lui viennent le bien et le mal.*

3° *Comment il se conduira dans ce bien et ce mal.*

4° *Comment il pourra connaître la* Cure *corporelle et spirituelle.*

5° *Comment il doit s'y prendre pour effectuer ce salut.*

6° *Ce qu'est son créateur.*

7° *Quels sont les mystères des grandes merveilles divines.*

8° *Alors s'éveillera en lui le désir de l'amour et de la grâce de Dieu.*

9° *Lequel désir manifestera en lui l'image de Dieu par la volonté de l'Esprit.*

2-3. — *On va donc exposer ces secrets des merveilles divines afin que le lecteur devienne curieux de la « petite perle ». De la sorte :*

1° *Les merveilles divines seront manifestées.*

2° *Le Nom de Dieu sera connu en nous.*

3° *Le royaume de Satan sera découvert et écrasé.*

---

(1) Trois ternaires : Nécessité du Salut. — Ce que c'est que le Salut. — Comment effectuer le Salut, ou les huit arêtes et le centre nécessaires à la construction d'une pierre cubique ∴

4° *Tous les combats seront cessés et l'image de Dieu règnera.*

4. — *Tout ceci semble être des sons sans signification; mais la lettre extérieure n'est rien si la lettre vivante de Dieu* (1) *ne vient à l'animer; cette lettre vivante, c'est le Verbe proféré de Dieu révélé dans l'homme; et le lecteur c'est l'Esprit-Saint* (2).

5. — *Ce livre n'est pas écrit pour forcer tous les hommes à cultiver les pratiques de la régénération, mais pour aider seulement que Dieu pousse dans cette voie-là; car le temps approche où tout ce qui a été caché sera découvert.*

6. — *Mais si quelqu'un s'égarait en voulant pratiquer avant d'avoir atteint la vraie compréhension, qu'il en rejette la faute sur lui-même. Que la lumière, la bénédiction et la protection divine soient avec nous, et que le lecteur me donne sa sympathie et son amour* (3).

J. B.

Février 1622.

(1) Et non pas de l'Astral.
(2) Cf. les doctrines antiques sur le rôle du Spiritus, du Serpent, du Mercure (Bouddha, Hermès, Raphaël) comme interprète grand hiérophante du Mystère. Dans l'Eglise chrétienne, cette fonction de Janus, de *porte*, est remplie par saint Pierre, avec les clefs du portier; dans l'Eglise brahmanique c'est le Brahatmâ qui la remplit. Remarquez que les deux clefs forment la figure d'un *swastika* d'une croix tournante.
Le Ternaire est représenté par le Grand Hiérophante, terme résoluteur des oppositions du binaire. Voyez le Tarot. Cependant Bœhme parle ici d'une illumination procurée directement par le plan divin, tandis que dans les sociétés initiatiques et les Eglises, la Lumière venue du Ciel se teint toujours dans un collectif astral avant d'arriver à l'homme.
(3) Indication de la loi des interéchanges, le sacrifice Yajna, ou la pluie.

DE LA SIGNATURE DES CHOSES

OU DE

L'ENGENDREMENT ET DE LA DÉFINITION
DE TOUS LES ÈTRES

CHAPITRE PREMIER

CE QUE L'ON DIT DE DIEU SANS LA CONNAISSANCE DE LA SIGNATURE EST MUET ET INSIGNIFIANT ; DANS LE COMPOSÉ HUMAIN SE TROUVE LA SIGNATURE SELON L'ÈTRE DE TOUS LES ÈTRES

SOMMAIRE. — La signature. — Les trois formes de la Nature. — Les trois principes.

1. — Toute parole, tout écrit et tout enseignement sur Dieu est sans valeur si la connaissance de la signature n'y est point renfermée : car cela ne vient alors que de l'histoire et de l'ouï-dire, en qui l'Esprit est muet ; mais si l'Esprit dévoile la signature, on entend alors et on comprend comment l'Esprit s'est manifesté hors de l'Essence, par le PRINCIPE, dans le son et avec la voix (1).

2. — Car encore que j'entende parler, enseigner, prêcher,

---

(1) Chaque fois qu'un livre initiatique parle de son et de voix, il s'agit là du Fils du Dieu vivant. Ainsi le quinaire : Principe, Essence, Esprit, Son, Voix, est correspondant à l'échelle exotérique des *Tatvas* de la *Yogà* ; en Occident, le Verbe prend la forme de l'Agneau ; en Orient, il prend celle du Taureau ; voir le mythe de *Shiva*, qui est *Ishouara* ou le Grand Dieu, *Mahadeva*. Cf. à ce sujet l'Alphabet pentagrammatique de la Géométrie qualitative.

encore que je lise, je ne comprends complètement et ne m'assimile ces discours et ces lectures que si leur Esprit, sortant de leur signature formelle, entre en la mienne et s'y imprime ; j'ai alors une base solide, visuelle ou auditive : quand on a le battant, on peut sonner la cloche (1).

3. — Ainsi, l'on voit que toutes les facultés humaines viennent d'une seule, Racine et mère unique : si cela n'était, un homme ne saurait comprendre le verbe d'un autre.

4. — Car c'est par la parole qu'une forme en éveille une autre, selon leur principe particulier (2). On s'entend en donnant à l'esprit une forme au moyen de laquelle il peut entrer en d'autres hommes et réveiller chez eux les formes de SIGNATURE semblable ; les deux mouvements INQUALIFIENT alors l'un dans l'autre, et alors il n'y a plus qu'une compréhension, une Volonté, un Esprit et un Entendement.

5. — Secondement, nous disons que la SIGNATURE ou forme n'est point l'Esprit, mais le corps de l'Esprit : de même qu'une viole qui, si on ne la touche et ne la fait point vibrer, ne laissera entendre aucun son ; la Nature formelle ou signature n'est qu'une Essence muette, viole accordée avec justesse, qui, sous les doigts habiles de l'Esprit de la volonté, rendra des harmonies merveilleuses, selon la propriété des cordes émues.

6. — En l'âme humaine gît la SIGNATURE, selon l'Essence des Essences ; il ne manque à l'homme que l'Artiste industrieux qui doit lui faire rendre les mélodies exquises : le véritable Esprit de la très haute Puissance éternelle ; et quand Il se

---

(1) Un principe, c'est le Père incognoscible à l'état latent, c'est le commencement du monde.

L'Essence est la mère de l'ipséité, c'est comme un miroir, le premier où se reflète le Feu principe, la racine de la vie d'une chose.

On appelle Esprit tout mouvement de va-et-vient empruntant ses qualités à la nature de ses deux termes.

Le Son est un esprit congelé ; c'est ce qu'on appelle, dans une certaine école, la queue du dragon.

Et enfin la Voix est un son individualisé.

Voir dans le *Sankhya* et dans le *Mimansa* une théorie des impressions sensorielles.

(2) C'est le mécanisme de la Conjugaison du subjectif et de l'objectif qui a pour résultat la Connaissance : il faut bien noter que cela se passe dans le cerveau de l'homme sidérique, avant de parvenir au cerveau conscient.

lève en l'homme, et qu'il l'émeut au Centre (1), alors il touche l'Instrument (2) de la forme humaine : et la forme sort de la bouche avec la parole (3). L'homme interne se manifeste dans le ton de la parole, c'est ainsi que l'âme prend naturellement conscience de soi-même.

7. — L'homme a effectivement en lui toutes les formes des trois mondes, puisqu'il est une image entière de Dieu ou de l'Essence des essences ; c'est pendant sa gestation qu'il est ordonnancé ; il y a en lui trois architectes (4), qui sont le triple Fiat des trois mondes et qui luttent pour posséder sa forme ; l'un des trois obtient le Régime souverain (5), et le reçoit en l'Essence, d'après cela l'instrument s'accorde dans sa triplicité.

8. — Aussitôt que l'homme est né, son Esprit fait vibrer cet instrument ; alors la forme spirituelle se verbalise, et agit au dehors en bien ou en mal, car de la même façon que résonne une viole, les sens sortent de l'Essence de l'âme et avec eux la volonté avec ses gestes ; ainsi s'expliquent les différences des caractères entre enfants des mêmes parents.

9. — Il faut ensuite remarquer que bien qu'un Fiat ait le souverain Règne et modèle la forme d'après lui, les deux autres l'accompagnent pourvu que leur instrument vibre ; c'est ainsi qu'un homme ou une bête, quoique naturellement enclins

(1) Le Centre d'une chose, c'est son fond le plus intérieur, le milieu, le cœur ; c'est l'Esprit de la chose, c'est le lieu de la pierre des sages.
(2) L'Instrument, c'est ici les facultés de conscience et d'expression.
(3) Il s'agit ici de la parole vivante d'un homme régénéré.
(4) On retrouvera l'action de ces trois architectes dans l'exposé des développements embryogéniques : les trois feuillets de l'embryon fournissant les trois parties de l'organisme et servant d'habitat aux trois âmes de Platon.
(5) Il faut expliquer ici que les trois Fiat dont parle Bœhme sont celui de la Lumière, celui des Ténèbres et celui du Monde, mélange des deux premiers. Les trois centres de l'homme appartiennent au dernier, au Fiat du troisième principe, tout en portant chacun le caractère marqué de l'un des trois Fiat. Cependant le centre instinctif, le centre animique, le centre intellectuel de Fabre d'Olivet ne sont pas du tout les centres de Bœhm : chaque auteur a son point de vue. (Cf. Papus, *Traité élém. de Sc. occ.*)

au bien ou au mal, se déterminent pour l'un ou pour l'autre contre leur tendance lorsqu'ils subissent une réaction extérieure assez forte ; et le méchant dégrade souvent plus encore sa complexion externe quand sa complexion interne est émue ; c'est ce qui arrive lorsqu'un Bon émeut cet INSTRUMENT interne par son désir de charité ; ou au contraire, lorsque le Méchant agit par sa force colérique sur la complexion interne du Bon, la colère en ce dernier se réveille.

10. — De même que les formes de vie sont FIGURÉES (1) par le FIAT (2) pendant la gestation, de même se dessine l'esprit naturel : car il émane de l'ESSENCE de tous les trois principes, et il exhale une volonté également semblable.

11. — Mais cette volonté peut être brisée par une plus forte qui évertue les formes intérieures et qui emporte le gouvernement ainsi que nous la voyons dans la force du ☉, convertir en une agréable douceur l'âcreté d'un fruit amer ; une bonne plante dans une mauvaise terre ne peut montrer sa vertu, et un bon se gâte au milieu des méchants. Et ces actions s'impriment dans la forme extérieure, proportionnellement à force de l'action interne : ce sont elles qui peuvent se lire dans l'homme, en son parler, en ses actions, en la forme de ses membres, en la forme de son visage. De même les animaux, les plantes et les arbres, toutes choses enfin, sont marquées extérieurement selon leur structure interne.

12. — Leurs changements même, du Bien au Mal, produisent leur CARACTÈRE (3) extérieur ; et on peut les suivre au cours de leur développement dans les actes de chaque jour.

13. — C'est ainsi que les bêtes féroces, lorsqu'elles ont été domptées, ne montrent plus leur caractère primitif, lequel ne reparaît que s'il est fortement ému ; alors tout l'artificiel et l'acquis lui font place et disparaissent.

14. — C'est ainsi qu'une plante, transportée d'un sol mauvais en un bon, se développe et acquiert une odeur agréable et des vertus bénéfiques, montrant ainsi son ESSENCE interne.

15. — Nous voyons d'ailleurs dans ce monde de quelle façon l'essence unique interne s'est manifestée par sa similitude

---

(1) La FIGURE, c'est la forme.
(2) Le FIAT, c'est le verbe créateur.
(3) Ou signature.

selon le désir de la génération, de quelle façon elle s'est diversifiée (par le travail de l'interne) dans les Etoiles, les Eléments, les plantes et toutes les créatures.

16. — C'est pourquoi la compréhension réside dans la signature, qui permet à l'homme (l'image de la plus grande vertu) de se connaître lui-même et de connaître l'Essence des essences ; car à la forme extérieure de toutes les créatures, à leur désir, à leur voix on peut connaître l'esprit caché, — la Nature ayant à chaque chose donné son langage (selon l'essence et la forme). Le langage prend sa source hors de l'Essence et se manifeste, pour les créatures animées, par leur voix, pour les autres, par leur odeur, vertu et figure.

17. — Tel est le langage de la Nature, par lequel chaque chose exprime ses propriétés et proclame la Mère qui l'a engendrée et lui a donné l'Essence (1) et la faculté de prendre une forme.

(1) Pour toutes conférences à propos de la doctrine des signatures voir Papus, *Magie pratique*, 3ᵉ partie ; et surtout Guaita, *Clé de la Magie Noire* ; puis Paracelse, Agrippa, Crollius, Swedenborg, E. Lévi, Saint-Martin, *Esprit des choses*, etc.

CHAPITRE II

DE L'OPPOSITION ET DU COMBAT DANS L'ÊTRE DE TOUS LES ÊTRES

SOMMAIRE. — La médecine des trois règnes. — Les trois premières formes en l'homme et dans le monde physique. — L'alchimie. — L'orage.

1. — Du nombre infini des formes, produisant chacune sa volonté différente, nous pouvons déduire que l'Adversité existe aussi en l'Essentialité première, que les péripéties de cette lutte où une ESSENCE attaque toujours l'autre, et lorsqu'elle la rompt et la vainc l'introduit dans une autre forme, engendrent les maladies et les douleurs.

2. — Là est le fondement de la médecine, c'est-à-dire l'art de tempérer les ESSENCES l'une par l'autre, et de les mener toutes vers une santé harmonieuse; sans cette lutte il n'y aurait point de nature, ni de volonté mais un néant éternel ; car la volonté cause le mouvement, lequel tend au repos et s'excite lui-même en le cherchant.

3. — Le rôle du médecin consiste à égaliser les volontés : elles tendent d'ailleurs, comme à la plus souveraine joie, à s'unir à leur semblable : l'égalité de la Nature éternelle (1) est ainsi reproduite, ainsi que sa Paix éternelle (2).

(1) La Nature éternelle est formée par les deux éternels principes, Positif et Négatif, qui sont comme s'ils étaient combinés en une parfaite union. Ces deux premiers sont le Purusha et la Prakriti védiques, l'Energie et la substance, le yn et le yang chinois ; mais la conception de Bœhm est autre ; elle peut conduire à comprendre mieux la Kabbale et le Tao.

(2) La Liberté éternelle contient et est elle-même la Volonté (*quarante quest.* 1re). Elles comprennent les libertés ou les volontés particulières. Chaque volonté tend par définition vers quelque chose, pour se l'approprier, pour s'y contempler. Elle est

4. — Ces choses ne sont point alors manifestées au dehors, elles ne peuvent l'être que par le combat qu'elles se livrent entre elles, voulant sans cesse fuir ces heurts et retrouver la tranquillité perdue.

5. — Nous apercevons ainsi que le meilleur médecin de la Contrariété c'est la Liberté qui est une lumière et comme le désir de l'esprit ; et que la convoitise de l'Essence (1) c'est l'égalité : deux aliments par lesquels la faim de l'Adversité (du Combat) se peut calmer et cesser d'inqualifier (2).

6. — Puisque donc la vie humaine consiste dans le jeu de trois principes, en une triple essence et possède un triple esprit de chaque propriété de l'Essence, lequel ternaire est : le Feu central, la Lumière éternelle et la propriété de l'être divin, la propriété du monde extérieur ; il nous faut considérer comment chaque esprit combat avec son essence et ce en quoi consiste la cure, c'est-à-dire le remède de l'harmonie (3).

---

donc à elle-même son miroir et l'objet de son désir est elle-même (*Ibid.* 1re). Mais le désir, qui consiste en un bouillonnement et en un attrait centripète, est la ténèbre de la volonté. Il est la projection, la faculté de la volonté, si j'ai bien compris, et ils ne peuvent se manifester l'un sans l'autre ; dès donc que la volonté désire, elle se trouve dans les ténèbres, et par conséquent dans l'angoisse, car les ténèbres ne sont point sa demeure ; elle désire donc en sortir ; « mais on ne sent rien là qu'une source colérique en soi-même, laquelle par son *attirement* produit la rudesse et la dureté, ce que la volonté ne peut pas supporter, et elle remue ainsi la racine du feu dans l'éclair comme cela a été dit ci-dessus ». De là, la volonté reconçue rentre en elle-même et ayant dispersé les ténèbres retrouve une joie aimable. « C'est cette joie après laquelle la volonté dans les ténèbres soupire toujours ; de là résulte le désir, et c'est ainsi une éternelle alliance qui ne peut jamais être rompue. » (*Drey. Princip.*, ch. xxi, 17-20, trad. Saint-Martin). Voy. aussi le suivant § 4.

(1) Sur l'Essence, voyez *Clav.*, p. 264, édit. de 1682.

(2) Inqualifier exprime l'action d'un agent pénétrant dans un milieu et le saturant.

(3) On voit que, pour Böhme, la création vient du combat des sept forces de l'Eternelle Nature ; à des centaines de siècles et des milliers de lieues d'intervalle, Krishna enseigne à Ardjuna (*Bagavat Gita*, ch. viii) que toutes les productions de la matière se dégagent du principe latent lorsque mille âges (une nuit de Brahm) se sont écoulés ; quand ce moment approche, elles se manifestent spontanément.

7. — Au delà de la Nature se trouve le Rien, comme silence et repos éternels. Dans ce Rien sourd, de toute éternité, une Volonté vers quelque chose ; et ce quelque chose qu'elle convoite c'est elle-même ; puisqu'il n'y a Rien qu'elle-même. Cette convoitise est la propriété de la faim qui s'assouvit en se trouvant elle-même ; et cet avalement (1) produit l'obscurité (2).

8. — La Volonté est donc obligée de rester dans les ténèbres ; et comme elle veut en sortir, elle se crée une seconde volonté qui tend vers la liberté. Cette tension ne peut aboutir qu'au Rien ; plus elle désire avec force la manifestation, plus la volonté première la refrène en elle-même, et cette lutte produit trois formes (3).

9. — La convoitise est l'Astringence, qui donne la dureté, qui est une fermeture, d'où vient le froid ; puis l'Expansion, qui aiguillonne la dureté, qui cause le mouvement, qui lutte contre l'Astringence et qui la renforce d'autant. Cette lutte provoque un mélange dans la convoitise qui en est l'Essence ; et de cette rupture, de ce déchirement perpétuel, vient la troisième forme, l'Angoisse douloureuse.

10. — Ces trois formes s'exaltent et s'activent de plus en plus en se provoquant les unes les autres, d'où la Nature, qui,

« Nous vous donnons à entendre, écrit Böhme (*Incarn. de J.-C.*, 3e p., V, 3), que dans l'éternel (éternité) il n'y a que deux principes : 1° le feu ardent que la lumière remplit ; elle lui donne sa propriété, en sorte que, du tourment aigu naît le grand royaume de joie, car l'angoisse atteint la liberté, ce qui fait que le feu brûlant n'est qu'une cause de trouver de la vie, et de la lumière de la majesté ; le feu tire à soi la propriété de la lumière ou la douceur, et la lumière tire à soi la propriété du feu, comme une vie et un trouver (soi) ; 2° l'autre principe s'entend de la lumière ; mais la substantialité essentielle dont le feu brûle demeure éternellement une ténèbre et une source de la fureur dans laquelle Satan habite, tout comme l'on voit que le feu est autre chose que la matière dont il brûle. »
Retenons bien ces idées primordiales de Nature éternelle et de primitive dualité dont nous allons voir se développer les mouvements adverses.
(1) Cf. le symbole de l'ourobouros, le serpent Ananta, dans l'astral.
(2) En hébreu *Hoschek*, Hosh'-Ach, mouvement violent, causé par une ardeur interne, avec contraction vers le centre.
(3) Cf. Lodoïck de Divonne, *La Voix qui crie dans le désert.*

étant quelque chose, est opposée au Rien libre, calme et immobile.

11. — De là naît l'Inimitié. — Tel est le Centre de la Nature. Au commencement, dans le premier Principe, c'est un Esprit ; dans le second, c'est un Amour ; dans le troisième, c'est une Séité. Et dans ce troisième Principe (1), les trois formes s'appellent : Soufre, Mercure et Sel.

12. — Dans le premier Principe Sul est la volonté libre comme tendance du néant vers quelque chose, dans la liberté extranaturelle ; phur est la convoitise de cette tendance comprenant la genèse de la Nature éternelle et de la Nature extérieure, car la dureté, l'attrait sévère aiguise les essences et les perpétue. Par le Sul, l'angoisse ténébreuse devient une lumière et dans le troisième Principe, le Sul est l'huile de la Nature où brûle la vie et où croissent toutes choses.

13. — Le Sul en réalité n'est pas séparé du Phur : c'est une seule Séité qui a deux propriétés : joie et douleur, lumière et ténèbre ; — deux mondes : l'un de feu sombre dans la sévérité, l'autre de feu lumineux dans la liberté : ce dernier fait comprendre la Divinité, le premier fait comprendre la Nature, et ces deux sont la cause réciproque de leur existence.

14. — La douleur est le médecin du désir de liberté, par l'Angoisse qui fait que le Rien est devenu une vie et a pris conscience de lui-même, ce qu'il n'aurait pu en restant dans le calme (2).

15. — Et la lumière, ou le Sul, est le médecin de la convoitise de la nature ténébreuse, en arrêtant le tourbillon d'Angoisse, qui se convertit en une sonorité dans l'Essence (3).

16. — Chacune des trois propriétés demeure elle-même et elles habitent cependant l'une dans l'autre ; elles sont le médecin l'une de l'autre, au moyen de l'Imagination, car l'Eternel est Magique (4).

17. — La seconde forme de la Nature dans l'Eternité est le

(1) Ce troisième principe est le monde physique et astral.
(2) Cf. au point de vue moral, les quatre vérités bouddhiques.
(3) Genèse de la sixième Forme.
(4) Magie et Imagination s'appliquent ici à cette propriété caractéristique que possède une Volonté quelconque de former, dans le milieu où elle agit, des images d'elle-même, propriété qui, pervertie, est devenue l'instrument des magiciens.

Rayonnement des Essences aiguës et piquantes ; l'Essence naît là où il y a trouble, car le Rien est paisible. Dans le troisième Principe, c'est le Mercure (1) ennemi et venimeux, cause de la vie, du mouvement et des sens. Il existe afin que de l'un sorte la multiplicité sans fin et sans fond.

18. — Cette forme cherche le repos par l'inquiétude, et est à soi-même sa propre ennemie. Sa médecine est double comme sa convoitise qui se dirige à la fois vers la liberté tranquille et vers l'inquiétude de la recherche d'elle-même. La volonté radicale cherche la joie ; elle sort pour cela du Rien, et va dans le mouvement douloureux, où cette volonté se retrouve (2).

19. — Cette volonté trouvée désire à nouveau la paix du Rien, afin qu'elle jouisse de la tranquillité et de la joie. Ainsi, il y a deux volontés au fond de tout : l'une tendue vers le feu irascible et la roue d'angoisse, pour générer la Nature ; l'autre vers la vie de lumière et la joie de la Nature.

20. — Le médecin de la première est le désir de la liberté ; et celui de la seconde est la fureur dans la convoitise affamée. Tels sont l'amour et la colère de Dieu, le bien et le mal (3) au Centre de chaque vie, le plaisir et la douleur et leur mélange incessant.

21-22. — Il y a une troisième volonté qui naît comme d'une Essence des deux premières ; elle est leur esprit et leur maître : car elle peut les provoquer l'une ou l'autre à son gré, car elle est la vie véritable.

23. — Le désir de la liberté est appelé Dieu ; le désir de la Nature est appelé la colère de Dieu ; c'est le monde obscur ; le premier principe ; et le monde lumineux est le second principe ; ils ne sont pas séparés l'un de l'autre ; ils vivent ensemble, ils sont la cause et la cure l'un de l'autre ; et celui des deux qui se meut, manifeste au dehors par son caractère.

24. — La troisième forme est l'Angoisse ; elle est par elle-même le Fiat ; opérant avec les deux autres, elle produit le quatrième qui est le Feu. Dans le troisième Principe, elle est le

(1) Mercurius désigne le son.
(2) Prend conscience d'elle-même.
(3) Drach, *Harmonies de l'Eglise et de la Synagogue*, vol. I.
Le bien et le mal éthiques se discerneraient donc par l'altruisme et l'égoïsme.

Sel, selon sa matière, mais selon son esprit elle a beaucoup de figures ; c'est la force corporisante ; elle peut être sulfureuse, ou un éclair mercuriel ; en soi, c'est une agonie aiguë.

25. — Elle contient un feu froid et obscur, et un feu chaud. Le premier s'engendre de l'Astringence, ou attrait aigu ; le second vient de l'aiguillon du mouvement dans l'Angoisse ; c'est le désir de la liberté qui l'allume (1).

26. — Les trois formes que nous venons de décrire se développent l'une dans l'autre, elles n'ont qu'une seule mère qui est la volonté convoitant la manifestation.

27. — L'angoisse ou faim de l'esprit du Sel a deux volontés : la première est celle vers la Nature ; la seconde est la fille de la précédente ; elle retourne en elle-même de la manifestation à la liberté. Car la vie qui circule dans la Nature ne lui appartient pas essentiellement : elle a en elle-même le désir de manifester l'interne.

28. — La première volonté du Sel dans sa recherche de soi-même constitue le Centre de la Nature : c'est un éclair et une frayeur ; la seconde s'enfuit de la première, pour se déployer en un quelque chose.

29. — Ce Centre en soi, cette fureur, c'est le monde ténébreux ; la sortie vers la manifestation, c'est le monde extérieur, l'autre volonté qui sort de la première, est le monde de la lumière, ou royaume de la joie, la vraie divinité.

30. — Le monde ténébreux convoite le monde extérieur manifesté pour apaiser sa faim ; le monde extérieur convoite l'essence ou la vie qui résulte de l'Angoisse, sa convoitise en soi est le miracle de l'éternité, un Mystère, ou un miroir, ou l'objet de la recherche de la première volonté.

31. — C'est le Soufre, le Mercure et le Sel (2) ; car une telle convoitise est une faim de soi-même et son propre rassasiement. Sul désire le Phur, le Phur désire le Mercure ; ces deux désirent le Sel, leur fils, leur demeure et leur aliment.

32. — L'image de l'inimitié produite par ses convoitises c'est l'orage et les éclairs. — Lorsque le Feu du soleil émeut la grande angoisse, et qu'elle atteint le Salniter (3), elle

(1) C'est pourquoi en Alchimie on compte sept sels.
(2) Pour cet univers créé.
(3) Le Sel est très complexe : il est le produit du chaud, du

l'allume ; car il est l'éclair ou l'aiguillon du Mercure. Cet éclair provoque l'acuité froide de l'esprit du sel, qui, devant l'éclair, se ramasse soudain en soi : de là l'éclair visible tombe à cause du froid, ♄ lourd ; et le son se propage à cause de la légèreté du Salniter.

33. — Puis le vent se lève, c'est-à-dire l'esprit des quatre Formes : la grêle provient du froid, et l'eau vient du désir de la lumière qui agit sur le froid esprit du sel, c'est-à-dire sur les nuages, que le dernier résout en pluie par après.

34. — Ainsi l'éclair (Salniter allumé) commence, amène le tonnerre qui provoque l'astringence ; de là le vent commence à tourbillonner (1).

---

froid, du Soufre et du Mercure, dans leur combat ; le Salniter ou Salpêtre alchimique est formé par l'action prédominante du Mercure ; c'est la racine ignée de tout sel.

(1) Cf. Malfatti, *La Mathèse* pour une théorie analogue de l'orage.

CHAPITRE III

DU GRAND MYSTÈRE DE TOUS LES ÊTRES

Sommaire. — La manifestation divine ; les deux formes de la première volonté ; génération des essences par le Soufre, le Mercure et le Sel ; essences intérieures et extérieures ; lieu de Lucifer.

1. — Nous allons essayer de montrer la manifestation de Dieu par la Nature ; comme Dieu a un commencement éternel et une fin éternelle, la Nature du monde intérieur est aussi éternelle.

2. — En dehors de la Nature, Dieu est un mystère, un Néant (1) ; ce Rien est l'œil de l'Eternité, abîme sans fond ; il contient une volonté, qui est le désir de la manifestation pour se retrouver lui-même.

3. — Cette volonté avant laquelle il n'y a rien ne peut chercher qu'elle-même et ne trouver qu'elle-même par la Nature.

4. — Et dans ce mystère pré-naturel, il y a une volonté vers la manifestation, et une autre, née de la première, vers la puissance : c'est la fille de la première, désireuse du royaume de la joie.

5. — La convoitise sort ; et cette sortie est l'Esprit de la volonté, c'est un tissu, qui forme des images spirituelles dans l'infini du mystère.

6. — Cette même forme est l'éternelle sagesse de la Divinité,

---

(1) Dans le sens indou, Parabrahm ne peut être décrit que par *Non, non.*

la tri-unité dont nous ne pouvons connaître le fond, mais considérant l'acte de la création, nous séparons Dieu de la Nature.

7. — Ceci est l'ARCANE le plus occulte ; l'Abîme se manifeste ; la Nature éternelle est sa corporisation ; la nature extérieure, visible, est un engendrement de l'esprit intérieur en bien et en mal, une représentation des mondes igné et lumineux.

8. — L'âme conçoit la nature éternelle ; l'Esprit de l'âme ou la noble image de Dieu conçoit la genèse du monde de lumière angélique ; l'esprit SIDÉRIQUE et élémentaire, conçoit la genèse et les propriétés des étoiles et des éléments. Chaque œil contemple la mère de qui il est né.

9. — Nous allons décrire la genèse de tous les êtres, indiquer comment ces trois mères sont la cause les unes des autres et comment cela se produit depuis l'œil (1) de chacune des trois mères (2).

10. — Personne ne niera que l'homme soit une semblance de Dieu, une image de l'Etre des êtres ; restons donc en Dieu, puisque dans la lumière réside la vision.

11. — Nous avons expliqué plus haut comment l'engendrement de ce monde s'effectue par le *Soufre*, le *Mercure* et le *Sel* (3) ; nous allons voir comment se déclarent les séparations intérieures, comment tout se forme du *Centre*.

12. — Dans le principe éternel, le *Sulphur* possède deux formes, de même que dans le principe temporel de ce monde. Le *Sul* est la tendance vers l'éternelle liberté, le désir sortant de l'abîme, et dans cette faim est le commencement de la Nature, comme attrait en soi.

13. — *Sul* est Dieu, *Phur* est la Nature, comme on le voit dans l'esprit sulfureux du corps matériel de ce nom. Son essence est une MATIÈRE desséchée et contrite, sa propriété est douloureuse et à exhalaisons ignées : la raison s'en trouve dans sa double origine : venant de la convoitise qui est attractive et de la liberté qui est rayonnante.

---

(1) Synonyme de première forme, de source. Cf. l'hébreu *Aïn*.
(2) Cf. le *Sefer Ietzirah*. — Remarquons cette andrologie dessinée en quelques lignes : ce sera la base théorique de tout le processus de la réintégration.
(3) Voir la *Voix qui crie dans le Désert*, 3ᵉ dialogue, par LODOÏK.

14. — La convoitise, étant une attraction, produit la dureté et le feu ; la liberté produit l'éclat du feu ou la lumière. *Sul* est la lumière ; *Phur* est le feu. Cependant la lumière et le feu se manifestent, non dans le *Soufre* mais par le *Mercure* et dans le *Sel* qui est le véritable corps de l'Essence.

15. — La première convoitise qui se déclare dans le désir de la liberté SUBSTANTIALISE tout. C'est la mère unique de toutes les choses créées (1).

16. — Le MERCURE né du SOUFRE est la séparation en lumière et en ténèbres, la roue brisante cause de la multiplicité ; il sépare les métaux où est la liberté, des terres grossières où agit la convoitise cupide (2).

17. — Au commencement de sa génération, il possède trois qualités : le tremblement de la sévérité, l'angoisse par l'IMPRESSION de la convoitise austère, et l'expansion de la multiplicité, sa vie ESSENTIELLE.

18. — Cette dernière qualité tend, de soi-même, à sortir des ténèbres ; elle s'est aiguisée par l'oppression de l'austérité ; elle est alors une vie active et sensible, elle devient une splendeur qui est le royaume de la joie.

19. — Comprenons ici que l'esprit se sépare de l'essence, l'essence reste dans l'IMPRESSION et devient MATÉRIELLE, soit tel ou tel métal, selon la qualité de la première compréhension dans le Soufre, — soit de la terre. Aucun métal ne peut être généré sans le SALNITER (3) qui est l'effroi dans le MERCURE, lequel se MATÉRIALISE par l'IMPRESSION austère, et se sépare en un soufre, un salniter et un sel ; il n'y a point de corps en tout ceci ; il n'y a que l'esprit de l'être ; l'être sort de la mort par une agonie qui a lieu dans la grande angoisse de l'IMPRESSION, qui est la vie mercurielle ; dans cette douleur, l'effroi salnitrique fait comme un éclair ; puis la liberté rentre en elle-même ;

---

(1) Cf. SAINT-MARTIN, *Esprit des Choses*, t. II, la résistance et le mouvement.
(2) Le *soufre* est le passage de la première forme à la seconde ; le Mercure est le passage de la deuxième à la troisième. Il faut bien se rappeler que les trois et même les sept formes ne sont pas successives, mais simultanées ; ce n'est que dans le monde physique que le Temps et l'Espace sont nécessaires à leur développement.
(3) Cf. le *Vocabulaire*, la *Vie de Jacob Boehme*, chez Ollendorff.

et l'être demeure dans l'angoisse austère et ténébreuse (1).

20. — Dès que la colère déborde ainsi, provoquant l'effroi, elle conçoit la douceur et commence à s'éteindre. Cet effroi vient du Mercure ou de l'angoisse de la mort.

21. — Avec lui s'allume le feu, qui sépare une partie de l'être vers la colère et l'autre vers l'amour.

22. — Cette seconde part de la Matière, qui veut être délivrée de la Colère, s'abaisse au-dessous d'elle-même : c'est une eau que la colère tient prisonnière. La colère produit les minéraux ; et la liberté, c'est l'eau générée avec le feu, par la mort, dans la douceur de la lumière.

23. — Comme cette eau se forme dans l'effroi du Salniter, elle est multiple ; car l'effroi mortel qui a lieu produit une vie essentielle et un corps brut et insensible dont la Matière est morte. Chaque corps est semblable à son esprit essentiel.

24. — La première partie de la Matière est engendrée par le désir vers la Nature, vers la manifestation de l'abîme ; la seconde, par le désir de la liberté.

25. — Au moment de cet effroi, se produit, par l'angoisse d'abord, une eau sulfureuse.

26. — Puis, par l'attrait austère, une eau saline. Toutes les choses créées ont un sel qui contient et attire le Corps et un soufre qui possède l'huile ou la lumière, c'est-à-dire le désir de la manifestation, d'où vient la croissance.

27. — Puis, par l'effroi du Salniter, venant de l'amertume, une eau terrestre, obscure, morte, contenant tout ce qui est devenu corporel.

28. — Considérons maintenant le plus haut Arcane (2) : celui de l'essence céleste, des gemmes et des métaux dont elle est le principe.

29. — Nous avons vu comment le premier désir vers la Nature passe par toutes les formes jusqu'à la plus haute exaltation, et là, rentre en lui-même, comme une vie sortant du

---

(1) Il faut comprendre que la lutte des trois premières propriétés devient toujours de plus en plus furieuse ; c'est lorsque la limite de résistance du milieu (de la matrice) où elle se débat est atteinte, que se produit le craquement, l'éclair, la mort, de la quatrième forme, du feu.
(2) Synonyme de Mystère dans le vocabulaire de Paracelse. Tout ce passage a trait à la matière visible.

feu (1). Le feu éternel est MAGIQUE et spirituel. La liberté est son origine, la Nature éternelle est son acuité. Ce qui meurt par le feu est divin (2) ; ainsi se déclarent dans la mort ignée, la lumière et le royaume de la douceur.

30. — Les propriétés de la première mère se partagent par l'effroi salnitrique : en une eau qui est une ESSENCE puissante, dont le Christ nous assure que celui qui en boit reçoit la vie éternelle ; — et en un feu, qui s'appelle le ciel, où se manifestent les miracles de la joie divine. L'eau est le verdoiement du paradis ; le feu produit l'élément éternel, la corporéité divine où se trouve tout ce qui peut être connu de Dieu.

Voyons maintenant le monde extérieur.

31. — En regardant les divers CORPS des Métaux, des pierres et des créatures vivantes, la raison se demande quelle est la naissance de chaque chose, puisqu'elles n'ont toutes qu'une Mère unique, et que l'éternité n'a pas de commencement. Nous observerons donc cette mère, la séparation du temps et de l'éternité, des deux PRINCIPES, le divin et celui de ce monde, qui est divin aussi.

32. — Comme Jésus appelle le Diable le prince de ce monde, nous dirons aussi comment ce prince est la plus misérable créature de ce monde. La Mère, qui a engendré toutes les créatures, contient dans sa propriété : le SOUFRE, le MERCURE et le SEL spirituels, tout ce qui est sorti de son IMPRESSION, et son Fiat donne des créatures différentes selon la qualité primitive de la séparation.

33. — En premier lieu sont les hauts esprits engendrés du CENTRE de tous les êtres, par le libre désir dans la propriété du feu ; ils avaient en eux les propriétés des deux mondes éternels. Après leur CORPORISATION, ceux qui demeurèrent dans

---

(1) Cette quatrième forme résout le combat des trois premières en :
    Eau sulfureuse, contenant un principe d'expansion,
    Eau saline, contenant une force corporisante,
    Eau terrestre, tendant vers la matière.
Cette eau triple va devenir l'aliment du feu et produire la cinquième forme ou lumière. Ainsi dans l'âme de l'homme, quand le désir, la pénitence et l'angoisse sont à leur plus haut degré, le feu providentiel les résout en amour, repentir et larmes. On peut facilement faire d'autres applications.

(2) C'est la colère, ou le Dieu colérique.

la propriété du désir libre, et qui introduisirent leur volonté du feu dans la lumière, furent des anges ; ceux qui introduisirent leur convoitise à nouveau dans le Centre, devinrent des diables, expulsés de la liberté et de la lumière (1).

34. — Ainsi les diables ne possèdent ni le royaume de Dieu ni le royaume de ce monde ; car, à la création, ce dernier fut formé par les deux qualités ; et le diable ne possède que la Colère.

35. — Après les esprits élevés, Dieu a créé ce monde visible, avec les étoiles et les éléments, comme une génération de la mère éternelle ; tout cela est sorti de l'éternel commencement et a pris un point de départ temporel. Le mouvement de la mère a allumé ses formes, et elles ont produit des CORPORISATIONS. Ensuite Dieu a créé la terre :

36. — La première convoitise vers la Nature s'imprime en trois formes : ☽, ☿, ⊘ ; tout se meut et s'agite par cette impression jusqu'à la plus haute angoisse, jusqu'à l'effroi SALNITRIQUE. Le feu naît ; la douleur bouillonne, comme de l'eau sur le feu, puis l'astringence resserre, et le feu dilate : ceci se passe dans le ☽.

37. — L'attrait austère est donc un aiguillon furieux, une rupture incessante ; c'est un esprit sans essence ; c'est la forme même de ☿ : il y a deux volontés dans cet état : l'une est l'angoisse venue de la convoitise, l'autre est le désir de la liberté ; elles ne peuvent se séparer l'une de l'autre, et la lutte se tend jusqu'à ce que le feu s'allume par le craquement du Salniter. L'ardeur du feu endort la douleur : telle est la mort (éternelle ou temporelle).

38. — Mais la liberté se ressaisit : elle surmonte la mort ; l'esprit de l'angoisse se matérialise et ne conserve plus qu'une action essentielle impuissante ; au milieu de cet incendie, dans le craquement salnitrique, chaque propriété s'individualise et se matérialise formant des métaux et des pierres.

39. — Le métal le plus parfait, l'or, vient de la Liberté saisie dans l'impression austère : c'est cette liberté, enveloppe du *Sul*, qui fait croître les Métaux ; tandis que les pierres,

---

(1) Cf. Le traité de l'*Election de la Grâce*, du même auteur, et la théorie kabbalistique de la chute : Drach, *Harmonie* ; Loriah, *Révol. des âmes*.

saisies trop durement, n'ont que très peu de *Sul*. Les pierres précieuses viennent de l'éclair qui sépare la vie et la mort, au moment de sa congélation par le craquement. C'est pourquoi elles ont de grandes vertus ; elles portent en elles le nom de la puissance divine. C'est pour la même raison que l'or est tout proche de la corporéité divine, de sorte que l'on pourrait en délier le corps mort et le rendre esprit ailé, par la permission de Dieu, bien que cela paraisse impossible.

40. — Les autres métaux viennent des différentes impressions du feu et de la lumière au sortir du chaos divin ; chaque matière est un être analogue à l'esprit dont elle a été engendrée, et le feu la transforme en une lumière également analogue.

41. — De même que l'âme se répand dans toutes les facultés de l'homme, ainsi l'Ame éternelle se retrouve de la plus haute lumière à la plus profonde ténèbre ; ce monde entier n'est qu'une image du monde éternel.

42. — Les chœurs des Esprits, les étoiles, les plantes, tout ce qui existe jusqu'aux armées éternelles a la même constitution.

CHAPITRE IV

DE LA NAISSANCE DES QUATRE ÉLÉMENTS ET DES ÉTOILES A LA PROPRIÉTÉ MÉTALLIQUE ET CRÉATURELLE (1)

SOMMAIRE. — Les deux Mères ; les sept Formes, les sept Propriétés planétaires ; l'action du Soufre, du Mercure et du Sel dans leur engendrement ; leur action réciproque.

1. — Tout provient d'une seule et unique Mère, comme on l'a montré ci-dessus ; et tout se sépare en deux essences, selon la Loi de l'Eternité : essence mortelle et essence immortelle, esprit et corps. L'esprit est la vie et le corps est la mort, comme une maison de l'Esprit, et la sainte Trinité s'affirme par la naissance et par la Génération. Au ciel sont aussi l'Essence et l'Esprit dont nous voyons la figure dans ce monde extérieur, où il y a 4 Eléments provenant d'un seul.

2. — Lors de la création de ce monde, toute l'essence de l'Eternité s'émut et sa forme s'alluma du désir de la manifestation ; et à la génération, elle se sépara en quatre parties dans le bouillonnement igné : ce furent le Feu, l'Eau, la Terre et l'Air, son esprit mouvant. On peut considérer ceci dans le Soufre qui comprend ces quatre choses.

3. — Les astres sont aussi engendrés par la première Mère : ils forment ensemble comme un corps, et sortent de l'Esprit intérieur comme un pied ou une main croissant du tronc selon la forme qu'ils ont déjà dès le premier instant de la vie du centre.

4. — La Mère primitive, qui est le désir ou convoitise, s'in-

---

(1) Le chapitre IV du *Signatura rerum* de Jacob Boehme est à lui seul une mine inépuisable (SAINT-MARTIN, *Corresp.*).

troduit en sept formes en lesquelles elle se manifeste, bien qu'elle demeure seulement en trois (1).

5. — La première forme est austère, c'est une attraction sévère, cause de la froideur, du sel et de toute la corporéité.

6. — La seconde forme est un aiguillon de mouvement, elle cause la sensibilité de l'amertume, de la haine, des joies et des souffrances.

7. — La troisième forme est la grande Angoisse de la réalisation, source de deux volontés : l'une tendant à la plus haute exaltation du Feu, l'autre à la mort dans le Feu de la Joie, qui se plonge dans la Colère et revient en soi pour fournir un élément de splendeur à l'exaltation du Feu.

8. — La quatrième Forme est le Feu même, premier prin-

---

(1) J'extrais de l'*Esoteric Buddhism* de M. SINNET, l'élucidation suivante des sept principes de Böhme.

« Le premier, l'*Astringence* est le principe de toute force contractive ; c'est le Désir et il attire. Les Rochers sont durs parce que cette première qualité est seule encore éveillée en eux.

« La seconde, *Mobilité*, cette douce qualité est le principe de l'expansion et du mouvement ; les formes simples des plantes, des fluides, etc.

« La troisième, ANGOISSE, la qualité amère, est générée par le conflit des deux premières ; elle est manifeste dans l'angoisse et la lutte de l'être ; elle peut devenir un ravissement céleste ou un tourment de l'enfer, son influence est dominante dans le soufre.

« La quatrième, *le Feu*, est la transition ou la qualité intermédiaire.

« Dans la qualité du feu, la Lumière et l'Obscurité se rencontrent. C'est la racine de l'âme de l'homme, la source du ciel et de l'enfer entre lesquels notre nature se trouve placée. L'esprit feu est l'âme inférieure de l'homme, l'*anima bruta* que les animaux possèdent aussi bien que les hommes, car c'est du centre de la nature avec ses quatre formes qu'émane sa puissance ardente. Il fait jaillir le feu lui-même, il est la « roue de l'essence ». Les trois premières qualités relèvent plus spécialement de la nature du Père ou de Dieu dans sa colère, lorsqu'il est décrit comme « un feu consumant » ; séparées de la seconde triade, elles engendrent la mort spirituelle, la lutte, la nécessité, en d'autres mots, le *Mal*. Les trois dernières qualités appartiennent à la nature de la mère ; lorsque le feu terrible qui couve rencontre la douce tendresse et la qualité de l'amour et éclate en une flamme brillante et joyeuse, source de la Lumière et de l'Amour, de la sagesse et de la gloire, en d'autres mots du *Bien*,

cipe de la Vie, par lequel se sépare le monde ténébreux du monde lumineux ; et toutes les séparations matérielles se font en ce bouillonnement ; la corporisation y commence ainsi que la multiplication selon la propriété du premier Esprit éternel : selon l'Essence, un corps mortel, selon l'effervescence du Feu, un vivant.

9. — La cinquième forme est le second désir qui s'exerce après la séparation, selon le désir de la Liberté, plus haut idéal de l'amour, — et selon le désir du Feu, source de la Joie et de toute vie véritable. L'Amour donne l'Essence, car il est actif et expansif comme elle. Dieu est inclus en toute essence, et Il donne au Feu la faim de l'Essence sans laquelle ce dernier ne pourrait subsister non plus que la splendeur de la Lumière ni le désir de l'Amour ; car c'est par le Feu que la lumière est joyeuse, et sans lui elle s'éteint, et l'amour s'angoisse, comme on le voit dans les diables.

10. — La sixième Forme sort de la Roue ignée qui produit la multiplicité des Essences par le Mercure dans le bouillonne-

produit par l'union des qualités mâle et femelle, de même que leur *séparation* est l'origine et la cause du *Mal*.

L'homme est l'arbitre de sa propre destinée ; il développe volontairement des profondeurs de sa propre nature son ciel ou son enfer, tandis que, en se dominant ou en cédant à ses passions, il augmente le bonheur ou la souffrance de ceux qui l'entourent. La véritable cause du péché et des cruelles misères que nous voyons autour de nous est dans l'égoïsme, dans ce terrible amour de soi, dans cette personnalité qui accentue si violemment et si insidieusement le *je* et le *nous* et qui est le résultat de la prédominance des trois principes (ou qualités) inférieurs. Les Théosophes hermétiques ont décrit cette évolution comme étant l'union du dur et du sombre avec l'amour et la Lumière, ou des qualités mâles avec les qualités femelles. Dans l'ancienne religion-sagesse, cela s'appelle le cinquième et le sixième principe, l'âme spirituelle et l'âme humaine.

« La *sixième* qualité est décrite par les Hermétistes comme le *Son*. Dans le ciel, l'harmonie des sphères, dans l'homme, les cinq sens et le *don* de la parole, ou plutôt le Verbe, la manifestation de la Divinité. Ainsi Christ est appelé le Verbe, le langage du nom Divin, *nom* signifiant la nature *expressive* ou sa *manifestation extérieure*. Lorsque nous atteindrons le sixième principe ou l'Esprit de Christ, il développera en nous le *sixième* sens, ou l'âme spirituelle qui est l'Intuition... Le septième principe est l'Esprit Divin lui-même, décrit comme étant la substantialité spirituelle. »

ment nitreux : c'est par le Feu qu'une forme s'introduisit dans l'autre ; lorsque donc, le désir amoureux pénètre les formes, elles deviennent désireuses, car l'Enfant amoureux (♀) réside en toutes choses.

11. — C'est ici que résident, que naissent le goût, l'odorat, l'ouïe, la vue, le tact et la parole : là, un autre principe, une nouvelle effervescence contenue dans la Lumière, remplit tout ; là, verdoient la Vie dans la Mort, l'Amour dans la Colère, la Lumière dans les Ténèbres ; là, l'époux embrasse son épouse, et Dieu même fait taire Sa colère, la fureur de la nature. De cette forme, proviennent le langage, l'entendement, les sens, et la vie de toute créature qui circule dans les végétaux, les arbres et les Herbes, selon leurs propriétés particulières.

12. — La septième forme sourd de toutes les autres, et leur sert de corps et de résidence ; et cela arrive lorsque ces autres par leur action mutuelle goûtent le désir de l'amour ; alors en chacune s'élève une faim de lumière ; un désir pénétrant et une puissante attraction ; de ces deux choses : la faim et l'objet de la faim, provient une essence qui agit en dehors de la mort (1).

Lorsque l'imagination de la Faim est trop véhémente, si elle ne peut se satisfaire, elle s'éteint au ventre de sa Mère et l'enfant meurt.

13. — La première faim du Centre devant le Feu est une faim spirituelle qui produit le monde ténébreux, tandis que la faim du libre plaisir produit le monde lumineux : ces deux mondes restent spirituels jusqu'à ce qu'ils passent par le Feu : ils meurent alors à l'Esprit, et restent son image et la manifestation de cet Esprit incompréhensible qui s'appelle Dieu dans l'Amour et la Colère.

14. — Ainsi chacun reste en soi ; la faim temporelle produit un corps temporel, la faim éternelle produit un corps éternel, et ces deux ne font qu'un, mais ne se confondent pas.

15. — La septième forme corporise donc ces esprits selon leur faim même ; en la création de ce monde s'est fait une séparation que l'on aperçoit en toutes les créatures : Soleil, Etoiles, métaux et pierres (2).

(1) Ici Boehm fait une digression sur l'Appétence.
(2) Cf. AMARAVELLA, *Le secret de l'Univers* ; le tableau incomplet

16. — Au Firmament sont sept planètes, en la Terre sept métaux : les planètes sont fixes en leurs propriétés ainsi que les métaux ; les autres minéraux et les autres Etoiles sont mineurs et la naissance des choses est soumise à la roue planétaire.

17. — La Divinité, en tant que lumière, est le centre de toute vie, comme dans le monde manifesté, le Soleil est le centre de toute vie. Dès la plus haute vie, les plus hautes créatures sont tombées dans l'angoisse, jusqu'à la plus basse. En toutes choses extérieures il y a deux propriétés : temporelle et éternelle ; la propriété du temps est manifeste, l'autre est cachée bien qu'elle imprime son image en chaque chose.

18. — Ce qui provient du désir de la Liberté réside par sa racine en une propriété céleste et par son corps, dans une propriété terrestre : l'éternel gît dans le temps et se manifeste par lui. Sulphur est, dans l'intérieur, céleste, et selon le corps, terrestre : il produit néanmoins une ressemblance céleste hors de l'éternel, comme on peut le voir dans l'or et encore mieux dans le corps de l'homme si celui-ci n'eût point été corrompu par la cupidité du Mercure. Car l'homme spirituel céleste est dans le Soufre et le corporel dans le Mercure ; la propriété métallique est également la plus noble dans le Soufre.

19. — Dans le monde céleste il y a aussi une propriété provenant de l'effervescence de la Liberté lorsque son désir s'allume dans le règne joyeux : cela arrive pour le Soufre céleste quand il devient une essence dans le Mercure céleste, par le Verbe ; mais si ce dernier désir se manifeste à l'image de l'esprit et de l'essence, selon la Trinité divine, selon l'Essence mortelle et immortelle, elle s'imprime dans les Astres, les Eléments et finalement en l'homme, vivante image de toute Essence dans les mondes divin et extérieur. Les métaux sont également une image mortelle de l'essence vivante et céleste du monde intérieur.

20. — Le Soufre en est le commencement, car *Sul* est le plaisir libre de la Lumière, désireux de se manifester par le Feu ; et *Phur* est la source du désir attractif qui produit la

des quarante-neuf flammes d'Agni, qu'on trouve dans cette brochure, est basé, dans l'initiation brahmanique, sur le même plan ; il y a souvent des analogies entre Boehm et les maîtres pré-védiques.

propriété terrestre et ténébreuse et la sévérité de l'esprit, à savoir l'essence ignée. En cette sévérité gît ♄, ce qui est imprimé, — ☿, appétence cupide et ♂, fureur de la faim, cause de la Colère : ces trois appartiennent au *Phur*, propriété du désir libre.

21. — Cette propriété engendre l'Essence en ♄, ☿ et ♂, car elle se donne soi-même en chaque propriété, et leur fait une forme corporelle. Mais si le libre désir devient aussi une faim, il modèle aussi trois formes : ♃, source du désir, ♀, désir du désir et ☽, corps du désir, tandis que le Soleil est produit selon la Propriété de la Lumière. Tout cela est Esprit ; et chaque Esprit se convertit en Essence par la faim : essence fixe et variable, mortelle et immortelle, céleste et terrestre.

22. — Dans la propriété saturnienne, le désir du libre plaisir fait du plomb selon la propriété de ♄ même, selon l'eau de ♄ il produit le sel, et selon la terre de ♄, les pierres et la terre.

23. — Mais la liberté, agissant en ♄ selon son mode particulier, y produit l'or ; là se séparent l'esprit et le corps : l'esprit du désir est soleil, et le corps est or, entendez l'or en Saturne selon la propriété du Désir libre et non selon la propre terrestréité et salinité du Plomb. Le désir saturnien enferme cet enfant doré en lui, non en sa forme grise, mais en un éclat obscur ; c'est un grand Seigneur non par lui-même mais par l'enfant qu'il porte en lui-même. Il n'est pas son père mais il le couvre de son manteau noir, afin que Mercure qui travaille l'enfant n'en puisse recevoir de joie ; c'est lui son Fiat ou Créateur ; il ne peut lui donner un corps différent de sa propriété, parce qu'il constitue l'essence du libre désir (le corps d'or) parvenu au plus haut degré de la corporéité dans la mort fixe ; il n'est cependant pas la mort mais une fermeture représentative de la divine essence céleste.

24. — Mercure est l'Architecte de cet enfant que Saturne recouvre, il l'engloutit et le pétrit selon sa faim ignée et le dépouille du manteau noir ; il lui faut le soleil (sa femme), pour être rassasié ; ensuite il travaille dans l'enfant par son feu et remplit son désir assouvi de la propriété du soleil dont il vient de se nourrir ; il en sustente l'enfant jusqu'à ce qu'il se soit assimilé les quatre éléments et les astres. Alors le Père lui donne l'Ame comme esprit igné ; et sa première Mère qui sa-

tisfaisait la faim de Mercure comme Esprit de l'âme, ou vie lumineuse ; la mort est chassée à cet instant ; la Teinture est produite, l'enfant dès lors est né ; il s'individualise peu après et devient meilleur que son Père, mais non point que sa Mère, en la semence de laquelle il était avant que son Père n'opérât. Il brise l'essence ignée de son Père, qui est la tête du serpent et passe par la mort du Feu. Si tu ne comprends ceci, tu n'es point né pour concevoir les sublimités de la science spagyrique (1).

25. — Considérons également les degrés d'action de la liberté éternelle sur le Soufre, dans les autres propriétés des Planètes ; la forme de la Génération est celle d'une Roue, ainsi agit le Mercure dans le Soufre.

26. — La naissance la plus haute est circulaire comme le Désir car ce monde est sphérique ; lorsque la Liberté a donné à Saturne son plus sublime plaisir, elle s'embrasse en son propre désir, selon le mode de la Douceur et de la Joie et s'abîme ; par suite ☾ y réside et ☿ y travaille également. Il se produit alors de la première Impression, selon laquelle le Feu sépare le jaune du blanc, un corps qui est l'Argent ; la lune sourd du jaune et se transmue en blanc à cause de la douceur divine, et comme sa source est de la couleur du ☉, elle soupire sans cesse après ☉ et en attire à elle la splendeur.

27. — Les métaux se comportent ainsi : c'est pourquoi l'Argent est le plus proche de l'Or, dont il suit le mode de génération : Vénus le couvre de son manteau, ainsi que Mercure ; mais l'Argent ne retient la propriété ni de l'un ni de l'autre, mais bien celle de sa mère, la Douceur en la Liberté. A cause du ☉, ☾ a des propriétés célestes, bien que par la force de son désir elle reste terrestre, simple tabernacle des essences céleste et terrestre. Il en est de même du corps extérieur de l'homme qui, avant la chûte d'Adam, était semblable à l'argent ; mais quand il se mourut par le désir, la propriété terrienne resta seule en lui ; c'est pourquoi il soupire toujours après la splendeur du Soleil ; il voudrait luire avec la Lune

(1) Tout ce processus peut s'adapter à l'astrologie divinatoire, comme étude des tempéraments, à l'alchimie mystique, comme psychologie ; à la minéralogie occulte ; et à tous les cas où il s'agit de la germination, de la naissance et de la maturation d'une force quelconque.

hors du Soleil ; mais il ne reçoit qu'une lueur lunaire dont il se glorifie, jusqu'à ce qu'il renaisse dans la splendeur du Soleil, vertu divine du Mercure céleste ; il est alors l'enfant précieux de l'essence divine actuellement couvert de la Lune terrestre, c'est-à-dire de la chair.

28. — La Maison de l'Argent est aussi Saturne ; il est la cause de la première conjonction, mais il tourne seulement son désir vers le germe d'or, l'enveloppe dans sa propriété terrestre et le fait cuire par Mercure.

29. — Le Désir du Libre Plaisir est fixe ; il mène sa volonté des pieds à la tête, et fait Jupiter vers le haut de la Roue, sous la vertu saturnienne ; son métal est l'étain, par qui le désir de la Liberté sort par la convoitise de la Sévérité qui en est le Fiat.

30. — En effet, le désir de la Liberté s'élève et croît par degrés comme une plante ; mais ☿ convertit ce mouvement en rotation car il est l'Architecte ; et comme la naissance éternelle est l'œuvre du Mercure céleste, parole éternelle du Père générateur, il en est de même du mouvement du Père, dans la créature. On peut en voir l'exemple dans le cycle planétaire et dans le composé humain.

31. — Il y a premièrement le véritable homme au cœur d'or, image de la Déité ; puis après, l'homme de l'Essence divine, le corps saint interne composé en la teinture, du Feu et de la Lumière, semblable au fin argent s'il n'avait été corrompu ; troisièmement, l'homme élémentaire jupitérien ; quatrièmement, le mercuriel verdoyant ou paradisiaque ; cinquièmement le martien igné et animique selon la vertu du Père ; sixièmement, le vénusien au désir externe aqueux ; septièmement, le solaire, spectateur des merveilles de Dieu. Ainsi les sept métaux possèdent une propriété selon le monde interne et une selon le monde externe.

32. — Lorsque le mouvement rotatoire dépasse Jupiter, sort mercure avec un métal rompu selon son esprit : au dehors argent vif, au dedans une opération paradisiaque. Il est, par sa propriété spirituelle, le régisseur de la parole et des langues. Il est écrit que Dieu a créé toutes choses de Rien par sa Parole ; c'est l'éternel Mercure céleste qui est la Parole que le Père prononce en sa Lumière ; l'articulation est sa sapience, et la Parole est le formalisateur.

33. — Or, ce que le mercure intérieur fait en la vertu de Dieu, le mercure extérieur l'accomplit de même dans l'essence créée; il est l'instrument par lequel Dieu opère extérieurement dans la vie et dans la mort, selon la propriété de chaque chose : Selon Saturne il édifie, selon lui-même il distingue et rompt en Saturne la dureté, l'ouvre à la vie, aux couleurs et aux formes selon les deux propriétés terrestre et céleste. Selon la première, il fait sortir du désir primitif de la nature qui est Saturne, la fureur de l'impression, qui est Mars; il lui donne l'essence ignée; il dirige l'Esprit igné vers le Soufre en toutes les Planètes et donne à chaque chose son effervescence et le véritable esprit de la vie.

34. — Mars est la grande angoisse de la première impression; il se sépare de la volonté amoureuse libre : il s'appelle alors la colère de Dieu, fureur de la nature éternelle. De même que l'Amour (de Dieu) se sépare de la Colère, le ciel d'avec l'enfer, Dieu d'avec le Diable, ainsi cela arrive-t-il à la naissance de la nature extérieure.

35. — L'Amour sort de la fureur; il est une chûte ou une humilité; c'est pourquoi Vénus gît dans la ligne de Mars sous le Soleil. Son métal est le cuivre parce que l'Amour est un désir de lumière et de joie; la matière de ♀ provient du désir d'amour; si ce désir veut se corporiser, il faut qu'il passe par le fiat igné martien avant que Saturne ne le matérialise.

36. — Le métal de Vénus est donc proche parent du Soleil à cause de sa tendance vers la liberté; mais comme il retient une grande partie de feu en se séparant de Mars, il est trop igné.

37. — Le métal de Mars est le Fer, fureur du Soufre où s'allume le feu. Il se matérialise par la sévérité du Désir. Mars est le feu de Vénus, son âme ignée par qui elle se corporise; sans elle, Vénus ne donne que de l'Eau dans l'effervescence nitreuse; car son Feu n'est qu'un sourire; il ne peut point par lui-même donner une essence corporelle; elle ne donne point à son enfant une âme créaturelle; c'est Mars qui lui donne l'Ame, et Saturne le corps. L'Esprit du Soleil peut teindre Mars et Mercure en or plus facilement que l'argent, à moins que ce dernier ne soit réduit en sa première forme où Saturne, Mars et Mercure sont mêlés dans le Soufre. Vénus reçoit sa dureté de Saturne et sa rougeur de Mars.

38. — Le désir de Vénus vers le ☉ est violent, parce qu'il est sa première mère ; et la splendeur qui distingue Vénus entre les planètes et les Etoiles vient de sa mère ainsi que sa joie et son rire. Elle est proprement une véritable fille du Soleil sulfureux ; c'est pourquoi elle est toute proche de lui, dans le céleste et dans le terrestre (1).

39. — Car Dieu le Père engendre l'Amour par son cœur, dont le Soleil qui donne la vertu à toute chose et à toute essence est la figure dans le monde extérieur.

40. — Toutes choses viennent de la parole de Dieu et de Son cœur (le soufre divin) par la Trinité ; elles se manifestent en et par l'essence qui est la sagesse pour pénétrer derechef vers le Cœur et la Force, comme le dit saint Paul : « Toute créature attend avec nous d'être délivrée de sa vanité. »

41. — Ainsi en est-il de l'essence extérieure des Métaux, des Planètes, des Etoiles et des Créatures ; chaque chose aspire à son centre, à la première mère dont elle est sortie, au Soleil de soufre qui est la teinture de toutes essences. Le Soleil corrige ce que la fureur de Mars a gâté du premier désir lorsqu'il est passé en Saturne ; de même que le Soleil divin teint la Colère pour la transmuer en Joie, le Soleil extérieur transforme Saturne et Mars qui sont le soufre extérieur de manière à ce que les métaux et les créatures puissent croître et végéter. Ainsi le Soleil est le centre de la Roue planétaire par qui sont soutenues toutes choses.

(1) C'est ce qu'enseignent également tous les alchimistes.

CHAPITRE V

DE LA MORT SULFUREUSE, DE LA RÉSURRECTION ET DE LA RÉINTÉGRATION DU CORPS EN SA PREMIÈRE SPLENDEUR

SOMMAIRE. — Production de la mort. — Vie de l'homme dans le Paradis. — Désobéissance d'Adam. — Sa mort. — Remède à cette mort. — Application de ces lois à la transmutation des métaux. — Explication détaillée de l'évolution métallique depuis Saturne. — Travaux de l'Architecte et de l'Artiste.

1. — Toute vie et tout mouvement, l'intelligence, la raison et les sens ont leur racine dans le soufre, qui est à la fois le désir de la Nature et celui du plaisir libre (1).

2. — Du désir de la Nature viennent la Mort et la constriction ; du désir de la Liberté, la dilatation et la vie, car il teint le désir de la Nature ténébreuse de sorte que cette furieuse se laisse opprimer ; ainsi la vie s'élève de la mort ; sans lumière il n'y a point de vie ; quand la lumière s'éteint dans l'essence du Soufre, règne la mort éternelle, à moins que Dieu ne s'émeuve de désir plaisant dans cette mort ; la mort ne pouvant comporter la vie, si toutefois le désir du libre Plaisir dans la Nature, en laquelle naît cette constriction qui est la mort, ne se manifeste.

3. — C'est pourquoi l'homme ayant passé par la mort sulfureuse, ne peut être revivifié que par l'action libre du plaisir (appétence de la vie éternelle) dans son PHUR. Il émeut ainsi le centre de la Nature dans la propriété animique et dans l'essence de l'âme.

(1) Cf. les recherches physiologiques de M. Ch. Henry établissant que les gestes d'expansion sont dynamogènes et que les gestes de concentration sont inhibitoires.

4. — Nous savons que le Vrai Soufre est un engendrement de toute spiritualité et corporéité, quant à sa première source céleste ; il est ainsi l'engendrement de l'Essence de toutes les essences, car tout git en cette source primitive contenue dans le Temps comme dans l'Eternité. Mais il est également selon le règne de ce monde, figure de l'Eternel, car en lui sont le temps et la créature, le visible et l'invisible.

5. — Or, l'homme ainsi que toute vie, selon le régime de ce monde, est né du Soufre extérieur ; lui-même participant de l'interne et de l'externe, et la Créature extérieure de l'externe seulement ; car l'homme est l'image de Dieu, tandis que les êtres inférieurs sont des images, selon la figuration de l'engendrement interne en la sapience divine, c'est-à-dire en l'Essence céleste selon les deux principes éternels proférés (1).

6. — Or, l'homme était bon et parfait, créé selon les trois Mondes, comme une image et un temple de Dieu ; il était l'Essence même de ce que Dieu est selon l'Eternité et le temps dans les trois mondes, mais avec l'origine créaturelle. Il mourut selon l'essence céleste divine par le désir ; car le désir interne, né au centre igné qui constitue la vie de la divine Essence et qui allume l'essence de la divine douceur où repose la forme angélique — le plaisir interne, dis-je, se tournait du pur élément divin vers la naissance temporelle extérieure, source, des propriétés planétaires et élémentaires. Ainsi, en l'homme, l'essence divine, ou corporéité intérieure, ne conservait plus ni règle, ni vitalité ; c'était la mort, car le feu de l'âme de la propriété du Père se détournait de la propriété du Fils, en laquelle seule consiste la vie divine (2).

7. — Ainsi l'Ame nue demeurait seule avec sa volonté vers le Soufre extérieur, tandis que l'intérieur restait dans la tranquillité éternelle et immobile, néant en qui ne se faisait plus aucune opération.

8. — De sorte que l'homme ne vivait que dans le temps au moyen de son corps extérieur ; le noble or de la corporéité céleste qui devait teindre le corps extérieur s'était évanoui ; le corps extérieur demeurait donc seulement dans la Vie de la Nature, en la forme et la propriété de Mars, qui est la fureur

---

(1) Cf. le récit de la création de l'homme dans la *Genèse*.
(2) Cf. Fabre d'Olivet, *Caïn*.

sulfureuse, l'ire de Dieu et du monde ténébreux. Mais puisque le corps extérieur fut créé du temps, il reçut son régime des Astres et des Eléments ; le désir bénin de la Divinité, qui imprègne le temps afin qu'il y ait une Vie sainte dans les créatures temporelles, s'éteignait peu à peu, en se transformant en eau dans ces créatures ; et l'âme dut se contenter de la lumière du ☉.

9. — Lors donc que la volonté et le désir se furent soumis au conducteur temporel, ce dernier put arrêter leur Esprit et faire mourir leur corps. C'est pourquoi Dieu commanda à Adam de ne point manger de l'arbre de la connaissance du Bien et du Mal, s'il ne voulait mourir. C'est ce qui arriva en effet ; Adam mourut dans le Soufre, au Sul du règne de Dieu, qui est le plaisir de la liberté divine, par qui reluit la splendeur et en qui brûle le feu de l'amour divin.

10. — Le seul remède à cette mort était la rentrée du désir de Dieu dans ce Sul et dans l'Essence morts, pour les rallumer au feu de l'Amour que porte le Christ ; ainsi se pouvait relever le corps céleste et la Lumière divine y resplendir de nouveau. Il fallait aussi que le désir de l'amour rentrât dans le désir de la colère pour l'éteindre et la vaincre, que l'eau divine couvrît le feu brûlant de l'âme pour éteindre la mort furieuse dans le Fiat austère du désir de la Nature ; ainsi le désir de l'amour pouvait être rallumé en l'âme pour y aspirer à Dieu.

11. — Car la Béatitude de l'homme consiste dans le désir qu'il a de Dieu ; quand le désir reçoit la douceur divine, il se fond et devient essentiel ; l'esprit de l'âme (qui gisait enterré dans la colère comme dans un sépulcre) vient y résider et ressusciter. Car l'Amour teint la mort et les ténèbres et les rend de nouveau capables de la splendeur du Soleil divin (1).

(1) Tout désir est un Soufre ; il y a un Soufre éternel, un temporel, un minéral, un végétal, un physiologique, un psychologique, un astral ou astrologique, etc. Tout soufre est double ; le *Sul* est la force centripète, tout désir vers un centre ; le *phur* est centrifuge, rayonnant, altruiste. L'homme avait tout en lui ; par suite, il pouvait choisir entre ces deux soufres opposés, mais liés ensemble et s'engendrant l'un l'autre ; il s'est dirigé vers le *Sul* et a entraîné avec lui tous les Soufres inférieurs à celui de son âme. Ses facultés célestes s'atrophièrent ; ses facultés temporelles se développèrent. Le Soufre de l'astral résida en Mars ; le soufre du minéral est enfermé dans la matière ou ♄ ; lui seul, qui a

12. — De même en est-il pour la transmutation des métaux. Le Soufre gît en Saturne comme mort, mais c'est une vie végétative à cause du ☿ extérieur.

13. — Pour que le corps métallique atteigne sa plus haute perfection, il faut qu'il meure au conducteur externe, c'est-à-dire aux éléments, et se réduise à un Soufre semblable à celui qu'il était dans l'Élément unique avant de s'être revêtu des quatre Éléments.

14. — Or, nul ne peut le réduire à une telle pureté sinon celui qui lui a donné les Éléments et qui peut les lui reprendre; celui-là le ☉. avec ☿ comme ouvrier peut le reprendre au Saturne ténébreux, le transmuer et séparer de lui par le feu les quatre éléments et le replacer dans l'Élément un (1) : Ainsi fera Dieu au dernier jour : séparant par le feu l'essence des quatre d'avec l'Élément pur, commencement de la corporéité éternelle, comme à la mort de l'homme, les quatre éléments s'éloignent du pur élément divin (qui est l'homme véritable), tandis que demeure seul le corps céleste.

Le procès (2).

15. — Le corps gît en Saturne habillé d'un vêtement misérable ; mais il est aussi marqué de Mercure son Père et du ☉, sa mère, et manifesté par la vie de Mars. Mais sa mère ne se fait pas connaître extérieurement, à moins qu'on ne fasse entrer en colère son opérateur par sa propre méchanceté (3).

fait descendre ce minéral, autrefois paradisiaque, peut le faire remonter, avec l'aide de sa force végétative ou ☿ ; pour cela, il faut exciter la force de manifestation de ce soufre, ♂ ; et donner un aliment à la fureur de ce dernier, en temps voulu ; faute de quoi, le corps tout entier se brûle ; si, en l'homme, la grâce ne tempère pas le repentir, vient l'impénitence finale ; dans l'alchimie, l'artiste joue le rôle de Dieu dans la mystique.
(1) C'est le Soufre contenant le Mercure comme ouvrier.
(2) Pour les théories alchimiques de Bœhm, leur confrontation avec celles contenues dans *La Lettre d'Antoine Duval* et le *Catéchisme philosophique*, du baron DE TSCHUDY (in *Et. flamb.*), sera de toute utilité.
(3) Comme cela ne peut pas se faire, il faut prendre une colère étrangère qui provoque la colère du Mercure.

Quand sa colère l'enflamme, il devient tellement altéré et affamé que, ne pouvant trouver aucun rassasiement en soi, il attaque son opérateur et son Créateur, — comme le méchant homme terrestre le fait à Dieu, — jusqu'à ce qu'il se soit dévoré et consumé lui-même, à moins que l'on n'apaise sa fringale. Mais nul ne peut faire cela, sinon Dieu ; mais s'il n'intervient pas à temps, cette faim anéantit le corps en la fureur et en l'éternelle ténèbre.

16. — Cette faim ne demande que la seule miséricorde divine pour être délivrée de l'Angoisse infernale ; elle ne peut l'atteindre, cependant, car elle est enfermée dans la colère de Dieu, avec la tendre Mère qui a commencé à l'allaiter. Mais, lorsque Dieu lui envoie Sa grâce et Son amour, la Colère s'en épouvante ; la faim se repent alors de sa méchanceté, et voulant se convertir, s'efforce de dépouiller le vieil Adam. Tout aussitôt l'Artiste la sort de la Colère, et se prépare à la féconder ; le vieil Adam devient malade et faible, entièrement obscur et noir, jusqu'à ce qu'il meure ; les quatre éléments sortent alors de lui ; tandis que l'Architecte de l'amour divin travaille en l'obscurité au corps de l'enfançon qui doit ressusciter de la mort ; et personne ne voit ce travail.

17. — L'Artiste ne travaille pas ; il donne seulement à l'ouvrier sa propre substance jusqu'à ce qu'il voie la vie végétative se montrer en la Mort obscure avec une couleur différente de la noire ; le nouvel homme est alors prêt. L'Artiste apporte l'âme à l'Architecte (1) ; et celui-ci s'étonne qu'une autre vie vienne en lui ; il introduit l'âme dans le corps nouveau et se retire en la colère. Le Nouvel Homme ressuscite de la mort dans une grande gloire, et passant dans la Colère y brise la tête du vieux serpent : et la Colère ne peut rien sur lui (2).

(1) L'ouvrier (caché) de Paracelse.
(2) Cf. la succession des couleurs de l'œuvre dans tous les ouvrages alchimiques.

CHAPITRE V

COMMENT S'ENGENDRENT L'EAU ET L'HUILE. DE LA DIFFÉRENCE DE
L'EAU ET DE L'HUILE. DE LA VIE VÉGÉTATIVE

SOMMAIRE. — Le Désir et la Convoitise. — Leur propriété ; feu et lumière. — L'eau et l'huile. — Leur origine, leur manifestation. — Les diverses sortes de sels. — Les deux propriétés de l'huile. — Les maladies, leur cause, leur procès, leur cure.

1. — Toute vie végétative consiste en deux choses : en Désir et en Convoitise. Le Désir est une volonté libre, un néant par rapport à la Nature ; mais la Convoitise est une faim. De la convoitise sourd l'esprit actif, le naturel, et du désir le surnaturel, qui appartient cependant à la Nature, non à son ipséité mais à la propriété cupide.

2. — La Convoitise est l'activité de l'essence, comme une faim, et le Désir est l'essence de la faim qu'il saisit en lui ; la convoitise est l'esprit naturel ; mais le désir appartient à la liberté, car Dieu est sans convoitise touchant sa propre essence, autant qu'il s'appelle Dieu ; n'ayant besoin de rien, tout est à lui et lui-même est tout. Mais il a une volonté de Désir et lui-même est cette volonté de manifestation ; il ne peut y avoir de manifestation du libre désir sans cupidité ; car ce désir est devant la Nature comme s'il n'était pas ; il est l'accomplissement de la convoitise affamée de la Nature ; il se donne volontairement à la faim de la Nature, car il est un esprit sans essence ni convoitise, libre comme le néant ; mais la convoitise en fait une essence selon deux propriétés : celle de la liberté éternelle, et celle de la convoitise, qui donne la vie végétative.

3. — La libre essence est et donne une huile à laquelle la

convoitise donne la vie. L'huile est une lumière, et la convoitise donne à cette lumière une essence : la propriété ignée, afin que la lumière soit une splendeur; le libre désir demeure cependant en soi une libre volonté, mais il abandonne la douceur à la convoitise pour qu'elle devienne une essence et une splendeur ; il ne tend point à autre chose qu'à être doux, bon et aimable ; il est comme un néant, où il n'y a ni mouvement, ni tourment.

4. — Mais il n'est pas le néant, puisqu'il est le commencement du désir; il se donne comme la splendeur du soleil à toutes les propriétés, alors le désir embrasse ce libre plaisir comme une splendeur de l'abîme éternel et produit en soi, selon sa propriété, une essence. Autant de propriétés dans la convoitise, autant d'essences.

5. — Quand le libre désir se rend à la faim cupide, celle-ci en reproduit une image qui consiste en une eau et une huile. Mais comme la convoitise, c'est-à-dire la faim de liberté est satisfaite, elle produit aussi selon sa propriété une essence, qui est eau, tandis que l'essence du libre désir est huile. Ainsi en un seul esprit se manifestent deux sortes de propriétés : une ignée selon la convoitise et une joyeuse lumineuse selon la liberté (1).

6. — L'ignée donne en son essence, en son eau, un sel aigu de la convoitise, et son angoisse, un soufre dont proviennent en la création les Eléments et les étoiles, les pierres et les métaux, selon les formes du désir, et la corporéité ; et l'huile donne sa douceur comme un libre plaisir de l'amour qui fait croître la vie en l'impression ignée; mais il faut pour cela l'aiguillon du feu, séparateur des corporéités, cause de l'essence et de la multiplicité.

7. — Les Sages ont appelé cette forme le Mercure de la roue d'Angoisse, cause de toute vie et de tout mouvement et architecte en les propriétés huileuse et aqueuse.

8. — Recherchons comment il y a en toutes choses : l'huile, le soufre et le sel, et comment ils prennent leur origine (2).

---

(1) Pour fixer les idées, on peut appliquer ces théories à la matière première cosmique dont on suit alors les mutations jusqu'aux trois principes des hermétistes.

(2) Le désir tend vers tout et rien, il est essentiel, et donne l'huile ; la convoitise est individualisante, naturelle, et donne le

Dieu a fait toutes choses de rien, c'est-à-dire de lui-même : désir amoureux et non passionné habitant en soi ; mais ce désir ne se manifeste point, s'il demeure silencieux, sans essence.

9. — Quand il s'introduit dans l'essence par la convoitise, ce silence éternel devient une essence efficace, à deux propriétés. La première est une huile, dont la vertu effective est bonne, amoureuse, et résistant à la fureur du soufre, du sel et du mercure venimeux, qu'elle guérit par sa douceur ainsi que les dégâts de la roue propre du mercure ; ainsi le bien et le mal sont en chaque vie.

10. — Il n'y a cependant de mal que si l'huile périt par faiblesse en son propre plaisir dans les formes imprimées par la faim du désir. Quand l'esprit affamé s'affirme trop fortement et se manifeste trop furieusement, il ne peut plus recevoir le libre plaisir qui aurait adouci sa faim. Lorsque la faim reçoit l'amour en elle et en forme une essence, elle n'est plus ténébreuse, piquante et venimeusement mercurienne, mais elle devient un désir amoureux, et prend le nom de nature divine ; tandis qu'auparavant, elle était la colère de Dieu, le feu en la nature extérieure.

11. — La convoitise qui agit dans le monde intérieur, dans la propriété du libre plaisir, brûle des feux de l'amour divin, le désir se rend dans la convoitise et produit la plénitude de la joie : ce qui ne saurait être que là où il y a mouvement.

12. — Le libre désir, qui est la propriété de Dieu, se manifeste donc par la propriété ignée ; par cette dernière également, l'huile qui est l'essence du plaisir et qui sourd de l'impression

---

Feu ; et cela dans tous les plans, depuis la matière première divine ou Nature essence, jusqu'à la matière de notre terre. Quand la convoitise saisit le désir, cela donne une eau invisible qui contient une tendance vers la matière (Sel) et une âme de feu (soufre) ; tout être possède en lui ces deux principes et leur moteur, le Mercure. Toute substance vient du Sel : il y a donc des sels divins, angéliques, astraux, animiques, magnétiques, minéraux, etc., et en chacun d'eux un désir et une convoitise ; ici, les sels du désir, où les molécules sont rayonnantes, produisent métaux et végétaux ; ceux dont le côté éthérique est absorbant produisent la terre et les eaux. Dans toute huile, il y a un esprit du désir et un sel corporisant ; en l'homme, l'huile est l'aliment du feu vital ou Mercure ; de sa corruption vient la maladie.

de la convoitise acquiert la splendeur ; l'austérité donne l'éclair angoisseux (esprit du $\mathcal{S}$) et la douceur de l'huile par son amour chasse les ténèbres et manifeste le néant de la liberté éternelle.

13. — Quand la splendeur ignée savoure la douceur de la Lumière, la convoitise ignée se saisit de la douceur ; ce libre plaisir est un néant incompréhensible ; la faim de la convoitise fait de son essence l'obscurité en se dévorant elle-même, et la propriété de la lumière absorbe ces ténèbres comme on le voit dans le jour et la nuit (1).

14. — Voyons maintenant quelles sont les diverses sortes de sels, comment ils coulent de leur source et se séparent en beaucoup de propriétés dans l'impression. Du Fiat, viennent deux sels : le premier est spirituel et donne l'acuité à l'essence du libre désir ; le second est l'acuité de l'impression selon la propriété sévère ou l'angoisse de l'impression qui est sulfureuse, tandis que sa propriété essentielle est aqueuse. L'eau est la propriété muette et mortelle du sel et le soufre de l'angoisse est la propriété du sel vivant, car elle a l'aiguillon du mouvement, le mercure, en elle-même, par qui se forme la vie ; cependant le soufre n'est point le sel, mais il est l'angoisse de l'impression qui peut devenir corporelle.

15. — Le sel est l'acuité du soufre dans l'austérité ; par lui l'angoisse se corporifie ; il s'imprègne des vertus de l'angoisse, et produit par là la vie mercurielle qui est la vie de l'angoisse ; il sépare la matière selon les formes de la Nature et la matière du libre désir en deux essences : une aqueuse et une huileuse corporelle.

16. — L'Essence corporelle est double : selon les ténèbres et selon la lumière. La propriété austère, sulfureuse, obscure fait de l'eau un sable d'où proviennent les pierres ; l'autre propriété selon la mort salnitrique donne l'eau commune. L'essence corporelle produit les métaux par l'effet du libre désir, et, par sa propriété aqueuse, les arbres et tout ce qui végète sur la terre, dans une vie muette.

17. — La propriété huileuse est aussi de deux sortes après l'impression : l'une, tournée vers le désir de la liberté, se dé-

---

(1) Cf. Pernéty, *Dict. mytho-hermétique* : Saturne, Vulcain.

livre de la fureur de l'impression et donne le bon esprit lumineux de l'huile ; l'autre se rend dans l'angoisse sulfureuse, demeure dans la corporéité selon la propriété saline de chaque chose : en un sel igné si elle est ignée, en un sel amer si elle est amère, et ainsi de suite.

18. — La première propriété selon la Lumière est douce en toutes choses ; l'autre propriété de l'huile est selon la forme de la chose, comme on le voit dans les herbes. En l'une, il y a a un venin amer, en l'autre, une guérison ; mais si la propriété venimeuse est rompue par le mercure en l'huile de la douceur, l'amour de la lumière pénètre aussi en l'huile, les deux venant d'une commune volonté, mais elle change par l'impression : de même que le diable, primitivement un ange, se changeait en une propriété diabolique venimeuse, et Adam, d'une propriété céleste à une terrestre.

19. — Tout ce qui croît, vit et se meut en ce monde consiste dans le soufre ; le mercure en est la vie et le sel est l'essence corporelle de la faim du mercure. L'huile est analogue à la propriété du sel et du mercure : elle fait la vertu de chaque chose ; en l'huile imprimée se cache l'huile spirituelle qui donne de la lumière ; mais celle-ci appartient à un autre principe car elle ne comporte d'autre bouillonnement que le plaisir de l'amour ; l'essence divine est proche des créatures, mais ne réside pas essentiellement en elles ; ainsi les Herbes, les Arbres et les autres créatures ont en elles une partie de la divine vertu, par qui elles peuvent résister à la fausse cure magique, à la mauvaise huile corrompue et la transformer en une bonne.

20. — Toute acuité de la Saveur ou du goût est sel ; toute odeur sort du soufre ; et tout mouvement est le mercure : j'entends par mercure la roue de la génération de toute essence.

21. — Il faut que l'artiste médecin sache ces choses, il ne pourrait sans cela guérir de maladie qu'accidentellement. Il faut qu'il puisse reconnaître par quoi l'huile est envenimée, et quelle est la faim du mercure dans la maladie.

22. — Car s'il sait donner le sel selon la propriété de la faim, la maladie sera guérie incontinent parce que l'huile a été replacée ainsi dans l'amour de la lumière.

23. — Chaque maladie du corps n'est rien autre qu'une

corruption venimeuse de l'huile dont la consumation est la lumière de la vie.

24. — Quand cette huile vient à être infectée d'un mercure ou d'un sel venimeux, ou des astres ou du sel des viandes, elle s'agite en une effervescence hostile, par laquelle elle veut se débarrasser de ses impuretés : le mercure travaille alors dans le feu sulfureux, et s'élève tant que l'huile devient entièrement aqueuse et terrestre : la lumière et le feu s'éteignent alors, et le mercure s'envole avec le feu sulfureux dans la puanteur de la mort ; il peut encore subsister quelque temps dans le corps astral avec qui il s'envole, mais lorsqu'il a consumé sa propriété et assouvi sa faim dans l'esprit du grand monde, c'en est fait de la vie temporelle.

25. — Aussitôt que la lumière de l'huile s'éteint, le corps élémentaire tombe dans la putréfaction, dans le Fiat dont il était provenu ; et ceci est la mort, qui est inéluctable, à moins que le mercure divin vienne encore une fois émouvoir le corps : ce qui ne peut avoir lieu sans qu'une bonne propriété de l'huile en lui puisse rallumer la lumière de la divine essence ; ce que l'Amour divin peut accomplir.

26. — L'essence divine, ou mercure céleste, transmue en ce cas l'huile morte en la sienne et celle-ci devient la vie du corps ; car le mercure extérieur retourne dans le mystère d'où la création l'a fait sortir ; le corps s'en va aussi dans ce mystère.

27. — Ainsi en est-il encore pour un autre mouvement de la divinité : à savoir la séparation du mal où gît la mort d'avec le bien.

28. — Il faut que le médecin sache qu'au plus fort mercure et au plus venimeux gît la plus haute teinture, non pas dans la propriété même du mercure, qui est la vie angoisseuse venimeuse, mais dans celle d'une huile lumineuse qui est sa nourriture et qui, si on la peut séparer de lui, fera une teinture et une inflammation des vies ténébreuses, c'est-à-dire des maladies. En cette huile est la vie de joie qui ramène et exalte tout.

29. — On pourra extraire d'un crapaud ou d'une vipère la plus sublime teinture si on la réduit en une essence huileuse et si l'on sépare la fureur mercurienne ; car c'est en poison et en lumière que consiste toute vie intérieure comme extérieure ;

de même que nous voyons la joie divine produite par le feu furieux de la colère, ainsi cela a-t-il lieu à l'extérieur, car toute vie est muette et morte sans le mercure venimeux.

30. — Mercure est le feu allumé ; or, toute vie est un feu ; et encore qu'une créature habite l'eau, le feu est néanmoins sa vie, comme le fiel venimeux par lequel mercure la conduit ; dans ce fiel est cachée une huile qui alimente le feu de ☿.

31. — Quand une créature possède un mercure puissant et sec, elle est hardie et puissante ; son huile est claire, bien que son corps soit maigre, car la propriété du mercure en consume l'eau ; et la graisse allumée donne une lumière d'autant plus claire que l'eau sera mieux séparée de l'huile.

CHAPITRE VII

DE LA CONDITION D'ADAM AU PARADIS, ET DE CELLE DE LUCIFER AVANT SON PÉCHÉ ; COMMENT LEUR IMAGINATION ET LEUR ORGUEIL LES ONT FAIT PÉRIR.

SOMMAIRE. — Chute du mercure adamique dans l'obscurité. — Du serpent. — Fausse et funeste imagination de Lucifer, d'Adam et du serpent. — De l'huile. — La semence de la Femme. — Jésus-Christ dans la langue de la Nature. — Le procès alchimique est le procès christique.

1. — Nous voulons donner au chercheur sérieux occasion de méditer sur la noble pierre des Sages ; il la trouvera si Dieu l'a élu à cela, et sa vie résidera dans le Mercure céleste ; sinon, ce qui va suivre sera pour lui un mystère, que nous allons lui présenter sous le symbole le plus clair possible.

2. — Quand Adam fut créé au Paradis, le Mercure céleste lui fut donné pour conducteur ; sa vie brûlait dans une huile très pure ; ses yeux étaient célestes, et son entendement surpassait la nature, car sa lumière se nourrissait de l'huile de la divine essence ; la propriété extérieure aqueuse n'était pas manifeste en cette huile ; il était iliastrique, angélique ; sa chute le rendit cagastrique, aqueux par la manifestation en cette huile de la propriété mortelle ; le Mercure, auparavant exaltation de la joie, fut alors un venin d'angoisse.

3. — Car l'effervescence du *salniter* dans l'impression de la Froideur, selon Saturne, s'éleva comme un venin froid qui sourd de l'impression de la mort ; l'obscurité s'étendit à la place de la lumière de l'huile et Adam mourut à la lumière divine.

4. — Le diable l'avait amené à cela par l'essence et la propriété du serpent où siège la fureur ; le serpent était aussi le

plus fin de tous les animaux des champs ; il avait persuadé à Eve qu'elle pourrait connaître la science du Bien et du Mal ; c'était la volonté du diable de connaître le mal ; et pour ce faire, il se corrompait dans l'ignition de la science du Mercure, car il s'introduisait par l'imagination dans le fond igné ; tandis qu'Adam pénétrait par l'impression dans le fond froid de la propriété aqueuse qu'engendre le *salnitter*, où se séparent les deux règnes ; Adam demandait le mercure aqueux en l'effervescence duquel s'élaborait le venin mortel ; tandis que Lucifer voulait le mercure igné qui donne force et puissance et orgueil ; mais tous deux délaissaient l'huile douce de la divine essence.

5. — Considérons quel était le serpent trompeur, combien était grande sa ruse, par laquelle Adam et Eve ont imaginé ; pourquoi ces deux-ci ont mangé du fruit défendu, quel est leur salut, où sont le Mal et le Bien, quelle est la propriété de la vie éternelle, celle de la mort éternelle, quelle est la guérison de la maladie d'Adam, à savoir, la vie temporelle et éternelle.

6. — Que le lecteur fasse attention à l'esprit des mots qui vont être prononcés ; nous n'avons point la puissance de lui en donner la compréhension : cela appartient à Dieu. Mais s'il veut entrer, les portes lui vont être ouvertes.

7. — Le Diable était un ange splendide, le serpent était le plus fin de tous les animaux, et l'homme l'image de la divinité : or, tous les trois sont morts des suites de leur imagination et de leur orgueil, et ont emporté avec eux la malédiction de Dieu.

8. — Tout ce qui est éternel a une origine commune : ainsi sont les anges et les âmes mais non le serpent. Nous avons ci-dessus donné à entendre comment, lorsque le feu allume l'effervescence du *Salnitter*, se séparent les deux règnes de l'éternité et du temps, comment l'éternité réside dans le temps, unie à lui comme le feu l'est à la lumière, bien qu'ils soient deux cependant.

9. — Nous allons voir comment le Mercure venimeux qui commence dans le diable gâte l'huile en l'homme et le serpent sans corrompre l'essence divine, puis s'anéantit en soi-même, tandis que le Mercure créaturel, qui naît avec la créature, sort de soi, c'est-à-dire passe de l'Eternité au Temps, pour se re-

chercher soi-même, s'affirmer et se constituer une ipséité, tandis que s'il s'était nourri de l'Eternité, son angoisse douloureuse ne serait point devenue manifeste.

10. — Ce à quoi tend le néant éternel : la liberté muette, ne se manifeste pas en ce néant mais bien en elle-même, c'est-à-dire en Dieu ; chaque faim ou désir se crée à soi-même l'essence qui lui est adéquate.

11. — Ainsi le Diable se fait des Ténèbres où il plonge suivant la propriété du centre, abandonnant l'Eternité, ou désir de l'amour. Il s'allumait ainsi dans son Mercure venimeux, devenant un bouillonnement igné d'Angoisse dans les ténèbres : de même que le bois qui brûle devient un charbon sans lumière, huile ni eau. Rien ne découle plus des formes de la propriété diabolique, qu'un aiguillon d'hostilité qui lance les formes les unes contre les autres en les multipliant.

12. — Le serpent était dans un état semblable : Quand Dieu dit : que toutes sortes d'animaux se manifestent, chacun selon sa propriété, les animaux sortirent, en effet, de toutes les propriétés de la Nature ; le Diable voulut dominer sur l'amour et la douceur divines ; pour cela il introduisit son désir dans la colère, dans la puissance sévère d'où s'échappe la vie venimeuse ; c'est de ce *Fiat* de la propriété furieuse que sont sortis les serpents, les vipères, les crapauds et autres bêtes venimeuses ; non point que le diable les ait faits : il ne le peut ; mais la créature a été déterminée en bien ou en mal selon ce qu'était le désir en l'impression du Fiat.

13. — En cette impression, source du Mercure et de la vie extérieure, se faisait la séparation du monde et de Dieu, comme une image de l'abîme, et un miroir de l'éternité. La fureur interne s'est alors manifestée ; c'est pourquoi Dieu est appelé un Dieu colérique et jaloux, un feu consumant. Le plaisir éternel, qui est Dieu, réveille en la nature le désir de la manifestation éternelle, et se donnant lui-même à ce désir, transforme sa fureur en une plénitude de joie.

14. — Ainsi en est-il de la finesse du serpent. L'acuité du goût et de l'odeur des choses réside en leur venin. La lumière éternelle s'engendre de l'exaltation du Père ; elle sort de l'angoisse pour rentrer dans le néant de la liberté ; là, le feu et la lumière deviennent un désir qui est la joie divine ; le Mercure prend ici le nom de parole éternelle ou naissance de la divinité.

15. — Cette émanation du feu magique spirituel produit une génération de la parole, des vertus et des couleurs ; et le désir de ce Mercure prend aussi avec lui la vertu, et la faisant essentielle, en tire la douceur et l'amour qui iront éteindre la fureur du Père éternel pour la changer en la joie.

16. — Cette essence embrasée donne deux propriétés : une huileuse, céleste et éclatante ; et une puissante, animée du mouvement de l'impression éternelle dont sort l'air divin ou la splendeur de cette lumière amoureuse qui est l'esprit de Dieu.

17. — De même, sachez que l'amour éternel (c'est-à-dire l'essence céleste) s'est répandu dans le *Fiat* de la création pour transporter dans la joie la colère paternelle, qui est la forme de la nature éternelle ; là où la nature de la fureur a été exaltée par le Fiat, le désir s'est d'autant plus tendu vers la liberté, pour se délivrer de la fureur et se transporter dans la joie ; c'est ainsi que la plus noble et la plus sublime des teintures : le désir de la faim furieuse, reçoit son aliment : la liberté. Car au commencement toutes choses ont été créées bonnes, même le diable et le serpent.

18. — Mais comme le diable s'éleva dans le plus haut désir igné, Dieu se détourna de lui, comme la lumière d'une torche s'éteint et il en fut réduit à vivre de son propre désir. Mais comme il savait que le serpent possédait une teinture semblable à la sienne, il se glissa en lui avec son désir, et attaqua l'homme pour l'introduire en cette propriété. En effet, la teinture du serpent comprenait du Mercure mort de la frigidité de l'impression, et du Mercure de la propriété furieuse ; l'impression froide qui se produit par la mort de la fureur est terrestre ; et l'ignée sort du poison vivant du Mercure, et c'est en elle que consiste la vie spirituelle.

19. — Ainsi Adam et Eve furent infectés du désir diabolique par le Serpent : par la propriété mortelle et terrestre de celui-ci, et par la propriété furieuse, venimeuse et vivante de la fureur divine qui appartenait au diable ; et leur huile divine ou essence céleste fut desséchée.

20. — L'huile divine de nos premiers parents fut corrompue, car la malédiction avait pénétré jusqu'à l'âme : Or, la malédiction de Dieu est un retrait ; quand la vertu divine incarnée en eux rentra dans son principe, l'huile sainte où elle habitait

devint un venin ; le résidu terrestre cagastrique de la mortification du feu s'affirme alors, et le mercure froid de la forme mortelle, auparavant cachée dans le mercure céleste (la vertu divine), prend la place de ce dernier. Ainsi Adam meurt à Dieu, pour revivre dans la mort ; et le serpent fut maudit pour avoir obéi au diable.

21. — Ce qui est caché dans la grande angoisse ou Mercure, c'est une huile qui guérit toutes les maladies en les teignant, à condition que le venin froid, l'effervescence de la mort, soit transporté dans le feu qui désire la lumière : car Dieu a créé tout d'abord les choses bonnes, mais son départ les rendit mauvaises.

22. — Quand le désir amoureux de Dieu demeurait dans le bouillonnement du monde extérieur et le pénétrait comme le soleil, l'eau et le feu, le fer, — le monde extérieur était un paradis, et l'essence divine verdoyait par la terrestre, et la vie éternelle subsistait dans la mortelle. Mais quand Dieu eut maudit ce monde à cause de l'homme, le mortel se manifesta dans les créatures, tandis qu'auparavant il n'était inclus que dans cet arbre de la connaissance du bien et du mal qui tenta Adam et Eve lorsque leur désir eut à choisir entre l'éternité et le temps, entre l'huile vivante et la morte.

23. — Ainsi le corps céleste fut et demeure encore lié par la malédiction divine, tandis que le bouillonnement de la colère se donne libre cours. Mais puisque l'homme éternel avait été vivifié par le Mercure éternel, c'est-à-dire par la parole de la vertu divine, nul ne pouvait vaincre la mort ni briser le venin du Mercure, que la vertu du Verbe même de vie.

24. — Car la propriété terrestre du serpent s'était éveillée en l'homme : c'est pourquoi lorsque le Verbe de Dieu prit pitié de la misère de l'homme, il lui dit : La semence de la femme brisera la tête du serpent et tu (entendez le venin du serpent) la mordras au talon.

25. — En ceci gît le secret de la pierre des sages (1). Le

---

(1) Le même couple de forces opposées se réfracte dans tous les plans et dans toutes les créatures. Chacune se manifeste à son tour pendant que l'autre s'occulte ; pour que, dans un plan donné, cette lutte se résolve, il faut que la vie, le mercure, d'un plan supérieur analogue, vienne assouvir la faim de la force égoïste. Dans le moi humain, il n'y a pas de Mercure qui lui soit

brisement de la tête du reptile se fait en l'esprit et en l'essence, dans le temps et dans l'éternité. La morsure du serpent est la colère ignée de Dieu, et la semence de la Femme est l'amour de Dieu qui doit reluire dans la colère, lui prendre sa puissance et la réintégrer dans la divine joie ; alors l'âme morte, ensevelie dans la malédiction, se relève quand le Mercure venimeux est imprégné de l'amour. L'angoisse de la mort mercurielle devient une joie sublime et un désir amoureux, et un corps céleste naît du terrestre. Quand le Mercure est introduit dans une effervescence céleste, il ne désire plus la vie terrestre, mais l'élément unique où sont cachés et engloutis les quatre autres non encore manifestés. Ainsi Dieu habite le temps, et le temps ne le comprend point, à moins qu'il ne s'engloutisse en l'éternité et que la lumière divine éclaire de nouveau son tourment.

26. — Les recherches des sages suivent le même ordre. Comme la parole éternelle qui est le Mercure céleste s'est incarnée dans la vertu divine, a tué la mort et est remontée dans la joie divine, le Mercure humain, jadis lié dans la colère de Dieu, dans le bouillonnement de la mort, devient attractif par son désir qui est devenu une foi en l'Esprit-Saint ; il engendre le Christ en lui et s'élève jusqu'en la lumière divine au-dessus de la colère de Dieu, de laquelle il brise la tête ; la colère dominait, et en la lumière elle devient servante.

27. — Méditez toutes ces choses, enfants des sages, ne faites point comme ceux de Babel, qui croient posséder la pierre et qui ne conservent qu'un moellon où gisent le venin et la mort ; ils n'ont que les mots et non la vertu.

28. — Dans le doux nom de *Jésus-Christ* nous pouvons retrouver le procès tout entier ; et expliqué dans la langue de la Nature, il peut nous indiquer comment se fait la renaissance de la mort à la vie. Le nom *Jésus* est la libre propriété du plaisir éternel qui se donne au Père, centre générateur, et y figure un verbe d'éternelle vertu.

29. — La forme ignée du Père configure cette voix divine du plaisir de la Liberté, et devient un ☿ de joie dans l'essence

supérieur, sauf celui du Ciel ; il faut donc que la vie céleste, c'est-à-dire le Christ, vienne, en nous, pour que nous sortions de l'enfer où nous sommes. Le véritable alchimiste fait pour la matière minérale ce que Jésus-Christ fait pour notre âme.

de l'Amour ; et cependant il n'y aurait point de convoitise amoureuse s'il n'était allumé du feu du Père : la convoitise provient du feu.

30. — Le Père de toutes essences engendre par son tourment igné ce saint désir, son cœur donne au feu de l'amour la splendeur et l'éclat ; la fureur du feu se meurt pendant les éternités et se transmue en un désir amoureux.

31. — *Christ* signifie la propriété du libre plaisir ; et en la langue de la Nature il veut dire violateur : rompre la puissance de la fureur, créer dans les ténèbres la splendeur de la Lumière, transmuer le désir igné en un plaisir amoureux, telles sont ses œuvres.

32. — Ici la semence de la femme (le libre plaisir où il n'y a point d'angoisse) brise la fureur de la Nature éternelle ; car le feu s'appelle à bon droit la tête puisqu'il est la cause de la vie éternelle ; et la liberté est vraiment la femme, car c'est dans le néant, qui est la liberté, que naît la sainte trinité divine.

33. — Le feu donne donc la vie, et le libre désir donne l'essence de la vie ; dans l'essence est la génération : le Père engendre en Lui-même hors de l'abîme en un fond, son essence, son cœur. Le Fils est la fin du Père ; le Père demeure la base de la nature éternelle, et le Fils demeure la base de la vertu et de la joie ; on en voit une image au feu et à la lumière ; ainsi le Fils teint le Père avec la liberté ou le Rien, et le Père teint le Rien afin que la vie éternelle soit en lui, et qu'il soit non plus un néant mais un ton ou une voix manifestant l'éternité.

34. — Remarquez bien ceci, ô Sages, ne cherchez point le Fils hors du Père : pour teindre il faut que la teinture soit corporelle. Le Vainqueur du serpent est déjà en ce corps, car la semence de la femme a brisé la tête du serpent, non pas hors de l'humanité, mais dans l'humanité ; l'amour, source du plaisir divin, se manifeste en l'essence humaine et teint la fureur de la mort du sang de la divine teinture ; ainsi cette fureur devient une source qui dissipe la colère et l'huileux venin du mercure, en les transportant dans le royaume de l'Amour joyeux et triomphant : « ô Mort ! où est ton aiguillon ? Loué soit Dieu qui nous a donné la victoire ! »

35. — Il convient donc au sage chercheur de considérer tout de suite l'humanité du Christ, depuis sa manifestation au corps de la vierge Marie jusqu'à sa résurrection et ascension ;

et il trouvera en la Pentecôte le libre esprit au moyen duquel il peut teindre et guérir ce qui n'est pas sain.

36. — Les roses qui fleuriront après l'hiver égaieront le mois de mai, pour l'illumination des bons et l'aveuglement des impies.

37. — Loué soit Dieu éternellement, qui nous a ouvert les yeux et nous a préparés à recouvrer tout ce qu'Adam avait perdu.

38. — Or, nous voulons pénétrer tout le procédé du Christ, aller avec lui de l'éternité au temps, et du temps à l'éternité, réintroduire les miracles du Temps en l'éternité, et présenter ouvertement la perle, pour la gloire de Christ et la honte du diable : ceux qui dorment sont aveugles ; mais ceux qui veillent verront les fleurs de mai.

39. — Christ disait : Cherchez et vous trouverez, heurtez et il vous sera ouvert ; il vous a donné aussi la parabole du bon Samaritain. C'est une représentation ouverte de la corruption humaine, et de celle de la terre, maudite de Dieu.

40. — Or, si tu veux être un mage (1), fais comme ce Samaritain ; autrement tu ne saurais guérir ce qui a été blessé ; car le corps du patient est à demi-mort, son vrai vêtement lui a été enlevé, de sorte que tu ne peux le reconnaître que difficilement, à moins que tu ne possèdes les yeux et la volonté du Samaritain.

41. — Voici : la parole éternelle se manifestait en Adam avec la divine essence vivante, par le Mercure céleste : mais quand le feu de son âme infecta par le moyen du Diable l'esprit de sa volonté, et la tourna vers la terrestréité mortelle par la propriété du serpent, le Mercure céleste disparut de l'essence céleste, l'âme rechercha le Mercure froid ; et l'esprit d'Adam voulut avoir la science du bien et du mal.

42. — Ainsi le Mercure des quatre éléments le saisit, et commençant à l'envenimer, le dépouillant de la divine propriété, l'exposant à la chaleur et au froid, le tuant à demi, lui enleva l'habit angélique, l'habit du pur élément. Cet élément était la source céleste qui pénétrait le corps d'Adam ; il n'avait alors pas besoin d'habit car le chaud et le froid étaient en lui ensevelis comme la nuit l'est dans le jour. Quand la propriété et le bouillonnement des ténèbres surprit les hommes, la nuit

---

(1) Dans le sens d'Initié à l'Alchimie. Voyez KHUNRATH, OEuvres.

domina sur eux, et il en fut de même pour la terre, quand Dieu la maudit.

43. — Si tu es mage, il faut, tu sauras changer la nuit en jour, car la nuit, source des ténèbres, est le bouillonnement de l'angoisse de la mort ; et la source du jour lumineux, c'est la splendeur de la vie. Christ a rallumé cette splendeur dans l'humanité, en revivifiant l'homme. Or, si tu veux teindre, il faut que tu changes de nouveau la constriction de la mort nocturne en jour ; néanmoins, le jour et la nuit sont ensemble comme une seule essence.

44. — La raison demande : comment dois-je commencer pour parfaire cet œuvre ? Regarde le procédé de Dieu pour l'humanité.

45. — Christ vint en ce monde (1) sous la forme humaine, faisant descendre, dans la compression de la mort, la divine teinture de vie ; il devint l'hôte de notre misérable forme, pour nous imprégner de lui-même. Vivait-il dans la joie ? Non. Il entrait dans la mort, et mourait, renversant pour nous le trône nocturne, et pour cela, il incitait notre essence à tourner son vouloir vers le divin ; alors le Fiat céleste pouvait une seconde fois agir dans l'humanité, car celle-ci pénétrait de nouveau dans le libre plaisir de la Divinité.

46. — Ceci fait, l'homme-Christ fut tenté pendant quarante jours, aussi longtemps que demeura le premier homme seul, et tenté dans le Paradis. Pendant ce temps, tout ce qu'Adam et sa femme avaient désiré par l'imagination était représenté par le Diable, prince de ce monde, devant les yeux du Christ, dans la propriété de la mort.

47. — Que fit le Christ, au moment de soutenir cette bataille, pendant laquelle l'Essence humaine dut pénétrer à nouveau la divinité par son désir ? Il alla au Jourdain, et s'y fit baptiser par Jean avec l'eau de la parole de vie, cette essence divine qui devait teindre notre essence mortelle dans l'humanité extérieure ; c'est alors que l'Esprit de Dieu le mena au désert où il dut combattre la propriété du Père, en la personne du prince de la fureur. Là lui furent présentés le

---

(1) L'enseignement de l'Eglise est vrai : Jésus-Christ avait deux natures : la divine et l'humaine, quoique l'humaine ne fût composée que de matière pure.

pain de Dieu et le pain de la colère de Dieu, pour voir si l'âme baptisée, née et créée de la propriété du Père, rentrerait au désir amoureux du néant.

48. — Mais qu'est-ce qui est ici montré au mage ? Veut-il faire des miracles avec le Christ et régénérer le corps corrompu, il faut premièrement qu'il le baptise. Le corps a faim du pain de Dieu, et cette faim contient le Fiat de la nouvelle génération, le Mercure. L'Artiste doit entendre ceci magiquement (1) : il faut que le Dieu et l'homme se réunissent pour être baptisés, ainsi que cela eut lieu pour le Christ.

L'Humanité n'a pu comprendre la Divinité avant que sa faim, qui est le Mercure mort, se fût réveillée en sa partie céleste. Lorsque ce Mercure exercé reçut de nouveau les propriétés et les volontés divines, la propriété humaine — qui est le Mercure intense — s'alimenta de la divine parole, tandis que les quatre propriétés élémentaires se nourrirent de la nuit, jusqu'à ce que le Mercure humain exaltant sa vie transmuât les éléments, en les faisant mourir au temps nocturne et ressusciter au pur élément vivant de l'éternité.

49. — Il faut que le Mage observe le même procédé ; je ne l'expliquerai pas ouvertement à cause de l'impie ; je dirai seulement, faites attention au baptême, baptisez le Mercure mort qui est enfermé en l'essence divine ; mais il faut que tu aies de l'eau divine, et aussi de l'eau terrestre : le Mercure terrestre n'a pas plutôt reçu l'influx divin que le Mercure céleste se réveille et s'affaisse ; mais il ne trouve point l'essence divine dans le plan où il habite ; il tourne alors sa volonté, par le désir de la mort, vers le Fiat qui l'a engendré ; l'essence divine s'approche ainsi et commence à faire régner la joie en lui.

50. — Ici est le commencement du nouveau corps qui, lorsqu'il est à la nouvelle vie, fait mourir les quatre éléments : il tombe avec eux dans la mort ténébreuse, mais il ressuscite au troisième jour, car la nuit est engloutie au sépulcre et l'Aurore se lève : si tu entendais cela, tu saurais quelle est la perle.

51. — Je veux te montrer cette perle, bien que nul ne la possédera, à moins que le Christ ne le permette.

(1) Symboliquement.

52. — Si tu abandonnes à la faim de mort la propriété mortelle en pâture, la mort croîtra ; mais si tu lui donnes la propriété céleste, elle ne la recevra point, car l'enfer est contre le ciel. Il faut que tu donnes à la mort, la mort et la colère de Dieu ; et avec cette colère, tu lui donneras de la divine essence : c'est le Baptême qui la fera disparaître, lorsque tu auras laissé s'accomplir tout le procédé du Christ. Il faut que tu laisses prêcher le Baptisé, c'est-à-dire que tu le fasses se manifester, avec sa forme et ses couleurs divines, sans lui laisser de repos : ainsi le mercure devient opératif.

53. — Et quand tous ses miracles seront accomplis, il faudra que tu mettes le vieil et le nouvel homme dans la grande colère de Dieu ; que tu immoles le vieil homme sur la croix et que tu le mettes dans la putréfaction du sépulcre. Christ ressuscitera ; il se fera voir, mais les siens ne le reconnaîtront plus ; il chemine en la forme céleste, puis en l'humaine, jusqu'à la Fête de la Pentecôte, qui est le moment où, se nourrissant d'essence divine, le Saint-Esprit vient imprégner le corps entier et le revivifier.

54. — C'est là que la Perle se cache ; si vous aviez l'universel, vous pourriez aussi comme saint Pierre teindre trois mille âmes du mercure céleste ; mais votre mort égoïste vous comprime, car vous ne cherchez qu'avarice, honneur et volupté pour vous en repaître dans la propriété de la nuit. Néanmoins le jour resplendira de nouveau quand la furieuse colère de Dieu sera apaisée et abreuvée du sang des Saints. Le temps en est proche.

Procès (1).

55. — Dans la génération, chaque Genre recherche son complémentaire. Or, Dieu disait à Adam et à Eve après la chûte : « La semence de la Femme brisera la tête du serpent »; Il ne parlait pas de la semence de l'homme : ici gît le Bap-

(1) Tout ceci est obscur, quant au côté alchimique ; en effet, la plupart des procédés de laboratoire sont faux, tyrannisant la matière ; tandis que le vrai procédé doit l'évoluer sainement : il ne peut être connu que par celui qui a déjà accompli le grand œuvre en lui-même. Les efforts de nos chimistes et alchimistes actuels sont donc vains et faux.

tême de la Nature : le Mâle possède l'Esprit igné et la femelle, l'esprit aqueux ; or, le Mercure est une vie ignée et se fait un corps selon sa faim ; il ne faut donc au commencement que donner à la faim ignée une compagne amoureuse pour que les baisers de celle-ci lui fassent connaître l'amour.

56. — Le Diable est l'ennemi de ces fiançailles ; il insinue en ces époux une fausse joie ; ce qui fait que s'ils mettent leur désir en sa volonté, ils se haïront l'un l'autre et engendreront un faux enfant : car, un mauvais arbre donne de mauvais fruits et un bon arbre, de bons également, a dit le Christ.

57. — L'Artiste se doit garder d'une telle colère en même temps que préparer à ce couple des tribulations (car il est en même temps son ennemi et son ami) : ils doivent élever leur désir à Dieu afin de générer son essence et de la garder en leur sein jusqu'à ce qu'il soit mûr.

58. — La mère pendant toute la gestation ne doit penser qu'à son mari, ne point s'imaginer d'étrangetés, autrement elle imprime une marque à l'enfant. Ainsi donc il faut que notre couple demeure simplement en l'Amour, jusqu'à ce que l'enfant soit parfait corporellement : ce qui a lieu dans la quatrième lune. L'enfant reçoit la vie de l'âme en son essence comme un combat ; selon la qualité des parents, l'artiste doit secourir la propriété ignée de l'âme, jusqu'à ce qu'elle reçoive sa vie, et qu'elle se manifeste dans une forme féminine.

59. — Elle prend encore quelque temps des forces jusqu'à ce qu'elle se revête en une robe rouge et blanche. Il reste encore le rejet de la vie végétative des parents, après lequel meurent les quatre éléments ; la vie se lève ensuite en l'élément unique ; durant ces phénomènes, l'Enfant reste caché dans l'obscurité de la mort : l'artiste le croit perdu, mais qu'il prenne patience.

Formation de l'Enfant Magique (1).

60. — La vie terrestre du Christ est une figure véritable de la nutrition du nouvel enfant dans le sein maternel après sa

---

(1) Magique : invisible, en puissance, occulte, non encore manifesté. L'Alchimie ne consiste pas seulement à faire de l'or,

conception, de sa vie végétative jusqu'au moment où il reçoit la vraie vie de l'Ame et du corps, par l'influence de l'Esprit ; selon l'externe, le rejeton est plus noble que ses parents.

61. — Mais peut-être quelque grossier sophiste viendra tirer de ce livre une interprétation étrange. Quand je parle d'une Ame de vie végétative, qu'il sache que je ne veux point signifier l'image de Dieu dans les métaux, les pierres et les herbes, mais bien l'Ame magique par laquelle l'éternité se figure en toutes choses, selon la Sagesse.

62. — Lorsque Christ eut atteint, dans les propriétés divine et humaine, l'âge de douze ans, il alla, avec sa mère Marie, à Jérusalem ; il entra dans le temple, écoutant les Scribes, donnant des réponses aux doctes ; mais tandis que ses parents s'en retournaient pensant le retrouver avec leurs compagnons, il demeurait avec les savants, selon la volonté divine ; et à sa mère, il répondait ceci : « Pourquoi m'avez-vous cherché ? ne savez-vous pas qu'il faut que je m'occupe des affaires de mon Père ? » Et cependant il vivait avec eux et il leur était soumis.

63. — Cette parole nous donne l'image des Volontés des monde intérieur et extérieur, contenus l'un dans l'autre, et opposés l'un à l'autre, toutefois n'en faisant qu'un ; ainsi en Christ deux règnes sont manifestés : l'un opérant dans la volonté de Dieu et rompant la volonté extérieure des parents, et l'autre, au contraire, obéissant aux parents.

64. — Cette figure montre au mage qu'il se trouvera en présence de deux volontés : l'une ne lui sera point sujette,

mais évoluer toute matière vers son état parfait. Pour cela, étant donnée une substance quelconque, il faut discerner, au moyen des connaissances théoriques dont l'étude et l'intuition nous ont pourvus, quelle est sa signature, de quelles forces invisibles elle est le corps ; puis en extraire une autre, de propriétés complémentaires : ce seront le mâle et la femelle. Bœhme détaille la série des couleurs qui doit être obtenue en travaillant n'importe quel corps ; mais il insiste sur la nécessité d'être soi-même régénéré au préalable, avant de pouvoir régénérer autour de soi. En effet, notre état d'âme est rayonnant, il influe sur le milieu, il modifie notre destin, nos relations, les êtres et les choses qui nous sont envoyés ; de sorte qu'un cœur pur n'attire à lui que ce qu'il y a de pur dans le monde, et son travail est, de la sorte, rendu plus facile et plus vrai.

c'est la divine ; et quand la seconde, sa propre volonté extérieure, cherchera avec Marie l'aimable Jésus, dans la douleur, c'est alors que la première se soumettra à lui.

65. — Secondement, nous voyons par là qu'en toutes choses se retrouvent ces deux sortes d'opérations ; et si l'on veut être un mage et tourner la volonté et l'essence de la bonne propriété de l'intérieur en l'extérieur, il faut d'abord être capable de la volonté divine, sans quoi cette transmutation devient impossible. Ainsi Christ n'était point soumis à la volonté extérieure de sa mère; sa volonté s'accordait avec celle de Dieu, et elles luttaient ensemble, comme Jacob avec l'ange. Alors Dieu lui disait : « Tu as lutté avec Dieu et avec les hommes et tu as obtenu la victoire. »

66. — Le Mage doit aussi savoir qu'il ne lui faut point implanter par l'extérieur son désir de perfection ; qu'il exerce seulement une volonté adaptée à la propriété de la chose qu'il veut traiter, qu'il lutte comme Jacob avec la volonté divine et qu'il bénisse la volonté aspirante. Que la divine volonté se rende à la faim qui la désire ; et qu'elle rende parfaite la volonté qui pénètre jusque dans la pitié ; alors on pourra dire : Tu as lutté avec Dieu et tu as obtenu la victoire ; et l'objet recevra un corps transmué, terrestre et céleste.

67. — Observe ceci : c'est le commencement du Baptême ; et sans cela tu ne baptiserais que par l'eau du monde extérieur ; mais le vrai Mage baptise par l'Eau intérieure et extérieure. Quand il génère un désir véritablement divin, la volonté divine de son baptême est la première étincelle du Mercure ; la vie commence à émouvoir la mort ; le Mercure mort s'affame de l'Essence divine et effectue son premier miracle qui est celui des noces de Cana : c'est la première teinture de la vie végétative, c'est-à-dire une faim amoureuse qui enveloppe la source ignée, et change en feu lumineux la fureur et la volonté froide de la mort ; l'eau mortelle devient du vin, soit une acuité ignée et aqueuse qui aboutit, selon l'entreprise de l'artiste, à une huile, résultant du mode d'union des deux fiancés ; Christ, qui est l'époux, a été mené au désert et tenté par le diable.

68. — C'est le renouvellement de l'épreuve paradisiaque et pour l'Artiste et pour l'époux. Si l'époux désire la Vierge, elle lui donne son cœur et sa volonté : ceci est la teinture céleste

dont s'imprègne le Mercure allumé en la colère de Dieu et comprimé dans la mort, c'est-à-dire dans la malédiction de la terre : et ce Mercure est l'époux. Car la semence de la femme, la teinture céleste, doit briser la tête du serpent, en d'autres termes, changer le venin de la mort en vin : c'est alors que la Vierge reçoit le baiser de l'Epoux.

69. — Le désert signifie le corps terrestre où le Mercure est éprouvé par le diable qui excite son essence ignée ; la Vierge vient alors réconforter l'époux par son amour ; ainsi le Mercure peut subsister devant ce diable et les anges s'approchent finalement de lui pour le servir. Le Mage sait ce que j'entends par diable.

70. — Le Mage doit entourer de tous ses soins cette entreprise ; quand après quarante jours les anges n'apparaissent point, tout ce qu'il a entrepris ne vaut rien ; qu'il fasse attention de ne pas avoir un diable trop furieux ou un trop faible à combattre, parce que le Mercure s'allègerait et tendrait à rester dans sa propriété venimeuse, annulant ainsi l'effet du Baptême.

71. — Aussitôt que le Mage aperçoit les anges, qu'il mène le Christ hors du désert, et qu'il laisse de nouveau l'époux se nourrir de sa propre viande : Christ fera alors beaucoup de miracles qui réjouiront et étonneront le cœur de l'Artiste.

72. — Il ne lui reste rien à faire : l'épouse est en l'époux, mariés l'un à l'autre, il ne leur faut que leur couche nuptiale : ils s'embrassent l'un l'autre, se nourrissant réciproquement de leur chair propre, jusqu'à ce que l'enfant soit conçu. Si l'artiste veut prendre soin d'eux jusqu'à dresser et échauffer leur lit, qu'il prenne bien garde de ne pas froisser leur amour. Le Fiancé a toujours deux sortes de volontés : une faim terrestre de la colère de Dieu, et une faim de l'épouse : on doit alors le nourrir de viande terrestre, mais magiquement, pour apaiser sa volonté famélique : Cette viande est la mère qui l'a engendré, comme on l'a vu ci-dessus.

73. — En somme, l'œuvre tout entier consiste en deux choses : une céleste et une terrestre ; la céleste doit absorber la terrestre, l'Eternité doit faire du temps une éternité ; l'artiste cherche le paradis : s'il le trouve, il possède le plus grand trésor de la terre ; mais un mort n'en réveille point un autre.

Il faut que l'Artiste vive, s'il veut dire à la Montagne : Lève-toi et te jette dans la Mer.

74. — Quand la corporification de l'enfant commence, Saturne le prend et le plonge dans les ténèbres ; c'est ici que Christ chemine sur la Terre comme un étranger, n'ayant pas seulement en Saturne de pierre où reposer sa tête.

75. — La Lune le saisit ensuite ; elle mêle les propriétés célestes et les terrestres ; la vie végétative se manifeste ; mais il y a encore un danger à surmonter.

76. — Après la Lune, Jupiter fait à la Vie une demeure dans le Mercure ; il lui fait prendre le mouvement de la roue qui l'élève jusqu'à la plus haute angoisse où Mars fournit au Mercure son âme ignée ; en Mars s'allume la vie la plus sublime, séparée en deux essences : un corps d'amour et un esprit de feu. La vie amoureuse se pâme dans l'effervescence ignée inférieure et apparaît dans toute sa beauté ; mais Mercure engloutit cette Vénus. L'enfant devient alors un corbeau noir, et Mars opprime le Mercure jusqu'à la mort : les quatre éléments sortent alors de lui, et le Soleil, prenant l'enfant, le présente en son corps virginal au pur élément : en la propriété de Mars, la Lumière s'est allumée, la vraie vie de l'élément unique est née contre laquelle la colère ni la mort ne peuvent rien.

77. — Il peut sembler étrange aux yeux de la raison que Dieu fasse suivre à l'homme un tel procédé pour se régénérer et qu'Il ait laissé le Christ être méprisé, calomnié, rebuté et crucifié, puis errant pendant quarante jours sur la terre avant de l'admettre en son règne invisible.

78. — La raison est tellement aveuglée qu'elle n'entend rien aux choses éternelles. Elle ne sait rien du Paradis, de la condition d'Adam, de sa chûte, de la malédiction de la terre : si elle entendait ces choses, elle comprendrait également la voie de la régénération. Il n'y a pas de différence entre la naissance éternelle, la réintégration et la découverte de la Pierre philosophale. Tout étant sorti de l'éternité, tout doit y retourner d'une même façon.

79. — Si le mage veut chercher le Paradis dans la malédiction de la terre, il faut qu'il se conforme au modèle que lui offre le Christ ; il faut que Dieu se manifeste en lui ; alors seulement il peut trouver ce Paradis où il n'y a plus de mort.

80. — Mais si lui-même ne se dirige pas dans le sentier du recouvrement, que Christ a suivi sur cette terre, qu'il abandonne son entreprise, car il ne trouverait que la mort et la malédiction de Dieu : c'est ce dont je l'avertis fidèlement ; car la noble Perle est paradisiaque ; Dieu ne la jette pas aux pourceaux, mais la donne à ses enfants comme un signe d'amour. L'impie n'est pas digne du Paradis, la Gemme céleste ne lui sera point donnée ; c'est pourquoi Dieu la cache, ne permettant à celui qui la possède que d'en parler d'une façon magique.

81. — C'est pourquoi nul n'y peut parvenir s'il n'est tout d'abord un mage parfait, et si le Paradis n'est manifeste en lui : mais ceux-là seuls y parviennent qui sont élus de Dieu (1).

(1) Pour l'interprétation de tout ce chapitre au point de vue du grand œuvre psychique, remplacer le Mercure par l'angoisse morale ; et voir dans la lutte contre la mort, la lutte contre les passions du Moi. Le père de l'Enfant, c'est le Moi et sa mère est l'imagination placée dans l'Amour ou en Jésus-Christ.

CHAPITRE VIII

DU BOUILLONNEMENT SULFUREUX DE LA TERRE ; DE L'ACCROISSEMENT DE LA TERRE, ET DE LA SÉPARATION DES ESPÈCES. UNE PORTE EST OUVERTE ICI A LA SAGACITÉ DES CHERCHEURS

Sommaire. — Le Visible et l'Invisible ; l'Huile et l'Eau. — de la cure de l'homme déchu. — De l'action du Mercure. — De la médecine. — Les planètes et leur signature. — De la régénération.

1. — Que le lecteur considère simplement ce que j'ai écrit ci-dessus du centre générateur des essences ; et cette méditation lui sera d'un grand profit. Tout ce qui est corporisé, soit spirituellement, soit matériellement, consiste en une propriété sulfureuse également spirituelle ou matérielle.

2. — Car toutes choses viennent de l'esprit éternel dont elles sont les images. L'essence invisible qui est Dieu s'est introduite par son propre désir en une essence visible et s'est manifestée dans le temps : lequel n'est autre chose que son instrument.

3. — Ainsi toutes choses sont comprises dans le Nombre, le Poids et la Mesure selon la génération éternelle ; et Dieu a commis à l'accomplissement de son grand œuvre l'Ame du grand monde en laquelle gisent toutes choses (1) ; il a mis la raison comme Son image pour diriger cette Ame ; cette raison s'appelle le régime propre de Dieu.

4. — Toutes choses sont comprises dans le corps sulfureux ; le Mercure est la vie du Soufre, et le Sel en est l'impression par qui l'esprit se fait connaître dans une essence compréhensible. La propriété du Mercure est au Soufre comme l'ébullition de l'eau ; le Soufre est cette eau de laquelle il engendre

(1) C'est l'entendement ou la raison universelle.

deux formes, une huileuse vivante, issue de la liberté divine, et l'autre mortelle, issue du feu de l'effervescence salnitrique.

5. — La forme huileuse se trouve dans les pierres, les métaux, les arbres, les animaux et les hommes ; la forme nouvelle est dans les quatre éléments dont l'esprit vital est l'huile ; cette forme huileuse est la lumière des éléments, qui engendre leur vie végétative.

6. — La propriété huileuse n'exerce sa faculté vivifiante que lorsqu'elle est comprimée dans l'angoisse de la mort : cette angoisse l'émeut et l'exalte ; et c'est en la fuyant qu'elle s'échappe au dehors, créant ainsi la vie végétative.

7. — Ainsi la mort est une cause de la vie ; le Mercure y est méchant ; on l'appelle alors la vie de l'enfer et de la colère de Dieu ; en la propriété huileuse, il est bon par la puissance de la douceur et de la liberté divine ; il est l'architecte de l'âme du grand monde ; il distingue les degrés de la vie végétative, le vivant d'avec le mort, l'essence céleste de l'essence mortelle, et il ordonne le double règne : le bon, en l'huile lumineuse et céleste, et le mauvais, dans les ténèbres.

8. — Ces deux règnes sont mêlés l'un à l'autre et se combattent perpétuellement, comme une eau que le feu fait bouillir. La lumière est la mort des ténèbres ; en elle l'angoisse perd sa puissance, et se change en une joyeuse exaltation ; la douceur est un silence qu'émeut le bouillonnement de l'Angoisse. Quand la mort accable l'huile, elle en fait une source venimeuse, c'est-à-dire un esprit et un corps entièrement terrestres, comme cela est arrivé à Adam lorsqu'il imagina dans le mal.

9. — Cependant, il ne faut pas dire que la propriété huileuse devient de soi-même un bouillonnement venimeux ; c'est le Mercure, la vie ignée, qui la mène en l'angoisse, corrompant l'essence temporelle ; en d'autres termes, le Mercure sort de l'essence huileuse intérieure : celle-ci reste immuable tandis que l'esprit du temps se sépare de l'esprit de l'éternité ; ces deux esprits demeurent en une essence, mais sans s'atteindre ni s'amoindrir réciproquement. Adam et Eve sont morts de la façon suivante : le Mercure de l'âme sortit de l'essence de l'Eternité en imaginant dans l'essence du temps, Source de l'angoisse ; ainsi l'essence de l'éternité perdit ce conducteur que Christ lui a rendu plus tard par le Verbe divin. On voit

que cette essence est enfouie dans le Mercure angoisseux, comme en la mort.

10. — Je montrerai comment le Mercure venimeux peut tourner son désir en cette essence éternelle et s'en servant comme d'un corps, unifier le monde intérieur et extérieur ; quand cela sera accompli, il n'y aura plus qu'une seule volonté et un seul esprit animé d'un désir amoureux ; chaque esprit se sustentera de son corps particulier ; ainsi toute volonté mauvaise sera réduite à l'impuissance.

11. — Joie et douleur, amour et haine, tout provient de l'imagination et du désir. Du libre amour, se forme le règne de la joie au milieu même des angoisses de la mort ; de même, lorsque le désir se détourne du libre amour vers l'angoisse de la mort, il s'en imprègne et le Mercure se plonge également en elle.

12. — De sorte que l'on peut dire avec raison, qu'il n'y a aucune chose si mauvaise qu'elle ne renferme quelque bonté, bien que la méchanceté ne soit point capable de produire la bénignité. Dans le plus venimeux Mercure, la Sublime Perle peut se trouver ; et il la manifeste de lui-même, en se transmuant, comme on peut voir dans la terre, au sein de laquelle il cherche la Perle en produisant l'or et les métaux selon le Soufre qui est en chaque lieu.

13. — La terre cache une lutte continuelle : l'Eternité y travaille à se délivrer, par le temps, de la vanité ; pour ce faire, elle se donne au Mercure, son architecte, il la reçoit avec joie et corporifie ce libre désir ; telle est l'effervescence, tel est le métal que produit la terre, le tout selon la propriété de celle des sept formes de la Nature qui domine en ce lieu.

14. — Les médecins devront apprendre à reconnaître quelle est la propriété dominante en chaque chose ; s'ils ne savent point cela, ils donneront souvent la mort à leurs malades ; il faut qu'ils sachent aussi quelle est la propriété du malade et quelle est celle selon qui le Mercure agit dans le Soufre, pour produire un sel. Quand le médecin donne au Mercure un sel contraire à sa véritable propriété, le Mercure en devient plus venimeux ; tandis que si on lui présente le sel de la propriété qu'il appète, il laisse tomber son poison dans l'effervescence martienne.

15. — Le vrai médecin commence tout d'abord par mettre

le Mercure qu'il veut employer dans la liberté, hors de l'angoisse de la mort. Toute autre méthode est dangereuse et incertaine, et ne peut guérir complètement aucune maladie ; car le Mercure extérieur ne peut plus émouvoir que les quatre éléments, en l'essence mortelle ; il ne peut rien sur le corps astral ; mais s'il est tourné en l'amour, il attaque la racine du mal, et opère jusqu'au second principe.

16. — Nous avons une belle image de tout ceci dans les herbes des champs ; le Mercure de la terre est venimeux ; le Soleil l'imprègne et le mène, par son désir martien ou igné, vers son essence corporelle saline, qui est le soufre : cette mère le fait reposer en son essence ; alors la liberté, selon sa nature solaire, entraîne le Mercure.

17. — Quand celui-ci a goûté ce qui est céleste, il désire si fortement la vertu de l'amour qu'il se transmue avec son sel et le soufre, sa mère, en une source de joie. Ainsi se fait la croissance de la racine ; primitivement l'acuité, ou le sel imprimé selon Saturne, était une angoisse mortelle ; et elle est devenue une vertu aimable : car dans les herbes, la saveur provient du Sel.

18. — Quand la vertu intérieure s'élance ainsi à travers la liberté du Mercure jusqu'à la manifestation de la déité, la vertu du Soleil s'approprie la plus sublime teinture de la vertu divine, en formant un corps solaire du corps terrestre.

19. — Le soleil élève la vertu de la racine, par la force du Mercure joyeux ; et les sept formes de la Nature montent en se combattant ; ainsi de quelque manière que les choses sortent de leur mère, le Soufre, tout obéit encore aux lois de l'éternité.

20. — Remarquons que l'herbe qui s'élève du sein de la terre est blanche en bas, brune un peu plus haut et verte à son sommet : ceci est la signature de l'essence intérieure. La couleur blanche est la liberté du plaisir aimable ; la brune est l'impression saturnienne terrestre et martienne ignée ; et la verte est le Mercure de Jupiter et de Vénus.

21. — Car Jupiter est la vertu, et Vénus le désir ; tous les deux tendent vers le Soleil comme vers leur équilibre. L'esprit des étoiles s'imprime aussi dans la créature ; en elle, Mercure est l'architecte et le séparateur ; Saturne imprime, Jupiter agit comme un Soufre amoureux ; Mars est le bouillonnement igné

du soufre, Vénus est l'eau, le désir doux, Mercure est la Vie, la Lune, le corps, et le Soleil le Cœur, le centre où pénètrent toutes les formes.

22. — Ainsi le Soleil extérieur pénètre jusqu'au Soleil de l'herbe, et réciproquement, avec une saveur agréable. Saturne donne une saveur aigre, Jupiter une aimable ; la saveur martienne est l'amertume angoisseuse ; Vénus est douce ; Mercure sépare les saveurs, la Lune, dont la propriété est à la fois céleste et terrestre, leur donne la menstrue (1). Ainsi chaque forme tend vers le Soleil ; le désir amoureux de Jupiter s'élève vers l'eau supérieure où Mars mène l'esprit du Soufre ; Mercure donne le mouvement, et Saturne imprime : il produit les nœuds. Son effervescence est le Salnitter, selon la troisième forme de la Nature ; Mercure travaille ce Salnitter et atteint Vénus : ainsi croissent les branches et les rameaux ; et chaque rameau est semblable à la plante entière.

23. — Le Salnitter s'éteint alors, ce qui fait que le Soleil enlève à Mars sa puissance et sa propriété amère ; Jupiter et Vénus se rendent également au Soleil ; et le Soleil extérieur s'empare du Soleil intérieur. Remarquez que le Soleil intérieur est un Soufre produit par le Mercure, et qu'il est la propriété de la liberté divine distributrice de la force et de la vie.

24. — Lorsque Jupiter et Vénus se sont soumis au Soleil, Mars et Mercure continuent à élever la tige. La conjonction du temps et de l'éternité se fait dans la vertu des deux Soleils.

25. — Le Soufre et son Sel se transmuent alors en une joie paradisiaque ; et cette joie s'extériorisant produit les fleurs et les graines. L'odeur des premières est paradisiaque, venant de la liberté divine, et en même temps terrestre, car elle procède aussi du Soleil extérieur.

26. — La propriété céleste signe par les pétales des fleurs, et la propriété terrestre par les feuilles qui entourent les fleurs. Mais comme le règne du monde extérieur n'a qu'un temps, la propriété paradisiaque s'envole bientôt avec sa signature, en laissant la graine qui croît en la fleur : en cette graine gît la propriété des deux Soleils. Nul ne doit penser que l'extérieur

---

(1) C'est-à-dire le flux maturateur où repose la Teinture ; cette dernière étant l'état parfait caché en germe dans un corps ou dans un être.

est divin ; mais la vertu divine pénètre le manifesté ; Dieu a dit : La semence de la femme brisera la tête du serpent ; ceci doit avoir lieu d'après la malédiction, dans tout ce qui s'approche de la Divinité ; quand le Mercure y est venimeux, Dieu lui brise la tête par le soleil intérieur et extérieur.

27. — Plût à Lui que vous pussiez entendre, frères bienaimés, ce qu'est le Mercure intérieur, avec lequel vous devez guérir, et non pas avec ce mercure maudit qui en beaucoup d'herbes est venimeux. Si vous voulez être docteurs et maîtres, vous devez aussi savoir comment il est possible de changer en amour le Mercure extérieur du Soufre, l'angoisse en joie, la mort en vie.

28. — Dieu a établi l'homme dans son propre règne, lui donnant le pouvoir de transmuer la Nature et de changer le mal en bien, pourvu qu'il se soit transmué lui-même auparavant.

29. — Orgueilleux que vous êtes, l'ambition et les délices terrestres vous barrent le chemin des secrets ; vous voulez y avancer cependant, et bien qu'écoliers, ne pas toucher aux charbons : d'une telle conduite, il vous sera demandé compte.

30. — Le tourbillonnement sulfureux des métaux terrestres s'accomplit d'une façon analogue ; la vertu est plus puissante dans les métaux que dans les pierres, et la teinture plus céleste ; la transmutation peut en avoir lieu sans le secours de l'Artiste par la puissance du Mercure ; la terre, propriété mortifiée du Salnitter, ne peut rien pour cela, car elle ne contient rien de fixe.

31. — Voici donc le processus de l'ébullition sulfureuse dans la Terre, étant donné un lieu sulfureux et saturnien où règne le Soleil. Le soleil extérieur se dirige vers l'intérieur qui réside dans le centre sulfureux ; toute créature temporelle, rappelons-le, désire être délivrée de la vanité.

32. — La liberté est donc l'aliment de la faim solaire, et si le Mercure arrive à s'en nourrir également, il passe dans le royaume de la joie ; Saturne s'imprime alors dans la douceur, tandis que Mars sortant de la roue mercurielle fournit l'âme ignée. Le Mercure qui tend à séparer Mars de Saturne est proche parent de Vénus : il ne manque, en effet, au cuivre que la teinture pour être de l'or. Au contraire, Mars tient la sienne très étroitement ; si on pouvait la lui extraire, on aurait l'or.

33. — Il a englouti Vénus, donc il est proche pour se constituer un corps, car il n'a point d'essence corporelle dans sa fureur consumante ; l'eau vénusienne le plastifie avec l'aide de Saturne, Vénus lui donne la force d'accroissement, mais il dévore ces productions.

34. — L'Artiste doit bien connaître la base de ses opérations qui est le soufre ; il doit secourir ce soufre et le Mercure que Saturne tient prisonniers ; alors celui-ci pourra manifester l'enfant. Il faut nourrir Mercure avec sa mère centrale sulfureuse ; si dans la terre il pouvait atteindre jusqu'à l'aliment vénusien, le Soleil ferait aussitôt rayonner sa splendeur. Car ce roi des planètes, possédant en lui-même son Mars, n'a besoin d'aucun Artiste pour digérer la douceur de Vénus.

35. — Tel est le bouillonnement dans les entrailles de la terre, tel est-il à sa surface. Quand le fruit commence à croître, il est tout d'abord amer et sûr ; car c'est Saturne qui le gouverne premièrement ; Mercure forme le fruit, Mars lui donne le feu, Vénus le suc et la Lune prend tout en son sein pour le couver ; Jupiter fournit la vertu propre et le Soleil règne sur tout cela quoique son règne soit faible au commencement à cause de la frigidité de la matière.

36. — Toute l'essence se trouve donc dans le corps sulfureux ; le tressail du salnitter produit le Sel avec le soufre par la roue de Mars. Car le soufre se transforme en un sel, c'est-à-dire en une saveur dans laquelle une huile secrète du soufre sort du libre plaisir éternel, et se manifeste temporellement par une essence extérieure.

37. — Cette huile émet un désir dans l'essence temporelle qui se cherche lui-même comme un soleil, puis se donne au centre du fruit et transforme en douceur son austérité primitive : c'est la maturation.

38. — L'extérieur est la signature de l'intérieur ; il est le repoussé des formes du sel.

39. — Il y a communément quatre couleurs : le blanc, le jaune, le rouge et le vert. La couleur d'un fruit correspond à la saveur de son sel ; si elle est blanche, subtile et un peu terne, sa saveur est douce selon la propriété de Vénus. Si le goût quoique doux est vigoureux, Jupiter est puissant, et la Lune s'il est faible. S'il est dur, et la couleur un peu brune, Mars domine ; c'est Saturne si la couleur est vert-brun. Vénus donne

le blanc, Mars le rouge et l'amer ; il clarifie la couleur de Vénus. Mercure est bigarré, il donne le vert à Mars ; Jupiter penche vers le bleu, Saturne vers le noir presque gris ; le Soleil vers le jaune ; il donne au sel la vraie douceur odorante issue du soufre ; Saturne est âpre et aigre. Ainsi chaque propriété s'affirme au dehors selon son régime intérieur.

40. — On peut également à la signature de chaque racine connaître à quoi elle est utile ; les feuilles et les autres parties de la Plante indiquent quelle en est la planète maîtresse ; les fleurs surtout sont utiles pour cela ; selon la saveur d'une plante et de sa racine on peut juger de sa faim et du remède salin qu'elle contient.

41. — Le médecin doit savoir pour chaque maladie du corps en quel Sel le Mercure est corrompu, car lorsqu'il donne au patient l'herbe dont la propriété répugne déjà au Mercure il lui donne un venin pernicieux ; il faut qu'il brûle cette herbe et qu'il en administre les cendres parce que le venin du Mercure meurt par ce feu. Nous trouvons ceci dans la magie.

42. — Toutes les maladies proviennent d'un dégoût des formes naturelles, quand les astres, les éléments ou l'une des sept formes versent en notre corps une chose entièrement contraire à sa propriété dominante ; cette dernière concentre sa force dans son Sel (1), et son Mercure commence à désirer une corporéité correspondant ; s'il ne la reçoit pas des mains du médecin, il s'allume en sa source venimeuse, jusqu'à ce qu'étant devenu igné, il éveille son propre Saturne et son propre Mars qui effectuent l'impression et consument la chair et l'huile de la Lumière vitale : alors la vie s'éteint et tout est fini.

43. — Mais si, au contraire, la forme de vie en laquelle le Mercure est allumé venimeusement peut obtenir la propriété qu'elle désire, le Mercure reçoit son aliment avec joie et se guérit. Mais le médecin doit faire attention que le remède soit d'une essence aussi forte que la maladie.

44. — Par exemple, considérons un homme jupitérien qui s'affecte d'une maladie lunaire ; le maître doit lui préparer un remède jupitérien adapté à la faim de son Mercure ; mais si la propriété de la Lune contient beaucoup du Sel du remède, la maladie en sera aggravée. Il en est également ainsi des maladies

(1) Ou faculté corporisante.

qui proviennent de la frayeur du Salnitter ; la cure se fait en provoquant un effroi semblable au moyen d'une herbe dans laquelle le Salnitter ait une propriété analogue à celle qu'il possède dans le corps affecté.

45. — Je sais que les sophistes pourront ici me reprocher de placer dans ce fruit la vertu divine. Mais je leur demande quel était le Paradis de ce monde ? était-il manifesté dans le fruit de la nature ? était-il dans le monde ou hors du monde ? dans la vertu divine ou dans les Eléments ? Etait-il patent ou latent ? Et encore, qu'est-ce que la malédiction de la terre, et qu'est-ce que l'exil d'Adam et d'Eve ? Dieu ne demeure-t-il pas dans le Temps, n'est-il pas le Tout qui remplit tout ? Ne peut-on pas lire ce qui est écrit : Je suis celui qui remplit tout ? et encore : à Toi appartiennent le Règne, la Puissance et la gloire dans les Siècles des Siècles ?

46. — Méditez, ô sophistes, et ne m'importunez plus. Je n'ai point dit que la nature soit Dieu, encore moins qu'Il soit le fruit de la terre, mais que Dieu donne à toute Vie sa vertu, mauvaise ou bonne, à chacune selon son Désir ; Lui-même est tout, mais il ne se nomme point le Dieu des essences, mais le Dieu de Lumière ; il resplendit en toutes essences, il approprie sa vertu à toutes œuvres, et chaque chose se qualifie selon son ipséité : les unes prennent les ténèbres, les autres la lumière ; chaque faim aspire à son aliment ; toute l'essence, mauvaise ou bonne, vient de Dieu, et tout ce qui n'est point sorti de son Amour sort de sa Colère.

47. — Le Paradis est encore en ce monde, mais l'homme en est éloigné, jusqu'à ce que la régénération soit accomplie ; alors il peut y entrer selon le mode de la réintégration, mais non selon celui de l'Adam élémentaire.

48. — Ainsi, voilà de l'or engangué dans Saturne, sous une forme et une couleur méprisables, bien différentes de celles d'un métal ; encore qu'on le mette au feu et qu'on le fonde entièrement, on n'aura jamais qu'un corps sans valeur et sans vertu, jusqu'à ce que l'Artiste vienne le traiter : alors seulement il manifestera ce qui est au dedans de lui.

49. — De même Dieu demeure en toutes choses ; mais ces choses ne savent rien de Lui, car Il ne leur est point manifeste ; elles reçoivent néanmoins leur vertu de lui, selon son amour et sa colère ; elles s'affirment analogiquement à l'exté-

rieur ; et cependant le bon est aussi en elles, mais enfoui sous le mal, comme les fleurs odoriférantes qui croissent à l'ombre des buissons épineux.

50. — Il en est ainsi de l'homme: il avait été créé semblable à une belle fleur paradisiaque ; mais il rechercha la propriété épineuse du serpent, le centre de la fureur naturelle, laquelle réveilla la mort en lui : le Paradis se retira.

51. — L'inimitié fut éveillée et Dieu put dire que la semence de la femme briserait la tête du serpent tandis qu'il essaierait de la mordre au talon. C'est-à-dire que l'image paradisiaque, prisonnière de la mort furieuse, cessa d'être gouvernée par la parole divine, et mourut comme l'or, prisonnier de Saturne, qui reste méconnaissable jusqu'à l'arrivée du véritable artiste qui sait en réveiller le Mercure.

52. — Ainsi en est-il de l'homme qui est tombé dans une image grossière, bestiale et morte ; le corps extérieur n'est qu'une puante corruption parce qu'il subsiste par le venin ; c'est un mauvais buisson, du milieu duquel peuvent cependant croître les roses intérieures. Mais l'Artiste seul peut introduire le Mercure dans l'or prisonnier et faire reverdir la divine douceur dans ce verbe de Dieu qui est le Mercure. Christ peut alors naître et briser la tête du serpent. Le serpent signifie venin, la mort et la colère de Dieu ; et sa tête est la puissance furieuse de la mort. Un nouvel homme naît après cette victoire, qui chemine saintement devant Dieu, comme l'or délivré rayonne hors de la propriété terrestre.

53. — C'est là que l'Artiste élu de Dieu voit qu'il ne lui faut pas autrement procéder pour la cure des métaux que pour la sienne, lorsqu'il était à la recherche du pur métal intérieur. Car l'homme et la terre sont opprimés de la même malédiction et ont besoin d'une régénération identique.

54. — J'avertis le chercheur, s'il veut prendre soin de son salut temporel et éternel, de ne pas se mettre sur le chemin du procédé terrestre avant de s'être tout d'abord débarrassé de la malédiction et de la mort par le Mercure divin, et qu'il n'ait une parfaite connaissance de la régénération: autrement ses travaux sont vains, sa science sera inutile ; ce qu'il cherche gît dans la mort et dans la colère; s'il veut en opérer la réintégration, il faut que la vie primitive soit manifeste en lui ; seulement alors pourra-t-il dire à la montagne : ôte-toi de là

et te jette dans la mer, et au figuier : qu'il ne croisse plus de fruit sur toi.

55. — Car sous le même mode que le Mercure divin vit manifestement en l'esprit, la volonté de l'âme imagine en quelque chose ; le Mercure accompagne cette imagination et allume le Mercure de la mort, qui est la figure par laquelle le Dieu vivant s'est manifesté.

56. — Je sais et je pressens que les railleurs, marqués du diable, se moqueront de ce que j'écris sur le Mercure intérieur et extérieur, entendant par le premier la parole de Dieu, manifestation de l'abîme éternel, et par le second, le directeur de la Nature, instrument de la parole intérieure, vivante et forte. Les Sophistes altèrent tout cela, disant que je tiens la Nature pour Dieu ; mais qu'ils fassent attention à ce que j'écris : mon style n'est pas païen mais théosophique ; et sa base est plus sublime que celle de l'Architecte extérieur (1).

---

(1) La pratique en est très difficile au Médecin ou à l'Alchimiste ; Boehm a assez insisté sur la condition indispensable à la réussite des travaux de laboratoire ; le lecteur voudra bien croire que ce n'est pas là une phraséologie vaine, et par conséquent, il ne pourra utiliser ces pages que comme une préparation éloignée. Plus nous avançons, plus nos notes se raréfieront ; ce sont toujours les mêmes termes que l'auteur emploie et la même marche qu'il suit ; avec de l'attention, le lecteur pourra donc concevoir parfaitement ses idées ; puis les comprendre et enfin les réaliser.

CHAPITRE IX

COMMENT L'INTERNE SIGNE L'EXTERNE

SOMMAIRE. — Les sept formes et les sept planètes. — Fondement de la Magie. — Des rapports des planètes entre elles. — Cure de la raison. — Cure de l'âme.

1. — Le monde extérieur visible essentiel est une figure du monde intérieur spirituel ; ce qui est en l'intérieur et en l'opération s'affirme au dehors analogiquement ; l'esprit de chaque chose manifeste sa forme intérieure.

2. — L'Essence de toutes les essences est une vertu resplendissante, c'est le règne de Dieu ; il consiste ainsi que le monde extérieur en sept formes s'engendrant l'une l'autre et perpétuellement, selon le lieu éternel. C'est pourquoi Dieu a donné à l'homme six jours de travail, et le septième pour sa perfection ; c'est aussi un jour de repos, car ces six formes de la force reposent en lui ; il est le ton divin, le comble de la joie où se manifestent les autres formes.

3. — C'est le verbe prononcé, la corporéité divine par qui toutes choses sont nées et arrivées à l'essence (1) : ceci afin que l'Essence spirituelle se découvre en un corps compréhensible ; l'intérieur tient devant lui l'extérieur comme un miroir, où il regarde s'effectuer la génération des formes.

4. — Ainsi, chaque chose, née de l'interne, a sa signature. La forme qui est la plus virtuelle dans l'opération s'affirme la première dans le corps ; les autres formes la suivent, ainsi

(1) Boehm emploie le mot essence indifféremment pour *Ens* et pour Etre.

qu'on le voit dans la figure, les manières d'être, les mouvements et la voix des créatures vivantes, comme dans les arbres et herbes, les pierres et les métaux.

5. — Mais si l'Artiste le veut, il peut, au moyen du vrai Mercure, changer les formes des choses ; s'il fait cela, l'esprit reçoit une autre volonté selon la nouvelle forme souveraine des sept. Comme Christ disait à la malade : Lève-toi, ta foi t'a guérie, il en est de même ici : chaque forme appète le Centre ; celui-ci est le son du Mercure par lequel s'édifie la vertu ; quand ce son agit sur la forme la plus inférieure de la vertu, il la tourne vers le haut : ainsi est-elle guérie par le désir ou la foi, comme la malade du Christ, puisque le Mercure s'exalte par le désir.

6. — Saisi par la maladie, le venin de la mort s'exaltait en elle ; la forme de la vie centrale tendait à sa délivrance ; mais comme le Mercure de la propriété divine résidait en Christ, le faible désir du centre s'unit au puissant désir du Christ qui l'élevait en l'harmonisant.

7. — Ainsi la vie sort de la mort, le bien du mal et le mal du bien. En chaque chose, la propriété prépondérante donne la saveur et le ton au Mercure, et figure le corps à son image ; les autres formes qui sont attachées à elle donnent aussi leur signature, mais en dernier lieu.

8. — Il y a en la Nature, tant éternelle qu'extérieure, sept formes, que les anciens sages ont désignées par les noms des planètes. Il n'y a aucune chose en l'essence de toutes les essences qui n'ait en elle les sept propriétés ; elles sont la roue du centre, les productrices du Soufre en qui le Mercure bouillonne dans la source d'angoisse.

9. — Voici quelles sont ces formes : le désir de l'impression s'appelle Saturne ; le libre plaisir de l'éternité est Jupiter, à cause de son amabilité. Car Saturne resserre, endurcit, refroidit et obscurcit ; produisant du soufre, c'est-à-dire la vie spirituelle mobile ; le libre plaisir fait que l'impression désire sa délivrance de la dureté obscure ; c'est pourquoi on l'appelle Jupiter.

10. — Par ces deux propriétés, les règnes divins de la Joie et de la Colère sont fort bien représentés. Le second, qui est l'abîme obscur, cause du mouvement saturnien, produit ce néant où repose le libre plaisir, mobile et sensible, son ennemi.

C'est lui qui fait passer l'impression à l'état d'essence ; car Jupiter, comme nous venons de le dire, est la vertu sensible de manifestation du libre plaisir, par laquelle le Rien forme en l'impression une substance ; ces deux formes luttent l'une contre l'autre ; l'une fait le bien et l'autre le mal, quoique tout soit bon.

11. — La troisième forme s'appelle Mars ; c'est la propriété ignée où l'impression ne se fait qu'avec une grande angoisse, une faim ardente et consumante. Mais en Jupiter, qui est le libre plaisir du néant, il cause le désir igné amoureux par lequel la liberté tend à s'introduire dans le règne de la Joie. Dans les ténèbres, il est un diable, il est la fureur de Dieu ; dans la lumière, il est un ange joyeux. C'est quand Mars est devenu obscur en Lucifer que celui-ci devint un diable. Ainsi en est-il également de l'homme.

12. — La quatrième propriété est le soleil, lumière de la Nature, qui commence dans la liberté, comme un néant, et qui imprime le plaisir par Saturne jusqu'à la propriété furieuse de Mars ; l'expansion hors de la chaleur anxieuse de Mars et de la dureté saturnienne est l'éclat de la lumière naturelle. Ceci donne l'entendement en Saturne, Jupiter et Mars, c'est-à-dire un esprit qui se reconnaît en ses propriétés et qui transforme la fureur martienne, hors de l'angoisse, en un désir amoureux.

13. — Ce sont ces quatre formes qui constituent la génération spirituelle, le véritable esprit de la vertu, dont l'essence ou corporéité est le Soufre. Nos ancêtres ont compris cela ; et vous, Rabbins et maîtres, si vous ne le pouvez saisir et si vous êtes depuis si longtemps aveuglés, cela provient de votre orgueil.

14. — La cinquième forme est Vénus, le commencement de la corporéité, de l'eau ; elle provient du désir de Jupiter et de Mars, c'est-à-dire d'un désir d'amour qui sort de la liberté et de la Nature, — de l'impression et de l'angoisse — pour atteindre la liberté ; elle a deux formes : une ignée venant de Mars, et une aqueuse de Jupiter ; en d'autres termes, son désir est céleste et terrestre.

15. — Céleste en ce qu'il est produit par la tendance de la Déité à se manifester dans la nature ; terrestre, par l'impression des ténèbres en Mars. L'essence de ce désir consiste en

deux choses : en l'eau de la liberté, et en le Soufre de la Nature manifestante.

16. L'image extérieure de la Nature céleste c'est l'eau et l'huile ; selon le soleil, c'est de l'eau et selon Jupiter, c'est de l'huile ; dans l'impression saturnienne c'est, selon Mars, du cuivre et selon le Soleil, de l'or ; dans l'impression terrestre ténébreuse, c'est le soufre du Sable, soit les pierres, selon Mars ; car les pierres proviennent d'un Soufre de Saturne et de Mars, dans la propriété vénusienne lorsqu'elle s'imprime dans les ténèbres de la terre.

17. — L'esprit du chercheur s'envole dans le Soleil, c'est-à-dire dans l'orgueil, pensant avoir Vénus ; mais il ne peut saisir que Saturne ; s'il s'envolait dans l'eau, dans l'humilité de Vénus, la pierre des sages lui serait manifeste.

18. — La sixième forme est Mercure, la vie et la séparation dans l'amour et dans l'angoisse. En Saturne et en Mars, il peut être terrestre, par l'impression austère pendant laquelle son mouvement et son désir sont douloureux, ignés et amers, se produisant dans le Soufre terrestre de l'eau comme une agonie empoisonnée.

19. — Du côté du libre plaisir, Mercure est en Jupiter, et en Vénus l'aimable propriété de la joie et de la végétation ; selon l'impression de Saturne céleste et selon le désir amoureux de Mars, il est le prononciateur du Ton. Il est le joueur du luth que Vénus et Saturne lui présentent ; Mars lui donne le ton hors du feu.

20. — Ici, chers Frères, est caché le mystère. Mercure constitue l'entendement de Jupiter, car il distingue les sens, il les essentialise dans le Soufre ; sa propre essence consiste dans la multiplication de l'odeur et du goût, à qui Saturne donne son acuité pour en former un sel. Je veux dire ici le sel vertueux de la vie végétative. Saturne est un laboureur céleste et terrestre ; il travaille chaque forme selon sa propriété réalisant, ce qui est écrit : Tu es saint auprès des Saints, et auprès des pervers tu es pervers.

21. — Pour les saints anges, le Mercure est céleste et divin ; et pour les diables, il est la fureur venimeuse de la Nature éternelle selon l'impression ténébreuse ; et ainsi pour toutes choses : analogue à la forme dont il est la vie. Il est le chant des louanges divines ou l'exécration diabolique de l'inimitié hostile.

22. — Le Mercure extérieur est la parole du monde extérieur ; et son fiat est l'impression saturnienne qui corporifie sa parole. Dans le règne intérieur de la vertu divine, il est la parole éternelle du Père par qui toutes choses ont été extériorisées (par le moyen du Mercure extérieur). Ce dernier est la parole temporelle, la parole prononcée, et le précédent est la parole éternelle, la parole prononçante (1).

23. — La parole intérieure se cache dans l'extérieure ; le Mercure intérieur est la vie de la divinité et de toutes les créatures divines ; et le Mercure extérieur est la vie du monde extérieur et de toute corporéité dans les hommes, les animaux et les choses croissantes, produisant un principe propre, image du monde divin ; manifestation de la Sagesse divine.

24. — La septième forme s'appelle Lune ; c'est l'essence prise dans le soufre par le Mercure ; c'est une faim corporelle de toutes formes ; les propriétés des six formes y sont comprises, elle est l'essence corporelle de toutes les autres. Elle est comme la femme des autres formes ; et celles-ci dirigent leurs désirs par le soleil vers la Lune ; le soleil les spiritualise et la Lune les corporifie ; elle attire en elle la splendeur du soleil, ce qu'il accomplit en la vie spirituelle, elle le fait en la vie corporelle ; elle est céleste et terrestre ; elle possède la menstrue, soit la matrice de Vénus ; et par elle se coagule tout ce qui devient corporel. Saturne est son Fiat et Mercure son époux ; Mars est son âme végétative, et le Soleil le centre de son désir ; elle ne reçoit de lui que la couleur blanche, non la jaune ni la rouge majestueuse ; l'argent est son métal, comme l'or celui du Soleil.

25. — Mais comme le Soleil est un esprit sans essence, Saturne, qui en est le Fiat, garde en lui-même son essence corporelle, jusqu'à ce que le dit Soleil envoie le Mercure à lui, pour s'en charger.

26. — Remarquez ceci, ô Sages ; ce n'est pas une fable trompeuse, que l'artiste nous entende bien ; il doit introduire la gemme qui est en Saturne dans le Soufre générateur et

---

(1) Parole signifie Verbe ; quant au Son ou Ton, il est probable qu'en employant ces mots, Bœhm pensait non seulement à ce qu'il avait vu dans ses extases, mais à ce qu'il y avait entendu.

prendre l'Architecte, divisant toutes les formes et séparant la multitude des faims ; mais il faut premièrement baptiser le méchant enfant mercurien afin qu'il soit reconnu par le Soleil ; qu'il le mène alors au désert, et voie si le Mercure veut manger de la manne, changer les pierres en pain, voler comme un esprit glorieux, ou se précipiter au bas du Temple, s'il veut adorer Saturne dans lequel le Diable se tient caché ; que l'artiste observe donc si ce Mercure reçoit le baptême et mange le pain de Dieu. S'il le fait et s'il résiste à la tentation, les Anges lui apparaîtront après quarante jours ; il peut alors quitter sa retraite et manger l'aliment qui lui est nécessaire. Il faut pour cela que l'Artiste entende la génération de la nature, autrement tout son labeur est vain ; s'il ne reçoit de la grâce du Très-Haut le secret particulier de la teinture de Mars et de Vénus, et s'il ne connaît la plante où gît la Teinture, il ne pourra trouver le plus court chemin.

27. — Le corps lunaire des métaux se trouve dans le bouillonnement terrestre du Soufre et du Mercure ; il contient en dedans l'enfant de Vénus, et Saturne le revêt de sa robe. Mais Vénus est méchante ; elle est solaire intérieurement ; elle prend la robe de Mars et s'en couvre au sein de Saturne.

28. — Mars est d'un degré plus proche que Vénus de la terrestréité ; après lui Mercure, réunissant tous les autres, est le plus rapproché de la terre comme du ciel ; enfin la Lune est d'un côté entièrement terrestre et de l'autre entièrement céleste. Elle est méchante pour le méchant et bonne pour le bon ; elle donne aux corps bénins le meilleur d'elle-même, et aux mauvais la malédiction de la terre corrompue.

29. — Or, tout ceci marque chaque chose selon la propriété de l'intérieur ; vous pouvez le reconnaître dans les plantes comme dans les animaux et les hommes.

30. — Si la propriété saturnienne est puissante en une chose, la couleur en est noire, grise, dure, austère, aiguë ; elle sera salée ou sûre au goût, d'un corps maigre, long, gris ou bleu sombre, de contact rude ; cependant cette propriété domine rarement seule en une chose, car elle éveille bientôt Mars par sa dure impression ; ce qui rend le corps tourmenté et l'empêche de croître en longueur, mais lui donne beaucoup de branches : comme on le voit dans les chênes et les arbres de même espèce.

31. — Mais si Vénus est la plus proche de Saturne, l'effervescence du Soufre saturnien donne un corps long et fort ; car elle apporte sa douceur à Saturne ; et quand elle n'est point opprimée par Mars, le corps devient grand, long et étroit, qu'il soit herbe, animal ou homme.

32. — Mais si Jupiter est plus fort en Saturne que Vénus, et si Mars est sous Vénus, le corps sera précieux, plein de vertu, de vigueur, et d'un goût agréable ; ses yeux sont bleus et blanchâtres, d'une humble vertu, mais fort puissante. S'il arrive que Mercure est entre Vénus et Jupiter, avec Mars en dernier lieu, la propriété de Saturne sera exaltée jusqu'au plus haut degré.

33. — Les herbes seront longues, d'un corps médiocre, bien formé, avec de belles fleurs blanches et bleues ; quand le soleil pénètre là-dedans, leur couleur tire sur la jaune ; et pourvu que Mars ne gâte pas les bons influx, cette chose sera sublime, à quelque règne qu'elle appartienne ; elle résistera à toute méchanceté et aux assauts des esprits, quels qu'ils soient, pourvu que l'homme n'incline pas son désir vers le diable, comme a fait Adam.

34. — Avec de telles herbes on peut guérir sans aucune science ; mais elles sont rares, et souvent inaperçues, car elles sont fort proches du Paradis. La malédiction de Dieu aveugle le méchant ; il y a pourtant en beaucoup d'herbes et d'animaux de grands secrets inconnus.

35. — Toute la magie s'y trouve ; mais je n'en veux point parler à cause du méchant qui n'est pas digne de connaître ces choses et qui doit être puni justement des souffrances qu'il inflige aux bons en se vautrant dans la corruption.

36. — Mais si Mars est le plus rapproché de Saturne, et si Mercure jette un regard sur eux, tandis que Vénus est soumise à Mars et Jupiter à Vénus, tout se gâte et s'envenime, et si la Lune y vient apporter sa Menstrue, la fausse magie et la sorcellerie se déclarent ; mais je ne veux décrire ici que la signature.

37. — Cela donne pour une plante une fleur rougeâtre et claire ; Vénus peut lui donner la blancheur, mais si elle est tachetée surtout rouge brun, avec une rude écorce, Mercure y est venimeux ; c'est un poison de la Lune, mais l'artiste peut l'employer contre la peste s'il ôte à Mercure son venin, en lui

donnant Vénus et Jupiter ; alors Mars devient un feu amoureux par la vertu du Soleil.

38-39. — Cette propriété marque aussi les créatures vivantes à la voix comme au visage. Elle donne une voix obscure avec un peu de la clarté martienne, flatteuse, fausse et menteuse ; elle donne des points rouges aux yeux qui sont mobiles et clignants ; les herbes ont une vertu toute corrompue qui obscurcit la vie de l'homme s'il les absorbe. De telles herbes ne peuvent servir de rien au médecin, quelque nom qu'on leur donne, car il arrive souvent que telle conjonction des planètes corrompt une plante bonne pour elle-même si elle est soumise à Saturne et à Mars ; il arrive aussi qu'une plante mauvaise est bonifiée par une conjonction ; on reconnaît tout cela à la signature ; c'est pourquoi le médecin doit lui-même cueillir ses plantes (1).

40. — Mais si Mars est le plus proche de Saturne, si Mercure est très faible, si Jupiter vient immédiatement après Mars et si Vénus influe également sur eux, cela est bon. Car Jupiter et Vénus rendent Mars joyeux ; de là proviennent les plantes chaudes et salutaires qui doivent être employées pour les plaies et tous accidents chauds. Elles sont rudes et un peu épineuses, les branches, feuilles et épines sont subtiles, selon la nature de Vénus, mais la vertu est mêlée de Mars et de Jupiter et bien tempérée ; les fleurs sont brunes, parce que Mars est puissant.

41. — Le médecin ne doit point donner à la maladie chaude Saturne sans Mars ; s'il le faisait, il allumerait la fureur de Mars en éveillant le Mercure dans la propriété de la mort.

42. — Mars doit guérir toute maladie martienne, mais que le médecin adoucisse tout d'abord son remède martien par Jupiter et Vénus, afin d'en transmuer la fureur en joie.

43. — S'il introduit seulement du Saturne pour une maladie martienne, celui-ci s'épouvante et tombe en la propriété de la mort et, comme il est le feu du corps, il éveille incontinent le Mercure dans la propriété froide. Le médecin doit se

---

(1) On voit donc que, dans l'esprit de l'auteur, les plantes, les minéraux, etc., sont à étudier en dehors de toute classification préalable et avec les seules données qu'il indique : à condition que l'on soit régénéré.

garder d'administrer pour une maladie chaude le Mars rude dans qui le Mercure est entièrement allumé, car il exalterait encore le feu du corps ; il faut tout d'abord qu'il calme Mars et Saturne en les rendant joyeux.

44. — Plus une herbe est chaude, meilleure elle est pour cela ; le feu d'amour qu'on a su préparer en elle peut corriger la maladie, car à un feu corporel faible, s'inclinant plus vers la froideur que vers le venin mercuriel, appartient une cure d'une chaleur subtile où Vénus est puissante et tient Mars sous sa dépendance ; Jupiter n'y doit pas être trop fort, sans quoi il fortifie trop Mars et Mercure, de sorte qu'il étouffe la vie faible en la menant au venin mercuriel.

45. — Une herbe possédant la propriété que je viens de décrire ne croît point très haut ; elle est un peu rude au toucher, d'autant plus que Mars y est puissant ; elle doit être appliquée à l'extérieur, sur des ulcères, par exemple, plutôt qu'à l'intérieur, parce que d'autant plus subtil est le remède, d'autant plus interne est sa sphère d'action : c'est ce que le médecin reconnaît au sel. Quand le corps encore robuste est infecté d'un venin violent, il lui faut un remède énergique, pourvu qu'on ne lui donne point Mars et Mercure en leur fureur, mais en leur vertu la plus puissante. Jupiter contribue à la transmutation de Mars ; mais pour être vraiment bon, il faut qu'il soit introduit en la propriété du Soleil.

46. — Toute créature vivante est amoureuse et aimable si on la traite avec bénignité, mais si on la froisse, Mercure se réveille dans la propriété venimeuse, Mars dans l'amertume, et la colère s'élève bientôt ; c'est là le fondement de toute méchanceté.

47. — Si Mercure est en la propriété la plus proche de Saturne, après lui et dans l'ordre, la Lune, Vénus et Jupiter, tout est terrestre, en quelque lieu que soit Mars ; car le Mercure retenu dans l'impression sévère et froide donne un Soufre terrestre ; si Mars s'en approche, il l'envenime ; Vénus peut donner à cela un empêchement, terrestre seulement, qui produira une couleur verdâtre.

48. — Mais si c'est Vénus qui est la plus rapprochée de Saturne, si Mars ne maléfie pas la Lune et si Jupiter est libre, tout est aimable, les herbes deviennent douces au toucher et produisent des fleurs blanches ; Mercure peut y introduire une

couleur mêlée selon la puissance du Soleil, soit mi-partie de Mars, rougeâtre, et de Jupiter, bleuâtre. La vie de la créature sera douce et aimable, sans beaucoup d'élévation ; mais si Mars prédomine, Vénus deviendra impudique, et la créature sera subtile, blanche, molle et féminine.

49. — Il y a trois sortes de sels qui peuvent servir à la cure et qui appartiennent à la vie végétative : ce sont Jupiter, Mars et Mercure ; ils sont la vie effective dont le Soleil est l'esprit.

50. — Le sel de Jupiter est de bonne odeur et d'une saveur agréable ; sa source interne est la liberté de l'essence divine, et sa source extérieure est la propriété du Soleil et celle de Vénus ; la Nature extérieure consiste dans le feu et l'angoisse, c'est-à-dire le venin ; et la vertu jupitérienne est contraire à ce venin, mais elle ne peut que le tempérer en y introduisant le désir de la Douceur.

51. — Le sel martien est igné, amer et rude ; le sel de Mercure est anxieux, venimeux, également enclin au chaud et au froid, car il est la vie du Soufre. Il s'adapte aux propriétés de chaque chose. Si le sel de Jupiter se mêle à lui, il en résulte une grande force et une grande vertu ; avec le sel de Mars, il produit une amertume douloureuse et piquante ; avec un sel terrestre de Saturne, il cause des enflures, l'angoisse et la mort, à moins que Jupiter et Vénus ne le contiennent. Vénus et Jupiter sont contraires à Mars et à Mercure ; sans ces deux derniers, il n'y aurait point de vie en Vénus et le Soleil.

52. — Le mauvais est aussi utile que le bon et ils s'engendrent l'un l'autre. Mais le médecin doit prendre garde de n'allumer pas davantage le venin mercuriel ; il doit bien se servir pour la cure des sels de Mars et de Mercure, mais il faut qu'il réconcilie tout d'abord Mercure avec Vénus et avec Jupiter, de sorte que tous trois agissent suivant une volonté unique ; la cure est alors parfaite et le Soleil de vie peut se rallumer dans cette union, faisant avec le venin de Mercure et le feu amer de Mars, un Jupiter joyeux.

53. — Il ne faut entendre tout ceci que de l'Ame végétative, c'est-à-dire de l'homme extérieur vivant dans les quatre éléments et de la propriété sensible.

54. — La raison peut également souffrir de maladie par des paroles ; mais elle se guérit par un remède semblable à son mal.

55. — L'âme du pauvre pécheur a été envenimée en la colère de Dieu et le Mercure de la Nature éternelle a été allumé dans la propriété animique ; le Mars igné brûle alors dans le Saturne de l'éternité, dans son impression épouvantable et ténébreuse ; Vénus est prisonnière en la maison de misère, son eau est desséchée, Jupiter a vu son entendement s'obscurcir, le Soleil s'est éteint et la Lune est devenue une nuit très obscure.

56. — On ne peut conseiller autre chose à une telle âme que d'adoucir le Mercure mental en l'harmonisant ; il faut qu'elle introduise Vénus (l'amour de Dieu) dans son Mercure et dans son Mars venimeux, alors seulement pourra reluire de nouveau le Soleil.

57. — S'il pense ne point pouvoir faire cela parce qu'il est trop étroitement emprisonné, je lui répondrais que cette possibilité dépend de la miséricorde divine, car personne ne peut prendre à Dieu sa colère ; mais comme son cœur amoureux s'est donné par amour au genre humain, transformant ainsi le Mercure allumé dans l'âme (qui est la source venimeuse de la Nature dans la propriété du Père), je dirigerai ma volonté vers cette teinture salvatrice et je sortirai de la source venimeuse du Mercure colérique, mourant pour devenir avec Christ un néant, car il faut qu'il soit ma vie, que je meure et que ce soit lui qui vive en moi.

58. — Ainsi puis-je retourner au néant primitif de qui Dieu a tout créé.

59. — Le rien est le souverain bien, car il ne possède point de *Turba* (1) ; rien ne m'y peut émouvoir, car je suis alors en Dieu qui seul sait ce que je suis. Ceux qui s'essaieront à cela sauront ce que Dieu accomplira en eux.

60. — Moi-même, qui écris toutes ces choses, ne les sais point, car je ne les ai point apprises ; c'est Dieu qui me les dicte ; je ne sais rien par moi-même, mais je ne sais que ce qu'il veut ; ainsi ce n'est point en moi que je vis, mais bien en Lui. Nous ne sommes donc qu'un en Christ comme les branches et les rameaux d'un même arbre ; j'ai introduit sa vie en la mienne et je me suis réconcilié avec son amour.

---

(1) *Turba* signifie tout milieu livré à l'ébullition, à l'effervescence du feu de la colère.

61. — Mon Mercure mauvais a été ainsi transmué, mon Mars est devenu un feu divin, mon Jupiter vit dans la joie ; le vrai Soleil reluit sur moi, mais je ne le vois point, parce que je ne suis ni ne fais rien par moi-même.

62. — Dieu seul le sait. Ainsi, je vis, poussé par l'esprit selon ma volonté intérieure, qui n'est pas mienne cependant.

63. — Il y a encore en moi une autre volonté, ou une autre vie ; cette vie est encore venimeuse, et c'est seulement lorsqu'elle sera rentrée dans le néant que je serai parfait. C'est en elle que résident le péché et la mort.

64. — Ces deux vies se combattent l'une l'autre. Mais puisque Christ a daigné naître en moi et vivre dans mon néant, il brisera bien la tête du serpent de ma volonté mauvaise, selon la promesse faite au Paradis.

65. — Mais que fera Christ du vieil homme que je suis ? Le rejettera-t-il ? Non, car chacun travaille selon son monde. L'extérieur travaille dans le monde maudit, indifféremment mauvais ou bon pour les miracles de Dieu ; et l'intérieur est l'instrument de Dieu, jusqu'à ce qu'il se manifeste au dehors : Dieu sera alors tout en tout ; tels sont le commencement et la fin, l'Eternité et le Temps.

66. — Retenez-le bien : à l'extérieur appartient la cure de l'extérieur, et à l'intérieur celle du monde intérieur qui est l'unité divine. Mais si l'Intérieur pénètre l'Extérieur, en y introduisant sa splendeur solaire, il le guérira, et il resplendira en lui, comme le soleil dans l'eau.

67. — Mais le Diable attaque sans cesse l'âme dans la fureur de la Nature éternelle ; et cette fureur brûlant le corps extérieur éteint l'amour interne comme un fer rouge s'éteint en l'eau ; l'âme, qui s'était déjà donnée à la liberté du néant, rentre dans l'homme extérieur pécheur et perd le soleil intérieur.

68. — Ainsi, le corps extérieur doit avoir une cure extérieure ; bien que l'homme intérieur vive en Dieu, la teinture divine n'est plus dans l'extérieur parce que l'âme a imaginé dans la fureur extérieure ; il faut néanmoins que le Mercure extérieur ou la parole prononcée soit teinte de l'amour et de la lumière extérieurs ; si la volonté de l'âme se tourne vers le dedans, la cure peut se faire dans l'extérieur par l'amour de Dieu vers la Lumière. Mais c'est une chose bien rare sur cette

terre où les hommes ne mangent que du fruit défendu, tandis que le venin du serpent circule en eux, dans la fureur de la nature éternelle et extérieure ; de sorte qu'ils ont besoin d'un remède contre ce venin du Mercure extérieur.

69. — Il est possible qu'un homme vive sans maladie ; mais il faut pour cela qu'il sache étendre la teinture divine intérieure jusqu'à l'extérieur ; ce qui est fort difficile, car l'homme extérieur est harcelé continuellement par la fureur de Dieu ; ce qui empêche l'amour de Dieu d'y demeurer ; il habite en lui-même comme la Lumière dans les Ténèbres (et les ténèbres ne la comprennent point) ; quand la lumière se manifeste dans les ténèbres, la nuit est transmuée au jour.

70. — Il en est de même de l'homme ; la lumière qui le fait vivre le guérit également. S'il se meut dans le monde extérieur, il faut que la bonté et l'amour extérieurs, Jupiter, Vénus et le Soleil, le guérissent ; sans eux, il est dominé par Mars, par un Mercure venimeux et par une Lune terrestre, dans l'impression saturnienne du Soufre. Il faut alors que l'homme extérieur se corrompe et arrive au néant, au commencement créaturel de l'essence de laquelle il est sorti avec Adam (1).

(1) Faisons-le encore remarquer : la lutte de l'Amour et de la Colère a lieu dans toutes les matières premières de tous les plans imaginables : la rédemption a lieu dans chacun de ces plans suivant le même procédé ; et le Ciel se révèle à chacun d'eux dans la mesure où ces derniers peuvent se l'assimiler.

CHAPITRE X

DE LA CURE INTÉRIEURE ET EXTÉRIEURE DE L'HOMME

Sommaire. — Les trois mondes dans l'homme. — Le procès du Christ, miroir de l'Universel. — La foi. — Les tentations. — La Vierge philosophique. — Les planètes et la cure intérieure de l'Homme ; des cinq premières périodes de cette cure en Alchimie.

1. — Que l'amateur de choses divines sache bien que notre voie n'est pas historique ni païenne ; mais que nous nous dirigeons vers la lumière de la nature extérieure ; pour nous luisent les deux Soleils. Nous voulons expliquer comment Dieu a guéri l'homme du venin du Serpent et de celui du Diable, et comment il guérit encore aujourd'hui la pauvre âme prisonnière de l'ire divine.

2. — La lumière et l'amour divins se sont éteints en Adam lorsqu'il eut imaginé dans la propriété du serpent, également propice au mal et au bien ; le venin de mort du Mercure commença dès lors à agir ; Mars rendait brûlante la source de la Colère, l'impression ténébreuse de la Nature rendit terrestre le corps d'Adam, et le venin du Mercure déclara l'inimitié entre Dieu et sa créature ; c'en fut fait d'elle dès ce moment : la mort furieuse l'avait saisie entière, corps et âme (1).

3. — Comment Dieu fit-il pour la guérir et la teindre de nouveau ? Prit-il un remède étranger ? Non, il se servit d'une chose analogue, le Mercure, la Vénus et le Jupiter divins. En

---

(1) On peut se référer pour une autre manière de voir le mouvement de ces deux principes aux anciennes initiations polythéistes : Hésiode, Orphée, etc. Voir leur exposé dans J.-B. Pernetti, et surtout dans les ouvrages rarissimes de J.-Fr. Delaulnaye.

l'homme était le verbe prononcé ; c'est ce que j'appelle le Mercure éternel, car c'est la vie que Dieu a insufflée dans son image. L'Ame de cette image comprenait les propriétés des trois mondes :

4. — Le monde de la Lumière, qui est l'entendement et qui est Dieu ; le monde igné, qui est la Nature éternelle du Père des essences, et le monde de l'Amour, qui est celui de la corporéité céleste. Dans l'essence de l'Amour, le mercure est la Parole de Dieu, et dans l'essence ignée, il est la fureur de Dieu, le principe du mouvement, du combat et de la force. La propriété ignée donne le désir à la lumière et à la liberté ; le néant désire alors, et ce désir est l'amour de Dieu qu'Adam a éteint en imaginant dans la terrestréité.

5. — Celle-ci est sortie de l'essence de la fureur et de l'Amour, par le mouvement divin, afin que les merveilles de l'abîme et de la base soient manifestées, que le bien et le mal soient découverts, Dieu a créé Adam à son image pour teindre le monde igné et extérieur de la parole de l'amour.

6. — Mais Adam a réveillé en lui par sa fausse imagination le monde igné mercurien, ténébreux et venimeux ; son essence corporelle de l'impression est tombée dans la partie venimeuse de la propriété mercurielle, et l'Ame s'est manifestée dans la nature éternelle en la propriété ignée du Père, selon ce Mercure venimeux, ce Dieu jaloux, vindicatif, et ce feu consumant.

7. — Or, pour secourir Adam, il fallut que Dieu lui administrât le remède analogue à l'excès, cause de sa maladie. Voici comment il fut procédé.

8. — Il ramena le Mercure saint en la flamme de l'Amour avec le désir de l'essence divine dans le verbe prononcé, soit dans l'âme ignée du Mercure (1) ; il teignit ce venin, la fureur du Père de toutes essences, au moyen du feu d'amour, et ramenant ce Mercure avec la lumière du Soleil éternel ou l'amour, en teignit la fureur du Mercure irrité de la propriété humaine ; de sorte que le Jupiter, l'entendement divin, put revenir sur ses pas.

---

(1) Dans l'essence animique de Marie, conçue cosmogoniquement comme miroir de la divinité, épouse de Dieu si l'on ose dire. Voyez l'initiation brahmanique.

9. — Si vous n'entendez pas cela, vous, médecins, vous êtes enfermés dans le venin du Diable ; regardez de quelle manière il faut secourir l'irritation du Mercure en l'homme ; il le faut faire au moyen d'un Mercure allumé en Jupiter et en Vénus par le soleil. De même que Dieu agit avec nous, pauvres pécheurs, ainsi faut-il que le malade soit guéri par la douceur amoureuse ; il ne faut pas user de la froide et ténébreuse impression de Saturne sans que le Soleil y soit entré par sa réconciliation avec Jupiter et Vénus. De cette façon, la vie peut surgir de la mort ; ceci est la cure vulgaire et simple.

10. — Mais un docteur doit étudier et connaître le procès tout entier ; qu'il apprenne comment Dieu a rétabli l'universel en l'homme par le Christ ; il en trouvera la description dans la vie, depuis son entrée dans l'humanité jusqu'à son ascension. Qu'il suive ce procédé unique et il trouvera l'universel, pourvu que Dieu l'ait élu à cela, car la volupté, la gloire, l'avarice, l'orgueil et toutes choses mondaines en détournent. Les docteurs ne trouvent point de plaisir en la vraie humilité, par laquelle on s'abandonne à Dieu ; ils sont aveuglés, et ce n'est pas moi qui le dis, mais c'est la manifestation de l'esprit des merveilles.

11. — Nous montrerons cependant le chemin au chercheur sincère ; car le temps est venu auquel Moïse est appelé pour être pasteur du Seigneur auprès des brebis. L'Esprit du Seigneur a planté une nouvelle tige de son amour dans la propriété humaine (1) ; il étouffera les épines diaboliques, et manifestera l'enfant Jésus à tous les peuples et à toutes les langues : c'est là l'aube du jour éterrnel.

12. — Que faisait Dieu, chers frères, quand nous étions à la mort ? jetait-il l'image créée, l'homme extérieur entièrement corrompu et produisait-il un homme tout à fait nouveau ? non, bien qu'il introduisît en l'homme la propriété divine, et le menât vers la régénération.

13. — Il baptisait l'eau extérieure, l'essence de Vénus, cachée en la fureur de la mort ; il la baptisait par l'eau de l'essence éternelle et par le Saint-Esprit ; puis il ôtait au corps extérieur son aliment ; il le menait au désert et l'y faisait jeûner ;

---

(1) Bœhm entend parler de sa propre initiation, qui n'avait encore été conférée à personne.

une étincelle du feu divin s'allumait alors ; elle imaginait en Dieu, et mangeait pendant quarante jours de la manne ; l'essence de l'éternité vainquait enfin l'essence du temps.

14. — Telle était la tentation pendant laquelle le Diable, prince de la fureur, attaquait l'humanité extérieure en lui représentant la profondeur de la chûte adamique ; il demandait à l'âme si elle voulait être reine siégeant sur un de ces trônes angéliques d'où Lucifer avait été précipité dans les ténèbres et la mort ; mais si elle persistait en l'amour de Dieu, sans aucun désir extérieur et terrestre, la réintégration s'accomplissait en sa plénitude.

15. — Remarquez ceci, médecins, et suivez la même voie pour guérir vos malades ; baptisez philosophiquement la forme de votre Mercure venimeux et elle sera guérie. Les morts ressusciteront ainsi, les muets parleront, les sourds entendront et les lépreux seront nets de toute souillure (1).

16. — Mais l'artiste ne peut point parfaire entièrement la purification du Mercure ; c'est là l'œuvre de la foi. C'est ainsi que Christ a témoigné ne pouvoir faire à Capharnaüm que fort peu de miracles parce que la foi du peuple de ce lieu ne voulait point s'unir à son divin Mercure. Nous voyons par là que le Christ, en tant que créature, ne pouvait opérer par lui-même des miracles. Il invoquait Dieu, qui est le Verbe prononciateur, tendait vers lui son désir ; ainsi a-t-il sué du sang aux Oliviers ; et auprès de Lazare, il disait : « Père, exauce-moi ! je sais que tu m'exauces toujours, mais je le dis à cause des assistants, afin qu'ils croient que tu opères par moi. »

17. — L'Artiste ne se doit donc rien attribuer ; le Mercure fait lui-même tous ces miracles, après le baptême philosophique et avant de manifester l'universel, car il faut pour cette manifestation que toutes les formes de la Nature soient cristallisées et purifiées. Chaque forme suit pour cela une voie particulière l'amenant à la mer cristalline qui resplendit devant le trône des vieillards, où elle se change en Paradis ; car l'universel est paradisiaque, et le Christ n'est descendu dans l'humanité que pour ouvrir et manifester le Paradis en l'homme. Le Verbe prononciateur en Christ a opéré des mi-

---

(1) Comme faisait le Mercure verbal et vivant en la personne du Christ.

racles par le Verbe prononcé dans l'humanité et par les sept formes, avant que l'universel fût entièrement manifesté dans l'homme, et le corps purifié.

18. — Il en est ainsi de l'œuvre philosophique ; quand le Mercure prisonnier de la mort reçoit le baptême de l'Amour, les sept formes se découvrent, quoiqu'elle ne puissent encore se manifester parfaitement. Il faut que toutes sept donnent leur volonté en une et sortent de la fureur : elles peuvent alors recevoir l'amour, et leur volonté devient un néant ; alors elle ne contient plus de Turba et peut résister au feu.

19-20. — L'Artiste ne peut rien faire s'il ne donne point d'aliment aux formes ; mais il faut qu'il les délivre tout d'abord de l'impression de Saturne pour qu'elles puissent s'alimenter et qu'il revivifie leur désir.

21. — Quand le Mercure s'est libéré, il ne reçoit plus son aliment par la propriété venimeuse de la mort ; la joie et l'amour se lèvent du milieu de la Colère et des ténèbres. Si donc le Mercure rencontre l'amour de Mars, la fureur se transforme en amour, mais d'une manière instable ; les propriétés angéliques malgré cela se manifestent dès ce moment.

La Tentation (1).

22. — Jésus fut mené par l'esprit au désert et le Diable s'approcha de lui pour le tenter.

Quand Christ avait faim, le Diable lui disait : « Ouvre le centre de la pierre, c'est-à-dire, prends le Mercure imprimé et fais t en du pain, mange de l'essence de la propriété de l'âme. Pourquoi veux-tu manger du néant, de la Parole prononciatrice ? mange du Verbe prononcé, de la propriété bonne et

---

(1) Toute maladie, inorganique, organique, visible ou invisible, ne peut se guérir que par son contraire analogique, comme dirait Eléphas Lévi, c'est-à-dire par un médicament dont les vertus soient directement opposées aux venins morbides. Et comme la création se réfléchit depuis le Trône de Dieu jusqu'au Puits de l'Abime, les actes du Guérisseur par excellence, du Réparateur, comme l'appelait le Phil... Inc..., sont le modèle de tous les traitements thérapeutiques, dans tous les plans. Voir plus loin : le Processus magique.

mauvaise et tu seras Seigneur sur toutes deux. » Tel fut le cas d'Adam. Mais Christ répondit : « L'homme ne vit point seulement de pain, mais de toute parole qui sort de la bouche de Dieu. »

23. — Pourquoi le Christ n'avait-il pas voulu manger ce pain qu'il pouvait faire avec les pierres? Pourquoi la faim de la propriété humaine aurait-elle pris le soufre du Verbe prononcé et le Mercure de l'impression de la mort ?

24. — La volonté de se nourrir du Verbe prononciateur avait été éveillée par la Déité, quand elle se mouvait dans l'essence de l'âme enfermée dans la mort, dans le sein de sa mère Marie et y manifestant l'Amour ; une propriété divine attirait donc l'autre ; et cette faim corporelle après l'essence de Dieu, venait du Baptême ; quand l'eau corporelle, emprisonnée dans l'impression mortelle goûtait l'eau de la vie éternelle, c'est-à-dire l'essence du Saint-Esprit, l'étincelle de la propriété divine s'élevait comme un désir brûlant en la chair après l'essence de Dieu.

25. — Il fallait que l'Homme-Christ fût tenté en corps et en âme ; d'un côté, la parole prononcée de l'amour et de la colère lui était offerte au corps et à l'âme sur qui le diable voulait dominer ; de l'autre, la parole prononçante était offerte à l'âme et au corps en la propriété de l'Amour.

26. — Le combat soutenu par Adam au Paradis recommençait ici ; d'un côté le désir amoureux de Dieu, manifesté dans l'âme, attirait fortement sa propriété ainsi que celle du corps ; de l'autre, le Diable attaquait en l'âme la propriété furieuse de Dieu, menait son imagination vers le centre du monde ténébreux, qui est le premier principe ou la vie ignée de l'âme.

27. — L'image de Dieu avait donc à choisir si elle voulait vivre en l'amour ou en la colère de Dieu, dans le feu ou dans la Lumière ; la propriété de l'âme selon sa vie ignée était la propriété du Père dans le monde igné ; le monde lumineux, éteint en l'âme d'Adam, s'incorporait de nouveau avec le nom de Jésus, par la conception de Marie.

28. — Après cette première tentation, la propriété entière de la personne du Christ fut attaquée. Le Diable lui dit, comme à Adam : « Mange du bien et du mal ; si tu n'as point de pain, fais-en avec les pierres ; pourquoi souffres-tu la faim en ta pro-

priété? Mais le désir divin lui répondait: « L'homme ne vit pas seulement de pain mais de toute parole qui sort de la bouche de Dieu. » Ainsi l'âme ignée se rendait vers l'Amour, vers le Verbe prononciateur et le désir igné se nourrissait de la manne d'Amour.

29. — O philosophes, remarquez bien cette transformation du feu par l'Amour. Le Père donnait l'âme ignée au Fils, en d'autres termes la propriété du Mercure prononcé se donnait au Mercure prononçant dans la Lumière ; Christ disait aussi : « Père, les hommes étaient tiens et tu me les as donnés, et je leur donne la vie éternelle. » Ainsi Dieu a donné dans son Amour la Vie éternelle à l'humanité ; et l'Amour a envahi toute la fureur de l'âme.

30. — Mais si la propriété de l'âme et du corps eût suivi le Diable dans la fureur divine, s'alimentant du Mercure prisonnier, la Volonté n'aurait pu être transmuée. Mais comme elle se dirigea vers le Verbe prononciateur et pénétra la mort furieuse de la colère de Dieu, elle se dirigea vers l'Amour de Dieu, et devint un verdoiement paradisiaque s'élevant de la mort.

31. — Elle était dès lors opposée au Mercure venimeux de la propriété de l'âme en la colère de Dieu ; le Diable vint lui disant : « Tu es le roi vainqueur ; viens que je te fasse voir des merveilles » ; il le mena sur le sommet du temple, et lui dit : « Précipite-toi au bas, devant le peuple, car il est écrit : Il a commandé à ses Anges de veiller sur toi, afin que tes pieds ne heurtent point la pierre. » Ainsi donc, le Diable voulait exalter de nouveau la propriété ignée de l'âme, pour que celle-ci se complaise, comme Adam, dans sa propre volonté, ayant ainsi les yeux ouverts et connaissant le bien et le mal.

32. — Dieu permettait au serpent de revenir à la charge ; mais la propriété humaine du corps et de l'âme s'était, en la personne du Christ, tout entière abandonnée à la volonté divine, n'agissant que par ce que Dieu remuait en elle, et répondant au Diable : Il est écrit : « Tu ne tenteras point le Seigneur ton Dieu. » Une créature de Dieu ne doit donc rien faire que la volonté de Dieu,

33. — Adam s'était écarté de la voie en sortant de cet abandon, voulant connaître le mal et le bien, l'amour et la colère.

34. — Le Diable, voyant qu'il ne pouvait vaincre par ces tentations, mena l'homme sur une haute montagne, et lui montrant toutes les richesses de ce Monde, tout ce qui est vie et se meut dans la parole prononcée, toutes les principautés et puissances de la Nature extérieure dont il s'intitule Seigneur (bien qu'il ne gouverne que la fureur de la mort), il dit à la propriété humaine. « Si tu te prosternes devant moi, et si tu m'adores, je te donnerai tout ceci. »

35. — Le Diable voulait donc que l'humanité sorte de l'abandon pour rentrer dans la volonté propre. C'est ce qu'Adam avait fait en se recherchant lui-même, avec les propriétés du monde et l'avarice, comme on peut le voir en Caïn qui est le cœur du Mercure venimeux, se formant une essence selon son désir ; son aliment fut formé de terre par l'ignition du Père, dans sa propriété ignée, où se meut le venin du Mercure prononcé ; c'est de ce royaume que le Diable pensait être prince ; mais il ne l'est que pour les impies. Dieu empêche par l'eau et la Lumière du troisième principe qu'il ne parvienne au gouvernement de la parole prononcée ; et il est réduit à l'impuissance aussi longtemps que sa *Turba Magna* travaille en la fureur.

36. — Le Diable se vantait de donner à l'humanité du Christ le gouvernement des essences, qu'il ne possède que dans cette partie de la Turba où est la fureur de Dieu ; il a tenté en effet de porter à la plus haute puissance son Mercure, pour dominer sur le mal et sur le bien.

37. — Il a introduit son Mercure dans l'impression où la chaleur et la froideur prennent leur origine ; de là se sont élevés les deux feux froid et chaud du Mercure créaturel. C'est ainsi que le corps souffre du froid et du chaud, non encore manifestés lorsqu'il vivait dans la libre volonté.

38. — Le centre de la fureur, qui est la propriété du Monde ténébreux, était manifesté en Adam ; le Mercure de l'homme est encore aujourd'hui une source venimeuse, car la propriété mortelle est sa racine. Aussitôt que sa signature martienne est touchée, son feu se réveille entourant le corps de telle sorte qu'il tremble de fureur : et c'est cette lutte entre le corps et le venin qui est la vie du Mercure corporel.

39. — De là proviennent les guerres par le gouvernement de la colère de Dieu dans le Mercure corrompu de la parole

prononcée. Le combattant est un serviteur de la Colère ; il est la hache avec laquelle le laboureur irrité coupe le buisson de son champ ; mais étant ainsi tombé en servant la Colère de Dieu jusqu'en l'image diabolique de la parole prononcée, il faut qu'il soit régénéré, en Christ et par Christ, avec son Mercure, et qu'il remonte dans l'Amour de Dieu, dans le saint Mercure prononciateur, qui est le Verbe de vie ; parvenu là, qu'il obéisse entièrement et qu'il abandonne toute sa volonté à l'amour de Dieu, hors du Mercure créaturel, qu'il ne désire ni n'exécute rien sans la volonté du Mercure prononciateur, qu'il soit l'instrument de Dieu, afin que Dieu devienne tout pour lui, et que de Lui seul il tire sa force, sa vie et son fruit.

40. — Ainsi le Mercure de la vie humaine pourra devenir le fruit de l'arbre paradisiaque : c'est pour cette fin que l'homme a été créé. Le Diable est l'Artiste de la nature furieuse à laquelle le méchant homme est soumis ; c'est pourquoi saint Paul a écrit : « Le saint exhale devant Dieu une bonne odeur, vivifiante, et l'odeur du méchant est morte. »

41. — Tout ce qui vit et se meut doit contribuer à la gloire de Dieu, selon son Amour ou selon sa Colère ; les créatures sont sorties du mal et du bien par la volonté du Verbe prononciateur.

42. — Les anges et les hommes ont été prononcés en l'image de l'amour de Dieu ; ils ne doivent pas se complaire ni dans le feu ni dans les ténèbres ; ils ne doivent pas demeurer en leur ipséité ; mais il faut qu'ils s'abandonnent en la volonté divine prononçante, comme une de ses formes ; ils ne doivent avoir d'inclination vers aucune autre chose ; ils sont le miroir du Verbe, où se contemple et se manifeste l'éternelle science de l'entendement divin, la céleste joueuse de viole qui fait résonner le Mercure de la Vie.

43. — Quand l'image de l'homme voulait agir dans le bien et dans le mal, se refusant à accomplir ce pourquoi la parole prononçante l'avait créée, elle sortit de l'amour de Dieu, dans lequel il n'y avait point de manifestation de la colère, comme en la lumière ignée il n'y a point le tourment du feu. La volonté du Mercure humain s'individualisa ; elle tomba au centre de la génération des essences, dans l'angoisse, le venin et la mort.

44. — C'est là que la saisissait la colère de Dieu.

45. — Ainsi, ami lecteur, tu viens de voir clairement quelles furent les tentations de Christ : Que l'âme, et même l'homme tout entier qui est l'image du Verbe prononciateur, voudrait réintégrer en son premier lieu, après avoir ressenti l'embrasement de l'amour divin. — Qu'elle voulait se renfermer en sa volonté propre. — Qu'enfin, elle voulait laisser la volonté de Dieu émouvoir sa signature ; et le Diable, l'artiste de la Colère divine, promettait au Christ les règnes de ce monde et la liberté de ses actions, s'il voulait seulement sortir de la miséricorde divine. Mais le Christ lui ayant répondu : « Va-t-en, Satan, il est écrit : Tu adoreras le Seigneur ton Dieu et tu ne serviras que lui seul », le Diable s'enfuit et les anges s'approchèrent de Christ et le servirent.

Le Procès Magique (1).

46. — Que le mage, considérant ce qu'il va entreprendre, ne s'imagine pas pouvoir posséder le règne terrestre par l'avarice du Diable, ni s'envoler du haut du Temple, ni faire des pierres ce qu'il voudrait ; il doit penser se persuader qu'il n'est que le serviteur de Dieu. S'il veut secourir le pauvre prisonnier de la colère de Dieu, et le délivrer des liens ténébreux en lesquels il gît dans la malédiction de la Terre, qu'il comprenne comment Dieu l'a lui-même délivré ; qu'il médite

---

(1) Comprenons que la loi de hiérarchie doit être observée : c'est l'homme qui a entraîné dans sa chute la nature entière ; c'est l'homme qui doit l'élever également à sa suite dans sa réintégration : il faut donc se rendre compte que c'est à nous à donner l'exemple aux êtres inférieurs, et savoir que le salut universel qui doit se parfaire, ne s'accomplit que progressivement, plan après plan. De chacun de nous dépendent, comme l'explique Bœhm tout le long de ce livre, une certaine quantité de soufres, de mercures et de sels minéraux, végétaux, animaux, astraux, mentaux : notre régénération les régénère par rayonnement.

Bœhm semble être diffus et prolixe : cependant il est des choses qu'il sous-entend : c'est au lecteur à le méditer, comme il le lui recommande d'ailleurs.

ardemment sur la tentation du Christ ; mais s'il se dit : « j'ai une pierre morte devant moi, brute et impotente ; il faut que je l'attaque avec violence, pour lui enlever la perle qu'elle renferme », il n'est qu'un sot entièrement incapable d'accomplir l'œuvre.

47. — S'il veut chercher avec succès, qu'il s'imagine la vie du Christ pendant laquelle Dieu a régénéré l'universel prisonnier de la Mort dans la propriété humaine. Car Dieu ne prenait pas l'homme enfermé dans la Mort pour l'introduire dans un fourneau qui l'aurait réduit en cendres, comme fait le faux mage ; il lui donnait premièrement son amour en le baptisant, puis il le menait au désert, et lui opposait le diable, mais sans l'introduire en lui ; le laissant jeûner, il ne lui présentait aucune viande extérieure ; et quand l'homme, tournant son désir vers Dieu, se saisissait de la manne, le Diable revenait avec toute sa ruse pour le tenter. Que te dirai-je de plus, ô chercheur ? N'entends-tu rien ici ?

48. — Je ne te veux point donner la perle des enfants de Dieu ; car il faut que Dieu devienne homme et que l'homme devienne Dieu ; il faut que le ciel et la terre se réunissent pour former une seule chose. Si tu veux que la terre devienne ciel, donne-lui l'aliment céleste, afin que le Mercure enfermé dans la mort reçoive une volonté céleste, et que la volonté du Mercure furieux se tourne vers l'amour du Mercure céleste.

49. — Mais, comment feras-tu ? Vas-tu introduire le Mercure venimeux dont la volonté est morte, comme fait le faux mage ? Veux-tu prendre deux diables pour en former un ange ? La prétention serait risible ; comment pourrais-tu faire le ciel de la terre avec l'aide du diable ? Dieu est le créateur de toutes essences ; il faut que tu manges du pain de Dieu pour transmuer la propriété de ton corps.

50. — Christ disait : « Qui boira l'eau que je lui donnerai, s'abreuvera à la source même de la vie éternelle. » Là se cache la perle de la Régénération ; le grain de froment ne donnera point de tige s'il ne germe dans la terre, car pour que les choses fructifient, il faut qu'elles rentrent dans la mère qui les a générées.

51. — Le soufre est la mère de toutes les essences, Mercure est leur vie, Mars est leur sensibilité, Vénus leur amour, Jupiter leur entendement, la Lune leur corporéité et Saturne

leur mari. Il faut que tu réconcilies le mari irrité avec sa femme ; il faut aussi que l'épouse soit vierge, car la semence de la femme doit briser la tête du serpent colérique. Il faut que l'amour de l'épouse soit sincère et pur ; car la divinité épouse l'humanité ; et quand Marie disait : qu'il m'arrive ce que tu as dit, car je suis la servante du Seigneur, cela signifiait l'union de l'humanité et de la Déité.

52. — La Divinité signifie, dans l'œuvre philosophique, la chaste vierge (1) ; l'humanité est le Mercure, le Soufre et le Sel tant célestes que terrestres ; le céleste est semblable à un néant ; la mort s'est éveillée dans la fureur et vit dans la colère en la propriété de qui furent tentés Adam et le Christ.

53. — Les propriétés sulfureuses étaient tentées par l'opposition élevée au milieu d'elles-mêmes.

54-55. — Et la tentation avait trois figures : la première est l'impression que le philosophe appelle Saturne, qui devait s'ouvrir dans la propriété de Vénus pour en rassasier la faim ignée, l'autre était de vivre dans cette Vénus saturnienne et de s'attacher à sa propre volonté.

56. — La troisième était d'introduire sa volonté dans le centre par le désir amoureux, c'est-à-dire dans la mère sulfureuse qui vit par l'impression de l'angoisse. Dieu a tenté la méchanceté d'Adam allumée dans le soufre par un diable furieux, également irrité dans le Soufre ; je ne puis rien te dire de plus explicite. Le soufre est le corps matériel en qui nous devons rentrer.

57. — Nicodème demandait : « Comment peut-on rentrer dans le sein de sa mère et renaître ? — Si vous ne retournez et ne devenez comme des enfants, vous ne verrez point le royaume des cieux, lui répondait le Christ. »

58. — Comment la volonté peut-elle se résigner à perdre son ipséité pour redevenir un néant ? Cela semblait fort étrange à Nicodème, mais le Seigneur lui répondait : « Le vent souffle où il veut ; tu l'entends, mais tu ne sais d'où il vient et où il va. Ainsi en est-il de celui qui est élu de Dieu. »

59. — Qui est-ce qui persuadait à la volonté du Christ

---

(1) Se reporter à Pernety pour repasser la liste des noms que les alchimistes donnent aux différentes substances qu'ils emploient.

homme de rentrer dans le corps de sa mère, et d'y demeurer sans aliments pendant quarante jours? N'était-ce pas une action de la Divinité.

60. — Il en est ainsi de l'œuvre philosophique; l'artiste doit rechercher l'enfant prodigue, qui s'est enfui loin de sa mère et qui entre dans le centre saturnien, parce que la fureur de Dieu l'a enfermé dans l'impression mortelle; il n'est point cependant devenu un Saturne, mais il est enfermé dans la mort de Saturne.

61. — L'Ange doit descendre vers Marie, pour lui annoncer qu'elle engendrera un fils qui s'appellera Jésus, par lequel s'éveillera dans le vieil homme prisonnier de la colère, le nouvel enfant. Le nom de Jésus se rendant tout d'abord en Saturne, attire la volonté de son prisonnier, et lui présente l'Epouse parée de la couronne de perles.

62. — Si le rebelle la reçoit, l'artiste peut dès lors accomplir son entreprise.

63. — Il faut que l'époux soit tenté, car il doit devenir le chevalier qui détruira le château diabolique dans les sept règnes; quand s'approchera le tentateur, l'époux rentrera dans sa mère, et abandonnant entièrement sa volonté, il retournera au Néant.

64. — L'Artiste croit alors avoir perdu le ciel, car il ne voit point qu'une vierge a engendré de nouveau; mais qu'il prenne patience; ce qui lui est impossible est faisable pour la Nature; quand le Tentateur a épuisé ses ressources, les Anges le chassent.

65. — Aussitôt l'Artiste doit présenter l'épouse à l'époux; il est maintenant le médecin de ses frères et de ses sœurs dans la maison de Sa mère, et il accomplira de grands miracles dans les sept règnes de la Vie.

66. — En Saturne, il fera revivre les morts; car la Vierge a placé sa volonté dans l'Amour; il peut ressusciter la forme en laquelle Sa Mère l'a engendré, en l'embrasant par le feu de l'amour; ceci a lieu dans le Soufre saturnien, en la propriété de l'époux.

67-68. — Il doit aussi opérer des miracles en l'autre règne de sa Mère, qui est celui de la Lune, car Jésus a rassasié cinq mille hommes avec cinq pains d'orge, en opérant sur la corporéité. Dans la propriété lunaire, l'Epoux ouvre le paradis avec sa vierge, et alimente le corps qui n'a pas encore reçu l'influence du Mercure extérieur. L'artiste croit alors être tout près du paradis, mais il lui reste cependant beaucoup de chemin à faire.

69. — Dans le troisième, Jupiter, Jésus instruisait les ignorants, rendait Apôtres les prévaricateurs, et il élevait les gens simples, les femmes et les enfants aimés de Dieu, qui comprenaient en eux-mêmes l'universel.

70. — Ainsi en est-il dans l'œuvre philosophal : l'essence morte, dans laquelle le Mercure est entièrement terrestre, froid et sans vertu, reprend une vie nouvelle, qui étonne et réjouit l'Artiste. Il voit verdoyer la vertu divine, dans une essence à demi morte en la malédiction de Dieu, il contemple les quatre éléments et la joie de la Sapience ; il voit l'arc-en-ciel multicolore sur lequel le Christ est assis pour juger le Mercure prononcé.

71. — Ceci est l'entendement divin du Jupiter céleste par lequel le Christ a rendu les simples prudents et sages.

72. — Dans le quatrième Règne de la mère des essences, qui est Mercure dans la roue naturelle de la vie, Christ a guéri les sourds, les muets et les lépreux. Toutes ces maladies proviennent de l'eau saturnienne dans le Mercure dont Christ guérissait le venin dans la forme de l'Epoux et de la Vierge.

73. — L'artiste verra comment on peut philosophiquement séparer la terre du ciel, et faire descendre le ciel en la terre, comment le Mercure nettoie la matière et comment les couleurs et l'antimoine apparaissent en cette propriété.

74. — Au cinquième règne, qui est Mars, Christ chassa le diable du corps des possédés : dans l'œuvre, l'Artiste verra Jupiter chasser dans le Mercure une vapeur ignée noirâtre et qui se conglomérera vers le haut ; c'est un désir venimeux du Mercure ressortant de la propriété du diable.

75. — Dans le sixième règne, celui de Vénus, Christ exerçait l'amour de l'humanité ; il lavait les pieds de ses disciples, se dévouant pour eux dans la fureur ; il se manifestait au milieu du peuple, mais celui-ci ne voulant point le reconnaître s'écriait : « Nous n'avons point d'autre roi que César », le liait, le frappait, le dépouillait et le crucifiait.

76. — Aussitôt que la vapeur ignée obscure sort de la matière, qui est le Diable, Vénus apparaît en sa virginité glo-

rieuse ; l'artiste reçoit donc une femme au lieu de l'enfant attendu ; cet enfant, à la royale parure, ne gouverne pas un règn extérieur, mais veut seulement dominer la venimeuse puissance ignée de Saturne, de Mars et de Mercure.

77. — Saturne est représenté par la puissance terrestre, Mercure par la puissance spirituelle des Pharisiens et Mars signifie le Diable. Aucune de ces trois ne voulait souffrir le fils de Dieu, roi d'amour, pensant qu'il détruirait leur règne, sans offrir aux prêtres la gloire et les dignités du monde.

78-79. — De même quand Vénus se manifeste par l'amour en ces trois formes furieuses, elles ne la peuvent pas souffrir et l'oppriment de toute la force de leur venin.

80. — Mais Vénus s'appuie sur Jupiter, soit l'entendement, et sur la Lune, soit la multitude du peuple, dévoué à Christ. Aussi dans l'œuvre philosophique, la Lune collabore avec Vénus, parce qu'elle ne peut atteindre ni Saturne, ni Mercure, ni Mars. Quand vient la fureur, la Lune change sa volonté (sa couleur) ; alors veillez et priez avec le Crucifié.

CHAPITRE XI

DES SOUFFRANCES, DE LA MORT ET DE LA RÉSURRECTION DU CHRIST ; DU MIRACLE DU SIXIÈME RÈGNE, ET DE LA CONSOMMATION DE L'ŒUVRE.

SOMMAIRE. — Le feu et la lumière. — Action du Christ. — Sa Passion symbolique. — Unification de l'Amour et de la Colère. — La victoire contre la mort : dans l'homme, dans l'athanor alchimique.

1. — Nous avons appris que l'essence de ce monde et de l'homme comprennent deux propriétés, celle du feu et celle de la lumière. Le feu peut être le feu froid de l'impression ou celui de la révolution mercurienne dans le soufre ; le feu froid possède une lumière froide, mauvaise et le feu chaud une lumière chaude, bonne.

2. — Cette lumière n'est mauvaise que parce que, dans l'impression sulfureuse, elle s'aigrit de la fureur, car son désir est Saturne et Mars. L'autre lumière qui reçoit également Son acuité, ignée dans l'impression du Soufre martien, ramène son désir à la Liberté en mourant au feu par l'angoisse ; elle perd ses qualités propres et devient comme un Soleil qui répand indistinctement sa splendeur sur toutes les créatures.

3. — La splendeur du Soleil n'est ni chaude, ni froide ; c'est le Mercure de l'esprit du grand monde qui produit en Mars et en Saturne une chaleur à laquelle le Soleil allume sa convoitise ; cette chaleur n'est pas le propre de la Lumière mais appartient à l'âme du monde qui excite la lumière jusqu'à la rendre insupportable à l'œil.

4. — Si une autre convoitise ignée, ne ressemblant pas à la vie extérieure du *Mercure*, voulait dominer dans la fureur sévère de la Nature externe, cela produirait un antagonisme

avec le régime froid et amer ; c'est ce qui arrive quand le divin désir d'amour avec sa douceur se rencontre avec la convoitise ignée, fausse, froide, sévère et orgueilleuse de Saturne, de Mars et du faux Mercure ; c'est la grande lutte de l'Amour qui veut dominer la mort ; le ciel descend dans l'enfer, et ils luttent l'un contre l'autre comme on le voit dans l'exemple du Christ. Il aima les hommes, leur fit du bien, les guérit, mais comme il ne sortait pas de leur puissance furieuse, comme il venait d'en haut, le feu froid et consumant ne voulut pas le recevoir.

5. — De même, dans l'œuvre alchimique, quand les formes furieuses : Saturne, Mars et Mercure externes, voient au-dessous d'elles le chevalier céleste (1) avec sa qualité virginale et sentent qu'il a un autre désir qu'elles, elles se fâchent ; car quand l'éclair igné aperçoit l'Amour, il s'éveille, la fureur sort de l'angoisse pour entrer dans l'Amour, et celui-ci entre en agonie ; mais comme il ne peut mourir, il s'enfonce dans le feu, s'y abandonne, et devient pour la mort un poison ; de la sorte, l'enfer perd son empire dans l'humanité ; lorsque Christ laissa couler son sang céleste dans l'effroi de la mort, la Colère dut garder en elle l'essence d'Amour. Par ainsi, la convoitise ignée en la propriété humaine fut transmuée en désir d'Amour, et la joie de la puissance divine naquit de l'angoisse de la mort.

6. — L'amateur doit comprendre à fond que le procès du Christ est tout un avec celui de l'œuvre philosophique. Le Christ a vaincu la mort et converti la Colère en Amour dans l'homme. Le Philosophe doit faire de même. Il lui faut réduire de la terre furieuse en un ciel, changer le Mercure venimeux en Amour. Nous ne faisons pas ici de parabole, remarquez-le bien.

7. — Après que l'humanité fut devenue terrestre ou qu'elle eut éveillé le Mercure venimeux qui engloutit l'Amour, Dieu voulut le transmuer de nouveau en Amour, refaire un Ciel avec la terre humaine, remettre les quatre éléments dans l'unique et changer sa colère dans l'homme en Amour.

(1) Le Chevalier, l'enfant, le lion : c'est le principe régénérateur de la matière, — c'est le Christ en l'homme. — La vierge : c'est la sagesse en nous ; c'est Vénus, dans la matière : elle est la mère de l'enfant et son épouse quand il a grandi.

8. — Cette Colère était une force de feu et de fureur allumée en nous ; la changer en Amour est un travail difficile ; il faut que l'Amour descende dans la Colère, s'abandonne antérieurement à elle : Il n'aurait servi de rien que Dieu demeure dans le Ciel et regarde de là-haut l'homme avec pitié ; ce n'est pas ainsi que la fureur aurait dépouillé sa puissance ; de même si le feu n'est que séparé de la lumière, il garde tout de même son ardeur ; pour qu'il s'éteigne, il faut une essence douce comme l'eau.

9. — Ainsi l'essence divine, l'eau céleste, qui change en sang la Teinture de feu et de lumière, doit descendre dans la Colère, s'en faire l'aliment, afin que son feu se nourrisse d'elle, car il ne peut se sustenter d'eau. Le feu ne brûle pas dans l'eau, mais dans l'huile douce de feu et de lumière selon l'essence de la douceur divine. Ainsi fit Dieu (1).

10. — Le feu de la vie humaine réside dans le sang ; il est régi par la Colère divine. Un autre sang, né de l'Amour, doit entrer dans le sang humain colérique, et dans la fureur de la mort pour la noyer. C'est pourquoi l'humanité extérieure du Christ dut mourir à la Colère divine, afin que le sang céleste du Mercure, ou Verbe prononçant dans l'humanité extérieure, vive seul, selon la puissance divine, dans l'homme entier, externe et interne ; — afin que l'égoïté humaine cesse, que l'Esprit soit tout, en tout ; la volonté propre doit également mourir et se réduire à n'être que l'instrument de l'Esprit de Dieu ; car l'homme n'a point été créé comme seigneur de l'ipséité, mais bien comme le serviteur du Seigneur ; Dieu a voulu être obéi par des anges, et non pas châtier des diables dans la puissance ignée.

11. — Et quand l'Amour divin voulut se rendre dans la mort pour la réduire à l'impuissance, les deux mondes (le monde igné du Père avec le monde visible et le monde de

(1) Les principes du monde physique sous les trois premières formes : astringence, amertume, angoisse ou Saturne, Mars et Mercure : ce dernier est à la fois compris comme le Mercure planétaire et le Mercure principe des alchimistes. — Les principes de la régénération sont : une essence douce, la Vierge, contenant en elle l'enfant Jésus invisible, en germe ; et agissant sur la teinture céleste qui, bien qu'étouffée, persiste en germe, dans le fond du minéral ou dans le centre du cœur humain.

l'Amour, avec l'essence céleste) furent unifiés en une personne avec la chair corrompue de l'homme. Dieu devint homme et l'homme fut fait Dieu. La semence de la femme ou virginité céleste évanouie en Adam et la semence de l'homme corrompu dans la Colère, en Marie, furent formées en un seul être, le Christ ; et la femme, essence céleste, eut à briser la tête du serpent de la Colère en l'homme déchu. La qualité divine en l'homme dut transmuer en soi la qualité matérielle et faire de la terre un ciel (*Genèse*, 3, xv).

12. — Quand le Christ fut conçu, le ciel fut dans la terre humaine, mais l'incarnation devait être complétée par un autre travail, car tant que Christ fut sur la terre, ce n'était pas son humanité selon Marie qui était toute-puissante, mais son humanité selon Dieu ; ces deux principes s'opposaient l'un à l'autre et l'un dans l'autre, l'Amour contre la Colère et la Colère contre l'Amour.

13. — De ce combat vient la tentation du Christ ; et quand le monde divin vainquit, les miracles purent se produire par et à travers le monde extérieur humain.

14. — Tout ceci ne pouvait être accompli sans un grand travail. La propriété humaine ou Verbe prononcé était encore active dans son égoïté : le Soufre humain, qui devait être transmué en divin dans la partie céleste de l'homme. Le moi s'épouvanta de ceci lorsque, au Jardin des Oliviers, il lutta comme Mercure prononcé avec le monde céleste de l'Amour dans le plan humain : Ce fut la sueur de sang, quand l'Amour trembla devant la mort où il devait se plonger avec l'essence divine et quand la Colère vit approcher la mort par cet Amour qui devait lui enlever sa puissance.

15. — L'Amour en Christ dit : S'il faut que je boive la coupe de la Colère : que ta volonté soit faite ; et la Colère dit : S'il est possible, que cette coupe de l'Amour s'éloigne de moi, afin que je puisse inonder l'homme, à cause de sa désobéissance, ainsi que Dieu le disait déjà à Moïse, intercédant pour le peuple, en figure du Christ (*Exode*, 32, 10, 16).

16. — Mais le nom de Jésus avait déjà commencé à s'incarner au Paradis dès la promesse de la semence de la femme en vue de l'alliance humano-divine ; ce nom n'abandonna pas la lutte en se plaçant par son humilité dans la fureur du Père, afin qu'elle n'allume plus le Mercure à demi venimeux de

l'homme, comme cela s'était vu au temps de Coré (*Nomb.*, 16) et d'Elie (*Rois*, I).

17. — Ainsi au Jardin des Oliviers, la Colère voulait s'emparer du centre igné de l'homme et le nom de Jésus descendit en elle entièrement avec l'Amour et l'essence céleste. Le Fils fut obéissant au Père jusqu'à la mort de la Croix (*Phil.*, 2, 8). L'humilité et la douceur de l'Amour se laissèrent honnir par la Colère ; les Juifs durent méconnaître le droit de Dieu ; car le péché était venu par la volonté personnelle, et il devait être anéanti par cette même volonté personnelle.

18. — Adam avait introduit sa volonté dans le poison du Mercure extérieur : Christ-Amour devait se rendre dans ce même Mercure. Adam s'était nourri du mauvais arbre, Christ devait se nourrir de la Colère ; ceci ayant lieu extérieurement dans la chair et intérieurement dans l'esprit.

19. — Il en est de même pour l'œuvre philosophique. Le Mercure est le pharisien qui ne peut pas souffrir l'enfant ; il le craint ; Vénus tremble de même devant le poison du Mercure furieux et l'artiste voit la sueur de ce combat.

20. — Mars dit : Je suis le maître du feu dans le corps, Saturne est ma force et Mercure ma vie ; je veux tuer l'Amour. C'est le diable dans la Colère ; comme il ne peut pas arriver à cela, il éveille Saturne (l'impression ou le régime de ce monde) et cherche à atteindre Vénus, mais en vain, car elle lui est un poison mortel.

21. — Le Mercure peut encore bien moins supporter que Vénus le domine. Les prêtres prévoyaient que le Christ leur enlèverait leur puissance, puisqu'Il disait être le Fils de Dieu.

22. — Mercure alors s'inquiète au sujet de l'enfant de Vénus ; car cette dernière est actuellement tout à fait dévoilée ; mais il peut faire ce qu'il veut, elle mettra le dragon en rage, à moins qu'il ne lui ferme la porte ; Mars en Mercure ne comprend pas cela : ils percent le bel enfant de leurs flèches empoisonnées et le garrottent avec Saturne ; l'artiste peut voir comme ils entourent la couleur de Vénus.

23. — Mars conduit d'abord l'enfant au Mercure : (la vie) comme au grand-prêtre pour qu'il l'examine et l'éprouve ; mais il lui en veut, il ne le saisit pas dans son cœur, il le juge sur son apparence, semblable à celle du Mercure, mais avec une autre vertu.

24. — Comme, dans cet enfant, un autre mercure vit, le précédent ne peut pas le tuer ; il le conduit dans Saturne, comme les Juifs conduisirent Jésus à Pilate ; mais comme ce dernier gouverne l'impression, ou ténèbre, il s'informe non de la qualité de l'enfant, mais de son régime ; il l'attaque avec cette impression et lui ôte le bel habit de Vénus ; à cette vue, la Lune se cache comme les disciples firent, malgré leur promesse antérieure ; car la Lune est inconstante, elle n'a pas le cœur du Soleil dans l'Amour, et Saturne avec son impression épineuse vient sur l'enfant avec le Soufre, père de toutes les essences, et sous l'habit de pourpre duquel Mars gîte.

25. — Quand ce dernier, valet du diable, et Mercure, orgueil propre de la vie, voient que Vénus a revêtu son habit royal (pourpre de Saturne et de Mercure, dans la lumière du Soleil, avivée du feu de Mars et rayonnante de la couleur sulfureuse du Mercure), la matière prend la teinte de Vénus et l'artiste doit faire attention.

26. — Quand Mars, Mercure et la Lune voient cela, ils crient : « Crucifiez-le, ce n'est qu'un homme comme nous, qui a pris indûment notre manteau royal ! » ils dirigent sur l'enfant leur convoitise venimeuse à travers l'habit de pourpre, et l'artiste aperçoit celui-ci tout vergeté par Mercure et Mars qui s'attachent à lui au moyen de Saturne ; l'artiste verra la couronne d'épines très distinctement, tandis que Vénus se laisse faire avec résignation.

27. — Comprenez ici comment Adam se para d'un faux amour devant Dieu comme s'il était encore son enfant : ainsi il était nécessaire que la convoitise d'amour, prise dans l'impression de la mort, fût parée de ce même habit trompeur. Christ, second Adam, prit tout cela sur Lui, souffrit les injures, revêtu d'une pourpre dérisoire, car Adam s'était couvert de la pourpre dérisoire de la puissance du monde extérieur dans la lumière du moi ; ceci devait être représenté devant la Colère de Dieu. La robe blanche dont Hérode fit couvrir le Christ est l'amour froid et faux sous lequel l'homme croit être un ange. Ainsi l'homme se sert de la pourpre et du vêtement blanc du Christ, c'est-à-dire de ses souffrances et de sa mort, pour en parer son hypocrisie.

28. — Le Christ devait vaincre la fausseté cachée en l'homme et Dieu le mit sous la même apparence qu'Adam : l'innocent dut expier la faute.

29. — Dans l'œuvre philosophique, la malédiction de la Colère divine que contient la terre doit être transmuée en Amour. Mercure présente l'enfant de l'Amour à Saturne et comme ce dernier ne peut l'éprouver, il lui donne le manteau de pourpre pour cacher la marque des verges ; il l'envoie devant le Soleil qui le revêt de la couleur blanche lunaire, sans éclat ; le Soleil voudrait bien que l'enfant fasse éclater la lumière dorée qu'il pressent en lui ; il lui donne cette couleur blanche venue de la liberté éternelle, afin que l'enfant y allume la puissance du feu central : il serait alors semblable au Soleil, seigneur du soufre de Mars et de Mercure, mais seulement dans le monde extérieur comme un maître de la Colère.

30. — Christ répondit à Pilate : « Mon royaume n'est pas de ce monde » ; à Hérode il ne voulut rien répondre, car les deux habits étaient faux ; comme Adam les avait autrefois revêtus, Christ devait les supporter : c'est là la honte de l'homme, créé image de Dieu et devenu un faux roi, comme le pauvre pécheur le reconnaît quand il conçoit le repentir.

31. — Ainsi Christ présentait à son Père l'opprobre de l'homme, et s'en accusait devant lui à la place de l'homme. Quand le Père l'aperçut dans cette humiliation, Il rejeta cet habit ; c'est pourquoi Pilate dut ôter à Jésus son manteau et le présenter aux Juifs sous son véritable aspect. Mais ceux-ci le vouèrent à la mort, ainsi la Colère du Père devait être éteinte. Pilate le condamna, car il ne voulut pas le reconnaître comme roi.

32. — De même dans l'œuvre, ni Saturne, ni Mars, ni Mercure ne veulent accepter l'enfant, car il n'appartient pas à leur propriété. L'enfant est en leur pouvoir ; ils voudraient bien s'en débarrasser, et ne le peuvent pas, ils s'irritent comme les Juifs et le crucifient à travers la matière. Le premier clou est Saturne, l'impression ou la Colère du monde ténébreux ; le second est Mars, le diable ou la propriété du serpent dans la Colère ; le troisième est Mercure, la vie fausse ou la combustion de la Colère dans le Verbe prononcé de la propriété humaine.

33. — Vénus se rend à l'Amour et donne sa vie Jupitérienne

comme si elle devait mourir ; la force de l'enfant, c'est-à-dire la vie mercurienne humaine, tombe sous les coups des trois assassins dans la maison de sa mère (l'essence corporelle) où le fiancé accepta la vierge, là où Dieu devint homme.

34. — Cet évanouissement du corps céleste et du corps terrestre est représenté par Marie et par Jean au pied de la Croix (1) ; la vie du fiancé est disparue et la Vierge s'est évanouie en Lui ; ainsi se séparent la propriété divine et la propriété humaine, comme l'artiste peut le voir, s'il en a l'intelligence.

35. — Saturne, Mars et Mercure pénètrent donc dans la propriété de Vénus comme la Colère dans l'Amour ; et l'Amour se mélange essentiellement dans la Colère et y inqualifie.

36. — La mort furieuse s'effraie maintenant devant l'Amour qui s'évanouit dans ce tourment ; l'essence céleste coule comme du sang, jusque dans le troisième principe, qui est le fiancé (2).

37. — Celui-ci reçoit la perle de la Vierge. Dieu et l'homme deviennent un ; car le sang de la Vierge venu de l'essence divine s'infuse dans le sang du fiancé qui est le moi ; et les trois assassins donnent leur vie à la Vierge ; ainsi le feu et la vie du chevalier s'élèvent comme la Fureur sort de la vie, comme la douceur sort de l'Amour ; ces deux essences s'unissent dans la mort ; la mort meurt dans l'Amour et renaît à la vie divine ; car ce n'est pas une mort véritable, c'est un abandon de la force et de la volonté propres, une transmutation. Le sang de la Vierge transmue l'humain mort en Dieu ; la vie du fiancé meurt et la vie de la divinité se fixe dans le Rien qui est sa propriété.

38. — Quand tu verras le sang rouge du fiancé sortir de la mort avec le gluten blanc de la Vierge, sache que tu possèdes l'arcane du monde entier ; c'est un trésor qu'aucune monnaie

---

(1) Cf. ZHORA, *Etudes tentatives*, Paris, 1903, in-18.
(2) Le troisième principe est le monde visible, physique. — Le Fiancé, c'est donc ou la matière de l'Œuvre hermétique, ou le Moi humain, le mental, la personnalité. — Robert Fludd, dans des passages isolés de ses œuvres, et Lopoukhine dans *Quelques traits de l'Eglise intérieure*, sans oublier le Phil... Inc... ont laissé pressentir ces analogies entre la Vie de Jésus, la régénération de l'homme et la Pierre philosophale.

ne peut payer, estime-le plus que toutes choses mortelles ; si tu es né de Dieu, tu comprendras ce que je veux dire.

39. — C'est là l'image du Christ et du procédé dont il s'est servi pour éteindre le péché et la Colère dans l'homme ; ce n'est pas seulement un sacrifice, sans quoi Moïse l'aurait accompli ; ce n'est pas un simple discours comme l'enseigne Babel ; non, la volonté humaine doit entrer de toutes ses forces dans cette mort et dans ce sang, qui est la plus haute teinture ; le manteau de pourpre que Christ doit revêtir ne peut faire ce travail, non plus que la robe blanche des pharisiens menteurs. Les paroles ne servent de rien ; le camarade doit mourir dans le sang du Christ, il doit être lavé dans le sang de la Vierge ; la volonté doit sortir entièrement de son égoïsme et entrer comme un enfant simple dans la pitié de Dieu, selon le sang virginal du Christ (1) ; les péchés et le Mercure empoisonné dans son Mars, doivent s'y laver pour que le sang blanc du lion apparaisse ; ce lion, qui est maintenant de la couleur blanche sortant de la rouge, est le Mercure de vie, le Verbe prononcé, l'âme, auparavant diable régnant dans la Colère selon les trois formes de l'angoisse venimeuse, actuellement, le Lion blanc et rouge de la maison de David et d'Israël, selon l'alliance de la promesse.

40. — Pour contenter l'amateur, nous continuerons jusqu'à la résurrection du Christ. Quand Jésus crucifié eut répandu son sang divin et humain, et lavé la *turba* dans l'humanité, Il dit : « Père, pardonne-leur parce qu'ils ne savent ce qu'ils font. »

41. — Quand Jésus vainquit la mort et chassa le moi, il ne rejeta pas la propriété humaine où était la Colère de Dieu ; il mit le royaume externe dans l'interne ; car l'extérieur est un miracle de la Sagesse éternelle engendré par le Verbe prononçant sous une forme manifestant la divinité selon l'Amour et selon la Colère, selon le bien et selon le mal.

42. — Jésus ne voulait pas que cette image extérieure re-

(1) La Vierge accompagne toujours le Christ, aussi bien dans l'univers invisible, que dans le minéral, que dans l'homme ; les deux autres personnes divines sont également réunies au Christ, mais moins perceptibles pour nous que le Logos sauveur, vivificateur et directeur : c'est pourquoi Bœhm parle moins du Père et de l'Esprit.

tournât dans l'harmonie divine, mais que la Colère qui, dans l'homme, avait surmonté l'Amour, disparaisse, qu'elle soit rendue à la liberté du Rien pour qu'elle ne se manifeste plus selon sa propre qualité, qu'elle soit un valet de l'Amour, qu'elle s'efface en nous qui sommes créés à l'image de Dieu.

43. — Le philosophe remarquera que quand les trois assassins sont lavés dans le sang rouge du lion, ils ne disparaissent pas, mais leur fureur est transmuée en désir d'Amour, en Vénus solaire ; quand le désir igné s'introduit dans le désir aqueux, l'eau s'illumine, car Vénus est blanche et le feu est rouge ; le jaune majestueux arrive quand le Mercure passe dans la joie : c'est la multiplication ; il transmue sa mère, prisonnière de la mort, en soleil ; il rend le terrestre céleste ; la Vierge perd ici son nom, car elle a donné son Amour et sa perle au chevalier ; celui-ci est le lion blanc dont parle l'Ecriture (*Apoc.*, v, 5), qui doit briser le diable et détruire l'enfer.

44. — Ce chevalier léonin est androgyne ; la Teinture du Feu et celle de la Lumière doivent s'unir, celle-ci étant l'être ou Vénus, et celle-là l'esprit ou Mars dans le Mercure ; la Colère et l'Amour paternels s'unissent pour constituer le royaume de la Joie. Tant qu'ils sont séparés chez la créature, elle gît dans l'angoisse et la vaine convoitise ; mais dès qu'ils brûlent en une seule volonté, la Joie s'en exhale, et c'est le Saint-Esprit ou vie divine. Sachez que le sang des deux fiancés doit se mêler, afin que meure le lion de feu qui vivait dans l'homme, que l'amour de la Vierge le transmue en elle-même, et qu'elle reçoive du fiancé son âme. La Vierge était disparue chez Adam, puisque la volonté était sortie de l'Amour et de l'abandon pour entrer en un quant à soi de désobéissance.

45. — Ici, la Vierge reprend l'âme, lui donne sa couronne de perles, et la nomme le Lion blanc ou chevalier. O enfants des hommes, ouvrez toutes grandes dans votre cœur les portes du monde, pour que le roi de gloire entre, le héros des combats, qui a enlevé sa puissance à la mort, brisé l'enfer et reconstitué le paradis hors de ce monde.

46. — O Sages chercheurs ! Comment ouvrez-vous vos fenêtres ? Pourquoi vous endormez-vous dans la convoitise de la multiplicité que divise encore la Colère ? Entrez donc dans le divin abandon ; aussitôt vous participerez du Ciel. Dans la mesure où vous sortirez de votre propre personnalité, la terre

sera pour vous un ciel, dit l'Esprit des Miracles, mais vous n'atteindrez point cela par votre mode athée.

47. — Quand Jésus, par l'effusion de son sang, a donné à l'Amour la Colère divine en l'homme, la figure de leur séparation était sur le Calvaire sous la forme du bon et du mauvais larron (*Luc.*, xxii, 39-43).

48. — Quand la Colère est inondée par le sang du Christ, elle se change en Amour, et le paradis est de nouveau manifeste, car, lorsque Jésus teignit le sang humain corrompu par le péché, au moyen du sang virginal de l'Amour, la Vierge prit le sexe masculin ou égoïté en elle-même ; c'est cela le Paradis, et la demeure de Dieu en nous, de façon que tout, en tout, est en Lui.

49. — La même chose se produit en Alchimie. Quand Mars et Mercure meurent selon l'impression ténébreuse de Saturne, Vénus les prend, leur infuse son Amour dans leur feu venimeux, et s'abandonne à eux. Mais comme ils sont impuissants à agir contre elle, l'amour et la Colère se transmuent en une seule essence; quand la dernière se rend au premier, celui-ci lui dit : « Tu sortiras aujourd'hui avec moi du feu de l'angoisse pour entrer dans le Paradis, tu seras changé en moi-même. »

50. — Vénus reçoit une âme : Mars et Mercure ; le combat cesse, car l'inimitié est apaisée ; l'enfant résiste au feu, car ses trois persécuteurs, Mars, Mercure et Saturne, le laissent : en lui, ils sont arrivés à la fin de la Nature, où il n'y a plus de *Turba*.

51. — Mercure en Saturne est très pur, il n'a plus de poison avec lequel il puisse faire de la moisissure dans l'eau, sel de Saturne : le philosophe et le théologien remarqueront ici que la vie paradisiaque est parfaite, sans vacillement, sans convoitise fausse ; c'est un jour perpétuel. L'homme paradisiaque est comme un cristal à travers lequel resplendit ce soleil divin, sans macule ni défaut, comme l'or.

52. — Quand Jésus vit que tout était terminé, il regarda sa mère et son disciple Jean et les voua l'un à l'autre (*Joh.*, xix, 26-27).

53. — C'est l'image de son départ de ce monde, ou de l'égoïté humaine, et de sa rentrée auprès du Père : il considéra sa mère selon l'extérieur, et lui dit : « Voici ton fils, en lui montrant Jean ; je ne suis plus ton fils, car mon humanité

externe est transformée en le Fils de Dieu, et elle vit non plus ici-bas, mais en Dieu. Mais comme tu dois encore rester sur cette terre, prends Jean, en qui la transmutation n'est pas encore opérée ; et toi, Jean, accepte cette mère ».

54. — C'est aussi l'image de l'Eglise chrétienne sur la terre : nous, pauvres enfants d'Ève, devons passer par la mort, laisser la Colère putréfier nos corps, tandis que l'esprit reposera en la mort du Christ, jusqu'à la résurrection universelle où aura lieu la transmutation extérieure de la chair qui deviendra un ciel où apparaîtra l'esprit des miracles.

55. — Jésus commande à ses disciples de s'occuper de sa mère : elle est l'Eglise où les enfants de Dieu naissent selon l'Esprit qui les soigne et les conduit jusqu'à ce que le nombre de l'humanité selon la chair soit accompli ; à ce moment, le corps spirituel commencera à pourrir et suivra le Christ dans sa mort et dans son combat contre la Colère ; et après avoir subi l'épreuve, le royaume des ténèbres sera séparé d'avec lui.

56. — Mais en ce temps-ci, bien que l'Esprit puisse transmuer, que le baptême intérieur virginal soit possible, qui engendre le Christ en nous, comme le corps de Vénus, Adam n'est pas capable de cela, à moins d'être passé par la transmutation christique qui a lieu dans la mort. Dans l'intervalle, le disciple du Christ doit s'occuper de la mère externe et paître les agneaux selon l'esprit christique.

57. — Cela nous montre bien que l'homme extérieur ne peut engendrer Dieu, car Christ se sépare de sa mère selon la nature et la donne à Jean, après avoir revêtu la Nature éternelle ; aussi, ceux qui honorent la mère extérieure du Christ comme mère de Dieu, ont tort (1).

(1) Bœhm veut dire, bien qu'il exprime un peu sèchement son opinion à cause de son protestantisme, que, dans la Vierge Marie, il y a une créature humaine, qui, bien que parfaitement et exceptionnellement pure, n'a pas droit à l'adoration de l'homme, ne doit pas être un Dieu puisque son âme est humaine ; — et une entité spirituelle de grâce, dont nous ne pouvons concevoir la réelle nature ; c'est à cette dernière que devraient s'adresser les prières des catholiques, bien que la masse des fidèles brouille les choses et soit iconolâtre. D'ailleurs, ne nous leurrons pas : le mystère de la Vierge, comme le mystère du Christ, sont incompréhensibles à l'homme ; les plus hauts adeptes, les saints les plus purs ne peuvent en saisir qu'un ensemble très vague.

58. — La chrétienté est la mère du Christ, et Jean représente ses pasteurs. Ainsi, tous les disciples du Christ doivent s'occuper de la chrétienté, la servir humblement et constamment, la soigner, la consoler, la nourrir par l'esprit du Christ.

59. — Tandis que les prêtres oppriment la chrétienté, en tirant des honneurs et des plaisirs et de la bonne chère ; tous ceux-là, quel qu'en soit le nom, ne sont pas des Johannites, mais des pharisiens mercuriels et venimeux, en qui logent l'angoisse et la dispute ; leur racine est la même, et ils n'ont qu'un désir : primer leur voisin.

60. — Aucune planète ne ressemble aux autres ; elles ont chacune une volonté différente, et cependant dans le centre de l'Être (Lune et Saturne), corporellement et animiquement, elles ne sont toutes qu'une même fournée.

61. — Les serviteurs de Baal, partiaux et mercuriens, sont ces pharisaïques qui condamnent Jésus, dans ses membres ; ils grondent tous pour l'Eglise, et aucun d'eux ne veut faire quelque chose pour la pauvre mère du Christ ; ce sont des insensés qui, au lieu d'aller en esprit vers l'étable de Bethléem, courent comme des loups, des ours, des lions, des renards ou des lièvres.

62. — Ils viennent de Babel, où on dispute, où on se déchire, où chacun veut régner pour la lettre, pour l'honneur, pour le plaisir ; ils ne considèrent pas que la mère est une veuve et que son défenseur est le Christ.

63. — O précieuse mère, laisse courir ces animaux, ne t'occupe plus d'eux, prends Jean, le disciple à qui tu apprendras l'amour et l'humilité. O précieuse mère, pourquoi te laisses-tu déchirer par les lions ? Christ est ton seul époux, tous les autres sont des étrangers, à moins qu'ils ne s'humilient devant toi et qu'ils ne te soignent avec un amour filial ; bien qu'ils soient des milliers, aucun d'eux ne vaut mieux que les autres, à moins qu'ils n'aillent dans la ligne de Jean, sinon, il n'est pas appelé par le Christ, il n'est qu'un pharisien, un mercurien, une engeance de vipère, qui crucifie Jésus dans ses membres.

64. — Le philosophe remarquera qu'il lui faut être aussi un Johannite, qu'il doit user de la mère, et que son œuvre en ce monde n'est pas tout à fait céleste ; il ne peut pas manifester le paradis, de telle sorte que dans son ouvrage, Dieu apparaisse

face à face ; non, il reste dans la mère, il atteint en elle l'universel, car elle l'atteignit aussi, puisqu'il lui fut dit : « Tu es bénie entre toutes les femmes. »

65. — Le philosophe arrive aussi jusqu'à la bénédiction dans cette vallée de larmes ; il peut bénir son corps corrompu, c'est-à-dire le teindre et le délivrer de la maladie, jusqu'à sa constellation la plus haute selon Saturne ; pour cela, qu'il se garde de l'avarice, sinon il tombera dans la *turba* (1).

66. — Qu'il connaisse, par cette figure de Jean et de la Vierge, que dans son œuvre le royaume de Dieu et le royaume de ce monde restent distincts ; le royaume de Dieu est enfermé dans la mère, il doit en être le serviteur et non le maître, il doit faire l'aumône et non pas entasser des trésors, celui qui ne veut pas être ce serviteur n'atteindra pas ceci et ne nous comprendra pas. Le Très-Haut a mis une serrure à l'intelligence de la folie, pour qu'elle reste aveugle jusqu'à ce qu'elle se fatigue de chercher ; je dis cela selon le fonds de la vérité.

67. — Lorsque Jésus eut confié sa mère à Jean, il tourna de nouveau son désir vers la propriété humaine et dit : « J'ai soif. » Il était altéré des hommes et désirait leur salut pour qu'ils devinssent sains en naissant en Lui ; et les Juifs lui donnèrent du vinaigre et de l'amertume à boire.

68. — Ceci est encore une image de l'interne : le nom de Jésus ayant pénétré dans l'humanité et s'étant uni à elle, en était altéré selon l'Amour et en aurait bu volontiers l'eau limpide ; mais la colère furieuse, allumée en la propriété humaine, se rendit avec celle-ci dans la soif de l'amour ; et l'amour, après l'avoir goûté, ne voulut pas la boire ; mais s'abandonna entièrement à elle, et se donna essentiellement à la colère de Dieu en toute obéissance.

69. — La fureur s'effraya alors de l'Amour, la terre trembla,

---

(1) L'œuvre alchimique n'atteint donc bien que le minéral ; mais, comme elle s'accomplit dans le plan spirituel de la matière, elle est influencée par l'émanation spirituelle du corps physique de l'artiste. Celui-ci doit donc être moralement pur, non pas parce que ses vertus agissent directement sur la matière en coction, mais parce qu'elles teignent l'esprit des cellules physiques de son corps, et c'est cet esprit qui rayonne sur l'œuf philosophique, par ses mains, par ses yeux, par sa simple présence.

car la mort eut peur de la vie. La fureur, éveillée dans le centre, ou premier principe, fut rompue et sortit de la propriété humaine, poussée par la faim de la régénération ; de l'appétence de la mort s'éleva l'appétence de la vie, l'Amour teignit la Colère et la convoitise ignée vers l'impression ténébreuse devint un désir de la vie.

70. — Comprenez bien ceci : Dieu le Père, qui avait donné au genre humain son cœur bien-aimé comme aide, était altéré de l'homme qui contenait le Verbe de sa puissance ; et le désir en l'homme, ou cœur du Père, désirait le Père ; l'Amour, essence de la Lumière, recherchait l'essence du feu. En Adam, cette essence du feu ou de l'âme était sortie de l'Amour en quoi consiste le Paradis ; en conséquence, la Lumière ou l'Amour ou la vie végétative, le verdoiement céleste mourut et le monde terrestre naquit.

71. — Alors le Père conduisit l'âme, entrée dans Sa fureur, et manifestée dans Sa colère, dans l'Amour, image disparue du paradis. Le monde ténébreux trembla devant l'éclair produit par l'entrée de l'Amour dans la mort ; et ce frémissement de joie pénétra les cadavres des justes d'Israël qui avaient espéré le Messie, et les réveilla de la mort.

72. — Cette explosion déchira le rideau du Temple qui voilait la présence de Dieu, et devant lequel étaient offerts les sacrifices comme figures de la vision finale de Dieu manifesté dans le genre humain. Les préfigurations furent brisées, Dieu devint visible et le temps s'unit à l'éternité.

73. — Tout ce que les Juifs firent à Jésus fut une image de ce qui se passa intérieurement entre Dieu et l'homme, entre l'éternel et le temporel.

74. — Le fiel et le vinaigre représentent Mercure dans le soufre de Saturne, dans l'impression, image de l'âme hors de l'Amour.

75. — Dieu redonna à l'âme cette dernière propriété disparue, revivifiée par son Verbe en Marie et replacée dans le centre igné ténébreux de l'âme, pour y produire une vie béatifique, paradisiaque. Ici le chevalier se moqua de l'enfer animique en disant : Mort, où est ton aiguillon ? Enfer où est ta victoire ? dans la fureur de l'angoisse empoisonnée selon le Verbe prononcé ou Mercure. Mort, je suis ta mort ; enfer, je suis ton vainqueur, tu seras mon valet dans le royaume de la

béatitude, tu allumeras avec ta fureur la flamme de l'Amour et tu seras la cause du verdoiement dans le paradis.

76. — Nous donnons, par ainsi, au philosophe une vue profonde sur la Nature, s'il veut chercher et manifester l'essence éteinte de la terre emprisonnée dans la mort de la malédiction. S'il veut déchirer le rideau du temple qui lui cache le tabernacle, ce lui sera un sérieux travail (1).

77. — Et de même que l'Amour et la Colère se sont unis dans l'humanité du Christ, le Mercure venimeux, dans le Soufre de Mars et de Saturne, donne son menstrue meurtrier, le plus grand poison des ténèbres à la propriété de Vénus ; quand Vénus est altérée du feu de l'Amour, elle se donne à ce poison complètement, comme si elle mourait ; de là vient, dans l'œuvre, que la matière apparaît noire comme un corbeau ; de même, on voit que quand le Christ mourut, le soleil se voila, et de grandes ténèbres se répandirent (*Luc,* xxiii, 45).

78. — Car lorsque le soleil intérieur se rendit dans la Colère, le soleil extérieur, qui reçoit du premier sa force et sa puissance, ne pouvait plus briller ; car la racine d'où vient son éclat était entrée dans les ténèbres, en ce monde, pour les remettre dans la Lumière et faire du Lieu d'ici-bas un paradis.

79. — Le Soleil externe dut donc se cacher, comme faisait le Soleil universel, de la sixième à la neuvième heure, laps pendant lequel Adam, endormi, était allé, par la convoitise, au Centre de la Nature éternelle, là où l'Amour et la Colère se séparent, pour éprouver le feu froid consumant : mais celui-ci le saisit, et s'inqualifia en lui (2).

80. — Ce nombre des trois heures, selon la Trinité, préfigure les trois jours passés dans le tombeau, selon l'humanité.

---

(1) Cependant la méthode alchimique, dont il est parlé dans tout le cours de cet ouvrage, n'est que le travail du feu physique, sur une matière choisie et avec des précautions convenables ; cette méthode peut être mal employée ; et, en outre, il y a d'autres moyens de transmutation, mais qui sont encore moins licites que celui-là ; aussi nous ne les mentionnons que pour mémoire.

(2) *Inqualifier :* opérer dans l'essence, remuer, provoquer à la génération, ou engendrement, ou croissance ; procréer, engendrer, ou accoucher en esprit.

Adam, lorsqu'il était encore l'image de Dieu, androgyne, resta quarante jours dans le Paradis sans vaciller ; lorsqu'il tomba, il fut quarante heures dans le sommeil, pendant que Dieu extrayait de lui la femme.

81. — Israël fut tenté 40 jours au Sinaï, quant à son obéissance ; et Dieu lui donna la Loi de son alliance, comme miroir de ses promesses. La tentation du corps dura 40 ans pendant lesquels il ne reçut que la manne ; et comme le corps ne put résister, Josué le conduisit vers les sacrifices, images de l'accomplissement final. Le Chevalier lutta 40 jours au désert et sut conserver l'état primitif d'Adam au Paradis ; et les trois heures des ténèbres au Calvaire, sont les trois heures pendant lesquelles le diable tenta le Christ.

82. — Par contre, les 40 heures passées dans le sépulcre sont les 40 jours d'Adam au Paradis, et les 40 jours de Moïse sur la montagne, et les 40 années dans le désert, et les 40 jours écoulés entre la Résurrection et l'Ascension, sont la même chose : Lorsque le Chevalier eut recouvré l'état d'Adam, l'âme dans la propriété humaine fut tentée 40 jours contre l'obéissance et l'abandon à la volonté de Dieu, afin qu'elle puisse devenir une image parfaite de la puissance divine, dans l'éternité insondable, selon le ternaire divin.

83. — Le philosophe remarquera que l'être du temps est dans le même cas, puisque l'homme est créé de lui, comme résumé de toutes les essences, comme image du temps et de l'éternité, entre lesquels se trouve sa place, comme ouvrage de Dieu, dont il est l'instrument par Son Esprit.

84. — C'est par l'homme que Dieu révèle son secret, dans sa propre qualité humaine, et ensuite par le genre humain, produit de la mère de tous les êtres dans le grand mystère, ou âme du grand monde.

85. — L'homme a le pouvoir, s'il demeure dans l'obéissance et sous la direction de l'Esprit de Dieu, de changer la malédiction de la terre en bénédiction, dans la mère extérieure de lui faire générer la joie hors de l'angoisse : car il ne ferait rien par lui-même, mais sa volonté travaille avec son intelligence à réunir les matières analogues, où la vie et la mort sont en face l'une de l'autre, en observant comme Dieu a uni le temps et l'éternité par et dans l'Homme-Christ, avec tous ceux qui lui remettent leur volonté.

86. — Le philosophe verra dans son travail tout ce que Dieu a fait dans l'humanité pour la remettre dans l'universel ou paradis ; il verra comment la fureur engloutira la belle Vénus dans son essence épineuse et piquante, comment Vénus s'évanouira, comment elle deviendra toute noire par l'agonie de la fureur : là sont ensemble la vie et la mort dans l'obéissance à Dieu, immobiles, laissant l'Esprit faire d'elles ce qu'Il veut pour les reconduire dans la volonté éternelle qui les a créées. L'être est alors revenu dans l'ordre primitif, il doit rester dans le Verbe *fiat*, dans l'impression de la puissance divine, jusqu'au jour du jugement, où Dieu changera le temps en éternité.

87. — Lorsque Jésus goûta extérieurement le fiel et le vinaigre, et intérieurement, par l'amour virginal, la colère furieuse, son humanité dit : « Mon Dieu, mon Dieu, pourquoi m'as-tu abandonné ? » le Verbe parlant était muet alors dans la propriété humaine, l'être nouveau-né, qui était mort en Adam et qui venait de renaître en Christ, criait vers Dieu, car la Colère était entrée par l'âme dans l'image divine et l'avait engloutie ; c'est cette image qui se plaignait ; Adam l'avait laissé disparaître, elle était reniée par l'incarnation du Christ ; elle devait écraser la tête de la Colère dans l'âme ignée et la changer en soleil ; le Verbe parlant l'avait quittée, elle était tombée dans la fureur, et elle sentait la Colère divine ; ce Verbe parlant la conduisait alors dans l'agonie et de là dans la vie solaire éternelle. Comme la chandelle se consume dans le feu et produit en mourant la lumière et la grande vie non sensible, ainsi de la mort de Christ devait sortir le soleil éternel dans la propriété humaine.

88. — Mais l'égoïté humaine ou la volonté propre de l'âme ignée doit être noyée dans l'Amour ; et l'image de l'Amour doit se rendre à la fureur de l'Agonie : tout doit tomber dans la mort, pour renaître, dans la volonté et la compassion divines, au paradis selon l'abandon, afin que l'Esprit de Dieu seul soit tout en tout. L'œil de l'enfer doit regarder par l'Amour, la lumière sort du feu et le feu des ténèbres naît du désir éternel.

89. — De même qu'Adam transforma l'image de Dieu en une forme morte et ténébreuse, Dieu replaça cette image dans la lumière lors de la mort, comme une fleur sort de la terre.

90. — Dans l'œuvre philosophique, Vénus est abandonnée aux trois formes furieuses qui engloutissent sa vie ; elle en perd sa couleur, mais fait mourir ses formes en les noyant dans l'Amour ; la vie est ainsi la mort de la mort ; elles reposent toutes deux dans l'éternelle nature ou Verbe *fiat* et la voie divine s'ouvre devant elles comme cela avait eu lieu dans l'essence, au commencement de la création.

91. — A ce moment, le paradis ou Universel était manifeste et l'Amour resplendissait à travers la Colère ; Vénus doit redevenir l'œil de la fureur ; Saturne, Mars et Mercure produisent un Jupiter, Mars un Soleil et Saturne une Lune ; Mars luit avec le Soleil hors de Saturne lunaire par l'œil de Vénus ; tous les sept ne font plus qu'un, le combat est terminé et tout est accompli jusqu'à la résurrection.

92. — Jésus dit ensuite : « Tout est accompli de l'œuvre du salut humain », puis : « Père, je remets mon Esprit entre tes mains. » Ici, sa vie tout entière s'est rendue dans le désir du Père ou volonté de la nature éternelle et sa volonté propre, son éclat créaturel est rentré dans sa mère primitive centrale, dans le grand mystère de l'éternité d'où l'âme était sortie. La Volonté propre devait retourner à la fin de la nature pour que le moi meure entièrement, que la Volonté divine soit tout en l'homme, son instrument.

93. — Le Père réunit ainsi notre moi dans Sa volonté par la mort du Christ ; et pour cela il teignit au préalable l'humain par le divin, afin que la puissance de la Nature humaine lui soit un sacrifice d'agréable odeur.

94. — L'Amour brisa la mort et rompit le sceau afin que la volonté pût revenir là où elle était avant la créature.

95. — Nous devons tous Le suivre dans le Chemin qu'il a ouvert ; personne ne peut voir Dieu, avant que Dieu ne soit incarné en lui, ce qui arrive par le désir de la foi ; et ensuite la volonté corrompue, enfermée dans la colère, qui fleurit dans l'essence terrestre et qui fructifie dans la mort, doit mourir et tomber dans le libre abandon à la miséricorde divine.

96. — La volonté propre arrive ainsi avec Christ à la fin de la nature dans le grand mystère divin, dans la main de Dieu, qui est le désir immuable éternel. Ainsi meurt le moi créé, il va entièrement dans le Rien et ne vit plus qu'en Dieu.

97. — L'artiste observe de même dans l'œuvre les grands miracles qu'opère la volonté naturelle dans la force de Vénus ; quand il pense être près du but, la nature meurt et son ouvrage devient une nuit obscure ; toutes les formes tombent de leur centre dans la fin de la nature ; tout meurt, tout s'émiette en mille morceaux.

98. — C'est le même état que dans le mystère avant la création, c'est-à-dire la convoitise essentielle ou Mercure prononcé, doit en arriver à la fin de son moi et se rendre dans le Verbe parlant.

99. — L'Essence corporelle demeure dans le centre des quatre éléments jusqu'au jugement de Dieu qui réside dans la mort du centre solaire ou compaction de Vénus et de Mercure ; cette compaction tombe dans la mort et y devient une puissance de Jupiter, un centre de liberté.

100. — Ici s'éteint le désir du froid et du chaud ; toute volonté terrestre et tout désir des qualités mortelles s'anéantissent.

CHAPITRE XII

DES SEPT FORMES DANS LE ROYAUME DE LA MÈRE ; COMMENT LA SEPTIÈME FORME, SOLAIRE, EST REVIVIFIÉE, A L'IMAGE DE LA RÉSURRECTION DU CHRIST.

SOMMAIRE. — Le mystère de la mort du Christ : opérations de la nature divine et de la nature humaine en Lui. — Comment ces opérations doivent également avoir lieu en nous. — Relations entre Adam, Jésus et le pécheur. — Plan général de la marche de l'humanité. — Indications analogiques sur le Grand Œuvre minéral.

1. — Si le Christ mourut quant à sa nature humaine, on ne doit pas penser qu'il mourut aussi selon son âme et encore moins selon son essence divine ou teinture céleste. Ce n'est que le moi, la volonté propre, les forces naturelles, le régime extérieur, régnant auparavant dans l'homme et désobéissantes à Dieu, qu'Il remit entre les mains du Père dans le grand mystère.

2. — Ce n'est pas que tout cela ait été anéanti, mais l'Esprit de Dieu devait seul en être la vie, la puissance divine agir seule en Christ ; c'est pour cela que Dieu résolut de faire tenir le jugement dernier par Jésus.

3. — Tout est effectué, non, par ce qu'il y a de créaturel dans le Christ, mais par Dieu, agissant dans la créature son image, au moyen de l'Esprit éternel des trois principes, qui est la vie de toutes les essences dans chaque chose selon sa propriété.

4. — Quand le Christ est mort sur la croix, ce n'est pas le nom de Jésus, Verbe prononcé de l'Amour, forme divine, teignant l'âme, que la mort brisa : non, cela ne peut être ; l'éternité ne meurt pas ; c'est le Verbe prononcé qui réside dans le

désir de la prononciation, son *fiat*, qui se transforme en soi-même et que son désir propre conduit dans une autre forme que celle à laquelle le Verbe prononçant l'avait destiné. C'est ce qu'ont fait Lucifer et Adam en passant de l'abandon à la propriété : l'ouvrier avait voulu être le maître.

5. — La vie extérieure opérante et sensible mourut ; elle ne devint pas un néant, mais elle tomba dans le Rien, dans la volonté et l'opération divines, tout à fait en dehors de la volonté extérieure, qui est bonne et mauvaise ; ce ne fut plus la constellation dans le milieu des quatre éléments, mais la nature du Père éternel dans le pur élément divin.

6. — La vie humaine revint dans le paradis d'où Adam l'avait fait sortir, ainsi que le dit le Christ au bon larron *Luc*, xxiii, 43). Cette vie tombée dans la mort d'Adam, y verdoya, comme la plante sort de la semence, dans la force du Verbe parlant, revenu par grâce dans l'essence céleste de l'homme, et pénétrant dans le centre animique, au milieu de la chair, pour changer la Colère en Amour et teindre à nouveau le sang corrompu.

7. — La teinture divine, le soleil divin entrèrent dans la teinture et dans le soleil humains, dans la nuit et dans le sommeil d'Adam ; Dieu entra par le nom de Jésus dans l'humanité, en la personne du Christ, au milieu de la mort adamique.

8. — Adam mourut à son égoïté en même temps que Christ ; c'est le nom de Jésus qui écrasa le serpent en nous ; Christ entra dans l'image d'Adam, qui fut ainsi, par l'humanité de Jésus, le vainqueur du serpent ; ce ne fut pas la même créature, mais la même qualité animique et corporelle.

9. — Le premier Adam tomba dans le sommeil et dans la mort au monde divin ; le second Adam emprisonna la mort ; il la tua et conduisit la vie dans la liberté éternelle, il se tint, par la puissance divine, dans l'essence du premier Adam ; c'est l'esprit de Dieu par le Verbe parlant qui sortit Adam de la mort en l'humanité du Christ. Ainsi tous les enfants d'Adam participent au royaume du Christ et sont compris en Lui, en sa chair, son âme et son esprit ; mais chacun conserve sa forme créaturelle dans la mort du Christ. Chacun est un rameau, mais il n'y a qu'un tronc qui est Christ en Adam, et Adam en Christ, le même pour tous les chrétiens.

10. — Je dois dire ici comment je suis mort au monde en Christ : Je suis ce Christ comme un rameau est l'arbre ; mais comme je vis encore, par mon individualité extérieure, je dois mourir avec l'homme extérieur, avec Christ et ressusciter avec Lui. Je vis actuellement en Christ par la foi, je saisis son humanité et je me jette dans sa mort par ma volonté ; ainsi mon homme intérieur ne vit plus selon le moi, et abandonné en Christ, est enterré dans Sa mort.

11. — Mais comme Il est ressuscité dans la volonté de Dieu, je vis dans sa résurrection ; mais mon corps terrestre vit de la vie terrestre jusqu'à ce qu'il entre tout à fait par la mort dans l'abandon et dans l'anéantissement, alors Christ le réveillera par mon homme intérieur. De même qu'Il s'est levé d'entre les morts, moi, qui dois mourir en Lui au terrestre, je me relèverai en Lui comme en mon premier père Adam, par le nom de Jésus.

12. — Le rameau corrompu par le péché, que je suis, recevra, par ce nom, la sève et la vigueur ; par lui qui est une puissance selon mon père Adam, mon humanité verdoiera et donnera des fruits à la gloire de Dieu. L'esprit de ma volonté qui est maintenant dans l'humanité du Christ, et qui vit par son Esprit, donnera par Sa vertu de la sève à la branche desséchée, afin qu'au dernier jour, à l'appel des trompettes célestes, qui sont la voix du Christ et la mienne propre en Lui, il ressuscite et reverdisse dans le paradis.

13. — Le paradis sera en moi-même ; tout ce que Dieu le Père est, toutes les couleurs, les forces et les vertus de son éternelle sagesse apparaîtront en moi comme Son image, je serai une manifestation du monde spirituel divin, un instrument de l'Esprit de Dieu dont Il jouera avec ma propre sonorité qui sera sa signature ; je serai la viole de son Verbe prononcé, non seulement moi, mais tous mes frères, l'Esprit de sa bouche nous fera vibrer.

14. — C'est pour cela que Dieu s'est fait homme ; afin que le magnifique instrument qu'il avait construit pour sa louange et qui ne voulait pas servir à son concert, soit rectifié et que le chant d'Amour résonne sur ses cordes. L'harmonie qui se déploie devant lui est entrée en nous, Il est devenu ce que je suis et m'a fait ce qu'il est ; ainsi je puis dire que, par mon abandon, je suis devenu une voix de la symphonie divine, je

m'en réjouis avec tous ceux qui sont occupés avec moi à l'œuvre éternelle de la louange.

15. — Sachez, chers compagnons qui faites votre partie dans ce concert spirituel, que tout ce que Jésus a fait par Christ, par son humanité et par la mienne, il le fait encore aujourd'hui en vous et en moi. Il est mort par mon égoïté et je meurs aussi à mon égoïté par sa mort ; Il s'est abandonné entièrement à son Père et son Père l'a ressuscité par son Esprit, et lui a donné une forme royale, selon la Sainte Trinité, par et avec laquelle Dieu jugera toutes choses dans le lieu de ce monde.

16. — Dieu a de même ressuscité mon esprit et mon âme en Christ par le grand nom de Jésus. Ainsi, m'abandonnant à Lui, je ne mourrai pas, puisqu'il est mort pour moi ; sa mort, dont Il est ressuscité, est devenue ma vie éternelle ; je suis agonisant en Lui, il n'y a cependant pas de mort en Lui, et par Lui je meurs au moi et au péché. Dès que ma volonté sort du moi pour entrer en Lui, je meurs chaque jour à moi-même jusqu'à ce que j'atteigne le but du moi et qu'il disparaisse tout à fait avec tous les désirs terrestres ; alors tout ce qui, en moi, se cherche soi-même, tombera dans la mort du Christ, comme dans sa première mère, de qui Dieu le tira. Mon égoïté sera un rien, reposant dans l'abandon comme un instrument dont Dieu use ainsi qu'Il lui plaît.

17. — Mon âme et mon esprit vivent dans sa résurrection, et son harmonie est en moi selon l'abandon, comme saint Paul dit : *notre bourgeoisie est aux Cieux* (*Phil.*, III, 20) ; son Verbe, qui est moi, puisque je ne suis plus moi-même d'après mon égoïté, reveillera même mon corps mort, que je lui remets, et le replacera dans la première image, où il fut créé.

18. — Je vis en Dieu, mais mon moi ne le sait pas puisqu'il vit en lui-même ; Dieu est bien en lui, mais il ne le conçoit pas, et il cache la petite perle, que je suis en Christ, par son humanité. Ainsi je parle et j'écris sur le Grand Mystère, non pas que mon moi l'ait saisi, mais il frappe ma signature, à cause de mon désir qui pénètre en lui. Je me connais, non pas en mon moi, mais en l'image de ce mystère qui se reflète en moi par grâce, pour attirer ce moi à lui par l'abandon : Il en est de même pour vous, chers frères, en qui ce mystère s'est représenté par ma conception.

19. — Le soufre, le mercure et le sel agissent dans leurs propriétés, par la malédiction de Dieu ; tout s'y opère selon la propriété du premier principe. Si Dieu n'avait pas créé le soleil comme dieu de la nature extérieure, teignant toute vie végétative, ce serait l'impression de la mort dans l'abîme infernal.

20. — Pour qu'une chose puisse être délivrée du moi, de la mort furieuse, et réintégrée dans l'universel ou perfection, il lui faut mourir à soi-même, dans le silence de l'abandon, à la fin de la nature. Mars doit perdre sa force ignée, Mercure sa vie venimeuse, Saturne se faire mourir, de façon que l'artiste ne voie plus que la grande ténèbre, alors apparaît la lumière, selon ce que dit saint Jean : « la Lumière luit dans les ténèbres. »

21. — Les ténèbres ne peuvent comprendre la Lumière selon leur volonté propre, mais dans l'abandon, le rien rayonne comme la liberté de Dieu, en se manifestant hors de la mort ; car il ne veut ni ne peut être un néant ; il ne peut se manifester autrement que par le libre désir fixe, qui est aussi un néant, puisqu'il ne contient point de *turba* : la faim propre est morte et le désir de la liberté éternelle est sa vie.

22. — La plus haute essence s'est mue et est devenue un être visible et compréhensible ; elle se configure en sortant d'elle-même vers le rien, pour reproduire la même essence qu'elle était avant le temps ; mais comme le Verbe *fiat* crée encore aujourd'hui l'être corporel, il produit dans l'œuvre philosophique une essence fixe et parfaite qui sort de la mort avec une nouvelle vie, comme Dieu est ressuscité en Christ, quand nous mourons au moi et nous abandonnons entièrement à Lui.

23. — Ainsi quand le Mercure prononcé dans le Soufre de Saturne abandonne sa propriété en Vénus, le Verbe *fiat* le transmue, selon le désir de la liberté. Le cadavre se relève avec un corps nouveau d'une belle couleur blanche, mais qu'on ne peut pas bien reconnaître parce qu'elle est voilée ; la matière met longtemps à se résoudre et lorsqu'elle est redevenue désireuse, le soleil s'y lève, selon le Verbe *fiat*, dans le centre de Saturne, avec Jupiter et Vénus et les sept formes ; c'est une création nouvelle, solaire, blanche et rouge, majestueuse, lumineuse et ignée.

24. — Après sa résurrection, Christ parcourut quarante jours le mystère des trois principes, dans la propriété du premier Adam, avant son sommeil et avant Eve ; il se fit voir à ses disciples, selon son humanité extérieure, et leur fit reconnaître son corps. L'artiste comprendra de même que la matière première disparaît en la mort de sa vie qui est la Colère furieuse et ressuscite dans l'essence qu'elle était avant la malédiction ; elle est alors fixe au feu puisqu'elle est morte au régime des quatre éléments et qu'elle vit dans la quintessence ; non pas qu'elle soit cette quintessence, mais elle y repose ; l'esprit du corps nouveau y verdoie avec son éclat, comme le premier Adam dans l'innocence et dans la perfection.

25. — Notre humanité corrompue, dont le Mercure était devenu un poison, fut teinte par le Christ, au moyen du sang céleste de la Virginité divine ; l'abandon se releva, le désir Saturnien, Martial et Mercurien mourut dans le sang de Vénus, et renaquit dans la Volonté et l'Amour uns.

26. — L'artiste remarquera que la teinture est plus noble pour l'homme, dans cette vallée de larmes, que le corps qui en ressuscite, car l'esprit est la vie dont le corps n'est qu'une figure.

27. — L'artiste saura que le sang est la maison de l'Esprit ; cela se reconnaît quand la perle du fiancé répand son sang sous les coups des trois assassins, quand le chevalier se plonge dans les enfers et que le moi humain se rend, quand le lion blanc montre sa couleur rouge (1) : en cela réside la guérison de la maladie et la mort de la mort.

28. — Le corps matériel se résout en céleste dans la mort par le sang de l'Amour. La teinture s'incarne, et s'en va quand le corps se lève dans l'éclat solaire ; elle s'infuse tout entière dans l'essence corporelle, dont elle est l'éclat et la couleur ; l'artiste ne peut plus les séparer, car ils sont unis dans la quintessence, dans le mystère du Verbe *fiat*, jusqu'à la manifestation du Jugement dernier. Ensuite, viendra le temps de la mer de cristal, devant le trône de l'Ancien (*Apocalypse*, 4, 2 à 8).

(1) Cf. le *Cantique des Cantiques*, passim.

Court exposé de l'œuvre philosophique (1).

29. — Notre discours peut paraître obscur au lecteur, bien que nous lui exposions Christ en détail ; il ne faut pas s'en étonner, nous ne cherchons ni l'or ni les biens temporels, nous ne voulons pas induire l'homme en des curiosités indiscrètes ; nous ne nous adressons qu'aux enfants que Dieu s'est choisis, car le temps est venu où la brebis perdue sera retrouvée, non pas seulement quant à l'universel, dans la matière de ce monde, mais aussi quant aux âmes.

30. — Des deux côtés, le procès est bref et unique : L'arbre se divise en sept branches : c'est la vie. La malédiction de Dieu s'est abattue sur les sept formes ; elles combattent l'une contre l'autre, se maléficient réciproquement et ne peuvent se pacifier qu'en se rendant toutes dans la mort de la volonté propre.

31. — Mais cela ne peut avoir lieu sans que la mort n'entre en elles comme la divinité fit en Christ pour le moi humain, et tua les sept formes de la vie humaine, pour les faire revenir à la vie : la volonté fut transmuée en Dieu, par Christ, soleil éternel, au moyen de l'abandon. Ainsi, dans l'œuvre, toutes les formes doivent se changer en un soleil unique ; elles demeurent toutes les sept, mais n'ont plus qu'un désir, chacune d'elles se donnant aux autres dans l'Amour.

32. — L'artiste cherchera comment tuer la mort par la vie pure et comment réveiller cette vie céleste, éteinte et prisonnière dans la malédiction, pour qu'elle reçoive de nouveau le feu animique ; s'il en arrive à cela, il a accompli son propre grand œuvre.

33. — Quand la vierge accepte de nouveau son fiancé infidèle, ce dernier n'a qu'une seule méthode à sa disposition ; l'image céleste de Dieu en nous ne peut être restituée sans

(1) Celui qui voudrait travailler au laboratoire d'après les indications ci-après, les trouvera bien vagues : il lui faut rechercher alors dans les écrits des alchimistes proprement dits, à moins qu'une illumination spéciale lui soit accordée.

que l'Esprit de Dieu ne l'anime lui-même et se rende avec elle dans le feu animique, dans la fureur de la mort, pour tuer celle-ci et pour noyer la Colère dans le sang de l'essence céleste ; et, bien qu'il n'y ait point là de séparation, ni de destruction, la fureur meurt cependant et se change en joie et en amour.

34. — L'œuvre de l'artiste ne consiste pas en autre chose, car l'homme comprend toutes les essences du ciel et de la terre ; mais comme il devint terrestre, la malédiction qu'il encourut atteignit aussi sa partie terrestre ; le ciel intérieur lui fut fermé, de même que le ciel de la terre, des métaux, des arbres et de tout ce qui servait à sa récréation.

35. — L'âme de la terre, comme propriété du feu du premier principe, est entrée dans la Colère ; son ciel y est emprisonné ; l'artiste doit donc réunir cette âme et ce ciel et replacer la première dans le second ; pour cela, il ne peut laisser à l'âme sa méchanceté, car elle ne veut pas se laisser faire, c'est le ciel qui doit s'introduire dans l'âme, qu'elle s'en alimente bon gré, mal gré, qu'il s'y laisse mourir, sans qu'elle puisse s'en débarrasser, quelque violemment qu'elle se débatte contre lui, jusqu'à entrer en lui, pour le tuer, comme les Juifs firent au Christ ; quand l'image céleste éteinte, tombe ainsi sous la rage du meurtrier en lui infusant son désir, celui-ci s'effraye de l'Amour et s'élève par cet effroi jusqu'à l'essence céleste.

36. — Cette dernière reçoit donc l'éclair du feu et se donne à lui ; il est forcé de s'en alimenter et d'abandonner le centre ; l'essence céleste est sa vie comme la lumière sort du feu ; comme un morceau de fer, chauffé à blanc, éclaire tout en conservant sa matière, ainsi le ciel disparu se fait voir dans le feu mercurien martien de l'âme, et unifie les sept volontés en faisant cesser leur lutte, sans les détruire.

37. — Ceci est un universel qui transmue aussi le combat des maladies dans le corps humain en une seule volonté ; quand la rage des sept formes s'apaise, la faim de la volonté cesse aussi, tel est le procès général. Je n'ai pas l'intention de l'expliquer plus clairement. Que celui qui ne veut pas chercher par là comment devenir un homme régénéré en Dieu, laisse mes écrits de côté.

38. — D'ailleurs, il ne les comprendra pas complètement et s'il ne s'exerce sans cesse, à l'abandon en Christ, il ne con-

cevra pas l'Esprit de l'Universel. S'il ne cède pas à une curiosité indiscrète, et qu'il mette la main à l'ouvrage, il trouvera sans beaucoup chercher, car la chose est enfantine (1).

(1) On trouvera, sans doute, que notre auteur se répète beaucoup ; nous avons cependant élagué pas mal de redondances, mais, pensant que, malgré son peu de culture, Bœhm avait assez de jugement pour s'apercevoir de ses longueurs de style, nous avons respecté les répétitions d'idées ; elles ne sont pas, d'ailleurs, sans présenter des variantes qui peuvent éclairer le chercheur : un synonyme mis à propos peut aider l'intuitif ; et ce n'est certainement pas sans raison que notre auteur revient sans cesse sur les mêmes descriptions.

CHAPITRE XIII

DE L'ANTAGONISME DE L'ESPRIT ET DU CORPS ET DE SA CURE

SOMMAIRE. — Relation de l'invisible avec le visible. — Les facultés organiques. — L'être pensant. — Les deux principes dans le macrocosme et le microcosme invisibles et visibles. — Naissance des formes, des éléments, de l'huile, du 7, du 4, du 3. — Guérison des maladies.

1. — Le corps en lui-même est mort et muet, il est la manifestation de l'esprit qu'il contient et qui le signe : ce que l'esprit est dans son action incompréhensible, le corps l'est visiblement. En lui une des sept formes de la Nature domine les autres, et chacune collabore suivant sa force essentielle ; elles se figurent dans le corps suivant leur rang, dans chaque chose selon son genre : c'est la manifestation de la sagesse divine dans le Verbe prononcé selon l'Amour et la Colère (1).

2. — Chaque chose possède, suivant sa qualité, une âme qui est la semence d'un autre corps ; tout ce qui vit contient son germe ; Dieu a exprimé toutes choses en une forme par son Verbe. Le prononcé est un moulage du prononçant et contient le verbe qui est la semence d'une autre image semblable à la première : le prononçant et le prononcé opèrent tous deux.

3. — En eux-mêmes : le prononçant est l'éternité ; il est le maître du prononcé qui est le temps et l'ouvrier. Le prononçant produit la Nature éternelle, et le prononcé est la Nature temporelle ; chacun crée dans sa conception deux propriétés : lumière et ténèbres où réside l'élément essentiel qui est un dans le prononçant et quaternaire dans le prononcé.

(1) Ce chapitre est le plus clair de tout le livre : nous le recommandons vivement à l'attention du lecteur.

4. — En soi, l'élément n'est ni froid ni chaud, ni sec ni humide ; c'est une volonté désireuse où la sagesse éternelle différencie les couleurs selon la qualité du désir ; en lui il n'y a ni nombre, ni fin ; mais dans les quatre éléments, il y a un nombre car ils se sont individualisés au moment de la prononciation et sont devenus un moulage du temps qui forme, édifie et détruit.

5. — Cette horloge du temps consiste en sept formes qui exhalent un triple esprit : végétatif, sensible et raisonnable. Le premier se trouve dans les quatre éléments, le second dans les sept formes, le troisième dans les étoiles ; mais l'entendement vient de Dieu par l'éternelle Nature.

6. — Toute vie, venant du Verbe prononcé, consiste en Sel, Soufre et Mercure où se trouvent les sept propriétés de la vie de ce monde, le triple esprit précité.

7. — Le Soufre est la mère de toute spiritualité et de toute corporéité ; le Mercure en tient la direction, et le Sel en est la maison que Mercure construit dans le Soufre.

8. — L'entendement naît dans l'huile du Soufre où les étoiles versent leurs désirs, comme dans leur essence : de là viennent les facultés sensorielles et mentales ; mais la raison sort de l'huile élémentaire dans le libre désir du Mercure parlant.

9. — Il est donc nécessaire, aux pauvres enfants d'Ève, de savoir la cause de la maladie, pourquoi nous sommes notre propre ennemi, pourquoi nous nous torturons nous-mêmes, quel médicament employer pour guérir notre égoïsme, et pour trouver enfin le repos. Si quelqu'un désire chercher cela, nous lui dirons d'où viennent le bien et le mal, la double volonté vers l'un et vers l'autre et comment ils sont réciproquement la mort l'un de l'autre.

10. — Si nous considérons la vie mercurienne, nous voyons qu'elle consiste dans le Soufre ; ce Soufre est une faim aride vers la matière et qui produit une impression sévère ; celle-ci contient du feu et de l'huile où brûle la flamme de la vie. Cette impression produit le froid ; l'aiguillon ou attract en soi produit la chaleur : chaque chose contient donc un feu froid et un feu chaud ; le froid est dur et sombre et la chaleur est lumineuse ; mais il n'y aurait pas de lumière si l'huile du Soufre ne mourait dans l'angoisse brûlante, comme une chandelle allumée.

11. — Le soufre possède donc deux morts d'où sortent deux vies. L'impression attire, enferme, durcit, gèle, pétrifie et produit une mort de l'essence emprisonnée, quoique l'esprit n'en soit pas une mort, mais une vie ignée, piquante, furieuse, anxieuse et froide, qui est la vie des ténèbres, naissant avec l'impression.

12. — D'autre part, de cette même angoisse vient le feu chaud qui consume l'essence produite par la froide impression du désir vers la Nature. Le combat entre le chaud et le froid se perpétue donc dans le feu : le froid désire la vie selon sa qualité et en la recherchant il s'allume ; la chaleur lui prend sa force et en consume l'essence, mais l'esprit igné ne peut durer s'il n'a plus d'aliment, de sorte qu'il doit mourir sans cesse dans l'angoisse ; tant qu'il peut consumer l'essence du froid, il vit, tout en étant destructeur, et son ignition est la plus grande appétence vers l'être ; elle traverse alors de part en part l'agonie du feu et se dirige vers le Rien. Mais elle ne peut y demeurer, elle ne peut être un néant ; le désir de cet esprit igné le porte vers sa mère, le feu ; mais comme il est mort une fois par lui, il est invulnérable au chaud et au froid il sort ainsi du feu et y rentre sans cesse, il est la vie du feu, l'esprit appelé, selon le feu, vent modéré, à cause de sa force, et hors du feu : air modéré, à cause de sa douceur.

13. — L'huile qui, en mourant dans le feu, lui donne l'éclat est sa vie véritable ; car ce qui sort de l'agonie ignée est le désir de la douceur, né de la volonté primitive quand le Rien éternel s'introduit en un désir.

14. — Ce désir passe à travers la double mort froide et chaude pour retourner dans la liberté après s'être manifesté comme principe par le feu, dans l'impression sévère ; il n'est devenu ni le chaud ni le froid, mais s'est manifesté par eux.

15. — Puisque le désir éternel s'est introduit dans la Nature, il ne peut mourir ni dans le froid, ni dans le chaud, dont il ne procède pas, mais dans le Rien. Après avoir agonisé dans le feu, il redevient un désir et s'imprime, car il a acquis dans le feu l'impression.

16. — Malgré cela, il ne peut concevoir qu'une essence analogue à lui-même : selon l'impression ténébreuse, ce sera de 'eau, selon l'impression, ignée ce sera de l'huile et selon l'im-

pression froide, tout à fait emprisonnée dans la dureté par la fureur, ce sera de la terre.

17. — La convoitise ignée engendre perpétuellement cette eau, cette huile et cet air et les engloutit, de sorte que l'esprit du feu prend une apparence au moyen de ces trois produits, car le Rien ne désire pas autre chose que la puissance et l'éclat.

18. — L'esprit qui sort de l'ignition de l'huile, comme une lumière, donne l'entendement et la compréhension : il vient du Rien, il a été le désir vers la Nature, a passé par toutes les propriétés de celle-ci au moyen du froid et du chaud, est apparu dans la lumière après avoir subi la mort ignée, et réside de nouveau dans le Rien.

19. — Il est une pierre de touche de toutes les qualités, car toutes l'ont engendré ; il est comme un rien et il possède tout, il traverse le froid et le chaud et aucun d'eux ne le saisit : on voit, en effet, que la vie créaturelle habite dans le froid et dans le chaud et la vie véritable n'est cependant ni froide, ni chaude.

20. — Comprenez bien que, selon l'éternité, cette génération est spirituelle, mais selon le temps, elle est matérielle ; je ne puis dire de Dieu qu'Il consiste en ténèbre ou en feu, en air, en eau ou en terre ; mais par son désir, Il s'est conçu par le temps, dans le lieu de ce monde, en une essence à laquelle Il a donné des qualités au moyen du Mercure prononçant et au moyen du Verbe prononcé, Il a produit des formes selon les propriétés du désir de la Nature éternelle ou verbe *fiat*.

21. — Le Verbe prononcé, qualité de la Nature éternelle, est le Soufre, contenant la septuple roue de la génération, qui dans l'esprit, concept primitif de la Nature, est une constellation ; elle se divise de soi-même en sept qualités, puis en quatre éléments.

22. — Cette constellation est un chaos, corps primitif spirituel où tout est caché. La roue septuple est le premier agencement du chaos, son corps, son entendement ; ce corps également spirituel manifeste le premier. Le troisième corps est élémentaire, visible, perceptible et il contient les deux autres.

23. — Le premier corps est le Verbe prononcé du concept éternel ; il possède son langage qui est la roue mercurienne des sept formes, dans le Soufre ; il profère les quatre éléments.

24. — Avant le chaos (1), le désir de l'éternité dans l'abîme conçoit en lui-même la volonté de se manifester : c'est Dieu. La volonté conçoit un désir : c'est le chaos, première constellation, où réside la Nature éternelle, qui, désirant à son tour, se forme en sept modes et manifeste ainsi la sagesse éternelle, cachée dans le chaos ; l'élément est conçu par la convoitise dans la roue mercurienne ; il est le corps spirituel de la vie mercurienne.

25. — Tout ceci est double. La convoitise produit, par l'impression en elle-même, les ténèbres où se trouve la puissante force de la combustion de la Nature : c'est la douleur. Le désir libre produit en soi, par la combustion de la convoitise, la lumière et le bouillonnement. La lumière est puissance et splendeur et l'élément est son corps ou essence spirituelle ; ainsi la convoitise ignée est une joie dans la liberté et un tourment dans les ténèbres.

25. — L'homme a été extrait de toutes ces essences, à l'image de Dieu. Il fut créé sous le régime de l'élément ; la roue mercurienne du soufre, qui tournait dans la lumière et dans le désir libre, voulut aller plus loin dans les quatre éléments, dans le centre des ténèbres, d'où naissent le chaud et le froid. En premier lieu, son désir était dirigé vers la liberté divine dans l'élément ; il s'abandonnait à Dieu et le désir libre de l'Amour le gouvernait, il en sortit pour créer dans le centre de la nature une volonté propre d'où naquit la douleur, chaude et froide, astringente et amère, avec toutes les qualités de l'impression ténébreuse.

27. — Il tomba dès lors dans une agonie éternelle ; l'homme fut empoisonné par la lutte réciproque des formes de cette roue mercurienne. Le désir libre s'éteignit en lui, avec l'élément pur ou corps divin ; les quatre éléments de la souffrance externe en sortirent ; l'image de Dieu fut maudite, c'est-à-dire que la volonté d'amour qui la régissait, s'enfuit ; l'homme tomba sous la puissance de la Nature ; et comme les quatre éléments ont un commencement et une fin temporels, le corps

---

(1) Comparez avec la théogonie d'Hésiode et celle des *Pouranas*. Voyez aussi la théorie taoïste du « Ciel » (MATGIOI, *La voie métaphysique*).

humain, devenu terrestre, doit retourner en eux et s'y corrompre.

28. — Nous allons voir quelle est sa cure, comment le délivrer de la mort, comment le replacer dans l'élément pur et son esprit sous la dépendance de la volonté divine.

29. — On ne trouvera pas d'autre méthode que de retourner en esprit dans la volonté originelle qui le sortit à l'origine du *chaos* sous la forme d'une image de ce dernier ; — de faire sortir notre esprit, insufflé dans l'image créée par l'esprit divin, de son moi, de sa volonté créaturelle ; — de mourir à cet égoïsme interne par lequel il vit, selon ses désirs personnels, de la vie élémentaire extérieure ; — de se jeter entièrement dans la volonté et la compassion divines, de façon que ce ne soit plus lui qui vive et veuille, mais Dieu, et Sa volonté originelle qui se manifesta en le créant à son image. Alors, il retrouvera sa place primitive dans la première constellation, ou le *chaos*.

30. — Le moi lutte contre ce procédé et ne veut pas, pour rien au monde, mourir à la volonté extérieure des astres et des éléments ; en conséquence, il faut donner à la volonté intérieure de l'esprit un aliment divin, afin qu'il ne désire plus l'extérieur, qu'il rompe toujours la volonté du moi terrestre, jusqu'à ce que ce dernier se laisse librement mourir avec son corps ; de la sorte, le corps disparu, formé de l'élément pur, redeviendra la maison paradisiaque de l'esprit, après que l'âme y aura allumé le flambeau de la vie véritable selon l'esprit de Dieu.

31. — Si la volonté propre de l'âme pouvait faire cela, si elle pouvait rompre son moi, mourir volontairement à elle-même et devenir un néant, la volonté divine (qui est le désir éternel vers le chaos animique ou le Mercure éternel) animerait à nouveau son image pure, ou vie virginale, lui redonnerait par grâce la corporéité céleste de l'élément pur pour s'en nourrir, et l'eau de cette même Teinture de la vie éternelle pour s'en désaltérer ; c'est dans ce but que la volonté divine a pris une forme humaine et s'est offerte de tout son désir à tous les hommes ; si l'âme meurt en son moi, si elle dirige sa faim vers la miséricorde, elle peut goûter de cet aliment par lequel elle redeviendra la créature de l'Amour.

32. — Considérons comment vit la pauvre âme prise dans les besoins et les soucis de la vanité, dans la colère de Dieu.

Le corps terrestre vit dans la même peine, jusqu'à ce que l'âme, au moyen de l'élément pur, le mate et réduise à l'impuissance son régime extérieur astro-élémentaire, dans la roue mercurienne empoisonnée, selon l'impression ténébreuse, afin qu'il ne résiste pas à l'Universel (1). Il doit, tandis que l'interne pénètre l'externe et le teint, rester dans le repos. Il n'y a point de perfection dans la Tétrasomie (2) jusqu'à ce que le corps soit transmué dans l'élément pur : il faut qu'il retourne dans ce d'où les quatre sont sortis.

33. — Le plan de ces quatre éléments n'est que vanité douloureuse ; l'âme s'y amourache de la constellation externe, qui pénètre en elle et y produit une imagination fausse ; la roue mercurienne empoisonnée fait naître la maladie dans le corps ; l'âme doit se guérir par la perfection intérieure, qui est le Verbe prononçant, par qui elle repose en Dieu, et qui seul peut la teindre. Le Corps terrestre doit être traité par le Mercure prononcé (3).

34. — Comme le Mercure extérieur est aussi dans la malédiction de la roue venimeuse, il doit être teint avec sa propre lumière, dans sa première mère, dans le corps du soufre. Sa faim propre doit être brisée, car elle est ennemie, et remplacée par une faim d'amour.

35. — Pour savoir comment cela se produit, étudions l'engendrement du soufre, d'où viennent la joie et la douleur ; car rien d'autre ne peut être opposé premièrement au Mercure venimeux, et rien ne peut lui résister que Sa mère, dans le corps de laquelle il repose. De même que rien ne peut vaincre le froid que la chaleur, qui est cependant la fille du froid, ainsi, on ne peut opposer au Mercure venimeux que son propre fils, qu'il a procréé dans le sein de sa mère par le chaud et le froid ; ainsi, l'Amour fils de Dieu peut seul résister à la Colère divine et rendre le Père miséricordieux ; il en est de même dans le Verbe prononcé ou Mercure.

---

(1) C'est toute substance une qui, à l'origine d'un plan vital, se différencie pour peupler ce plan. Dans le minéral, c'est la matière première ; dans le monde, c'est la matière cosmique primitive ; dans l'esprit, c'est le Paradis.

(2) Les quatre éléments de l'hermétisme.

(3) Selon la langue de la nature, langue de révélation, c'est *Marcurius* qu'il faudrait dire plutôt que *Mercurius*.

36. — Ce n'est pas que l'on puisse tuer le venin froid du Mercure avec du feu ordinaire ; la médecine doit être de la même nature que le mal ; mais il faut d'abord la délivrer de la fureur froide et la baigner dans la douceur ; alors, elle peut apaiser la faim de la convoitise froide dans la maladie physique.

37. — Si on verse de la chaleur allumée sur du froid allumé, ce dernier s'effraie et entre en agonie ; dans cette demeure de la mort, la chaleur devient une vie venimeuse, un aiguillon d'angoisse, et la Roue mercurienne tombe dans une tristesse, dans un dessèchement où sombre toute joie.

38. — La vie doit conserver ses droits ; le chaud et le froid doivent pouvoir coexister dans une même essence, sans qu'aucun des deux s'irrite ou s'affaiblisse : il faut qu'ils restent unis dans la même volonté.

39. — Le froid ne demande pas de la chaleur, mais du froid ; toute faim réclame un aliment analogue à sa nature ; quoique si la faim du froid est trop impérieuse, il ne faut pas lui redonner encore du froid, mais l'affaiblir, afin qu'elle ne soit plus que comme sa propre mère, non pas selon la source (1) venimeuse, mais selon la joie : la maladie ou le venin de l'angoisse est alors changé en une joie semblable.

40. — C'est alors que la vie reprend sa propriété première. Ce n'est pas le corps brut qui reçoit la Cure, mais son huile, bonifiée par le principe d'Amour qu'elle contient, c'est-à-dire par l'essence douce analogue. Car les sept formes de la Nature ne sont qu'une au Centre ; l'huile doit donc circuler à travers la roue, jusqu'à ce qu'elle entre dans son plus fort désir d'Amour ; la cure est prête alors ; il n'y a pas de chose si mauvaise qui n'ait du bon en soi, et ce bien résiste à son mal.

41. — C'est ce bien qui résiste, dans la maladie, à la fureur allumée dans le corps ; quand le poison froid s'y élève, le bien tombe et demeure inactif tant qu'il ne trouve pas une essence

---

(1) Source, en allemand, *Quelle*, se trouve écrit par Bœhm, dans les manuscrits, de trois façons : *Quall*, c'est la source fécondatrice, lumineuse, douce et béatifique. *Quahl*, c'est la source ténébreuse et douloureuse. *Quaal*, c'est la source mixte dans la Nature extérieure. Ces différences n'ont point été respectées par les imprimeurs.

semblable pour se réconforter ; la fureur se consume elle-même, puis tombe aussi, et le corps meurt. Mais si on peut rétablir une harmonie, il reprend des forces, et la faim morbide cesse.

42. — Par conséquent, la chaleur ne doit pas être traitée par le froid, mais par une autre chaleur délivrée au préalable de la fureur et replacée dans sa plus haute joie, afin que cette chaleur médicinale ne qualifie (1) ni dans le chaud, ni dans le froid, mais dans son propre désir d'amour ; la chaleur du cœur sera entraînée vers ce même désir. Toute corruption organique vient du froid : quand le Soufre est trop allumé, la propriété du froid meurt.

43. — Mercure est en toute chose la vie mouvante ; sa mère est le Soufre où résident la vie et la mort selon la révolution de la roue mercurienne. Il y a dans le soufre, feu, lumière et ténèbres ; l'impression (2) donne les ténèbres, le froid, la dureté et la grande angoisse ; d'elle, naît le Mercure, qui est l'aiguillon de l'attract en soi, la mobilité, l'inquiétude ; c'est un feu froid et sombre, d'après la froideur de l'impression ; c'est un feu consumant d'après l'aiguillon de l'angoisse ; c'est une douleur chaude et froide, une exaspération venimeuse de ces deux contraires, tourbillonnant comme une roue ; il produit cependant le mouvement, la vie ; mais il faut le délivrer de l'angoisse et le mener, à travers la mort, jusqu'à la joie.

44. — Toute maladie vient de ce que le Mercure a trop brûlé dans le froid ou dans le chaud, l'essence ou la chair qu'il avait attirée à lui par son désir, dans sa mère le Soufre. La terrestréité consiste en eau et en chair. La matière brute de la terre et des roches n'est qu'un Soufre calciné et une eau selon la propriété mercurienne dont le Salniter (3) a été brûlé dans l'éclatement du tourbillon mercurien : tous les sels viennent de là, ainsi que les mauvaises odeurs et les mauvais goûts.

45. — Si le Mercure qualifiait dans l'huile sulfureuse de façon à pouvoir traverser l'impression de la mort par le chaud

---

(1) Opère essentiellement, évertue ; porte à fructifier.
(2) L'attraction dure et concentrée.
(3) *Salniter*, ou *Salitter* : physiquement, le salpêtre ; spirituellement, la racine ignée de tous les sels, tant physiques qu'invisibles.

et par le froid, la terre redeviendrait un Paradis (1) et le désir de joie verdoierait à travers l'angoisse de l'impression.

46. — Lorsque Dieu maudit la terre, l'amour s'en retira, la roue mercurienne fut dépouillée du bien qu'il y avait en elle, c'est-à-dire de ce désir d'amour, qui naît de la liberté éternelle, qui se manifeste par cette roue en froid et en chaud, qui sort avec le feu et produit la lumière.

47. — Ce Mercure, maudit, reste en proie à l'angoisse du froid et du chaud, dans sa mère sulfureuse, et y produit, dans le bouillonnement salnitrique, des sels à son image, selon le mode où il vit en chaque lieu et en chaque corps ; ces sels sont les saveurs des sept propriétés.

48. — Si ce Mercure est trop allumé dans le froid, il donnera un sel froid, dur, rongeant, produisant les ténèbres, la mélancolie et la tristesse dans le feu vital ; car tel est le sel, en chaque chose, tel est l'éclat de son feu et sa qualité de vie.

49. — Si le Mercure a subi une chaleur excessive, il consume le froid, engendre une rage et un picotement selon l'impression, qui échauffent le soufre et dessèchent l'eau ; sa faim, ne trouvant plus d'aliment, engendre un sel vénéneux qui rend le corps malade.

50. — Mais s'il peut recouvrer son identité, telle qu'au commencement, dans le centre de sa mère le Soufre, lorsqu'il vint à la vie avec les deux Teintures (2) mâle et femelle, il est délivré de toute angoisse et retourne à l'harmonie du froid et du chaud. Et s'il est vrai que les jumeaux se combattent dès le ventre de leur mère, ils n'ont commencé cependant qu'après

---

(1) Le jardin où verdoient les forces célestes avant la malédiction ou après son annulation.

(2) On a dû comprendre déjà que Bœhm distingue plusieurs Teintures. Ce n'est ni l'élément pur, ni l'esprit, ni le Saint-Esprit, ni Dieu. Dans le minéral, elle est renfermée dans la quintessence du Soufre ; elle produit le métal et la fleur. Dans l'âme, elle est ignée chez l'homme et aqueuse chez la femme ; c'est le corps de l'âme, le sang du Christ, Sophia. Dans le corps humain, elle est cachée dans le sang. Chacun des trois principes a une Teinture qui a ses correspondances dans toute l'échelle des êtres. Plus une créature est venimeuse, plus la teinture qu'elle renferme est haute ; mais toutes les teintures proviennent d'une seule, qui est placée entre tous les principes et que l'on ne peut comprendre sans être régénéré.

qu'ils ont reçu la vie. A son aurore, la vie est dans sa plus haute béatitude, car les portes des trois principes lui sont ouvertes en toute égalité, mais la lutte vient tout de suite entre les lumières et les ténèbres.

51. — Cherchons ce qu'on pourrait faire au Mercure de la matière quand, allumé dans le froid ou dans le chaud, il a engendré la maladie. Il serait très utile de posséder le vrai remède, mais il demeure caché à cause de la malédiction de la terre et des péchés de l'homme qui a réveillé, par ses débordements, le poison dans son Mercure interne. Les pauvres prisonniers ont besoin cependant d'un soulagement, et puisqu'on peut atteindre le sublime Universel qui s'attaquerait au centre et reconduirait la roue de la vie dans sa première propriété, il nous faut utiliser le fruit de la fermentation mercurienne de la terre ; le corps humain est devenu terrestre, il faut lui chercher une concordance, un sel semblable à la combustion saline qui l'affecte ; selon que le Soufre y brûle dans le froid ou le chaud, dans la mélancolie ou la fièvre, s'il est calciné ou corrompu, il faut choisir un végétal ou un sel analogue ; afin que le froid ou le chaud étrangers, qu'on lui administre, ne s'effrayent pas dans le salniter, et, produisant un sel morbide, ne renforcent la maladie.

52. — Mais ce n'est pas suffisant de prendre le remède à l'état brut, où le bouillonnement terrestre nous l'offre : il pourrait alors ne pas dominer la racine du Mercure dans le Soufre, mais au contraire exciter encore plus sa combustion dans la même peine.

53. — Ce à quoi tu veux que le corps résiste, débarrasses-en le remède dont tu te sers. Une décomposition organique demande un Soufre fétide comme médicament, froid ou chaud. Le degré auquel le Mercure est allumé ou gelé, celle des sept formes dans laquelle il se trouve, celui des sept sels qui brûle indiquent le sel analogue qu'il faut choisir.

54. — La maladie est une faim qui ne veut manger que ce qui lui est semblable. La racine de sa vie est la qualité qu'elle reçut dans la joie, à sa création ; la maladie n'en est qu'une combustion exagérée qui en a détruit l'harmonie ; ainsi, la racine désire l'harmonie que la combustion lui a fait perdre ; si cette combustion est plus forte que la Nature, il faut l'apaiser en lui donnant son semblable.

55. — Mais comme Dieu nous guérit par son amour et redonna la santé à nos âmes qui brûlaient dans le Mercure empoisonné de Sa colère, ce médicament semblable doit être d'abord purifié, détourné de la roue mercurienne et soulagé du chaud et du froid sans en être séparé, ce qui ne serait pas utile. Introduit de la sorte dans sa plus haute joie, il détermine dans le corps malade, dans le Mercure du Soufre et du Sel, une propriété analogue ; la racine de la vie s'y repose, élève son désir primitif et la faim de la combustion disparaît ainsi.

56. — Le médecin doit savoir comment ramener son médicament dans l'harmonie, sans lui infuser une propriété étrangère ; cela ressemble au mode de la vie humaine ; pour qu'il revienne à son rang, il faut savoir comment il était originairement dans sa mère, car aucune chose ne peut s'élever plus haut que le centre occulte d'où elle a été générée.

57. — Si on veut cependant la faire monter davantage, il faut lui donner une qualité nouvelle, mais alors, elle perd son droit de nature en qui résidait sa béatitude, et ne peut plus rien opérer de valable (1).

58. — C'est pourquoi il n'y a rien de mieux que de laisser chaque chose dans sa vertu native, en remplaçant celle-ci comme directrice, par la transformation de sa qualité colérique en la joie correspondante ; son harmonie est alors assez puissante, sans autre immixtion. La racine vitale ne cherche pas une multiplicité, mais une ressemblance, pour pouvoir résider, vivre et brûler dans sa puissance particulière.

59. — Le Tout-Puissant a donné à toutes choses selon leur propriété une perfection fixe, car tout est bon, selon ce que dit Moïse (*Gen.*, I, 31). Mais la *turba* est venue avec la malédiction et les qualités ont chû dans le combat du Mercure ; mais en toute plante, en tout ce qui peut naître dans la fermentation des quatre éléments, est caché un fixe ; car toutes

---

(1) L'alchimiste ou le spagyriste fait donc du mal à la Nature, au lieu de la parfaire comme il le prétend, s'il ne connaît pas à fond la racine réelle des matières organiques ou inorganiques qu'il manipule. Les essences métalliques se perfectionnent lentement, selon leur loi, dans le sein de la terre ; l'homme peut hâter cette évolution, mais dans une mesure très minime, bien que l'artiste présomptueux croie le contraire.

choses sont sorties de l'élément éternel, où il n'y a ni combat, ni chaud, ni froid, mais une proportion égale de toutes les propriétés, dans un concert d'amour paradisiaque : tel était le verdoiement en ce monde avant que la terre fût maudite.

60. — Les créatures renferment encore ce paradis ; il peut être ouvert par l'intelligence et par l'art, et la vertu primitive peut vaincre le mal ultérieur. Si les hommes ne voulaient pas conserver en propre la puissance, la miséricorde de Dieu descendrait en nous et ouvrirait à nouveau le concept du Paradis.

61. — Dieu nous a donné le pouvoir de devenir ses enfants et de gouverner le monde ; pourquoi ne surmonterions-nous pas la malédiction de la terre ? personne ne doit tenir cela pour impossible ; il suffit d'une compréhension divine, qui fleurira au temps des lis et non à celui de Babel, pour qui nous n'écrivons d'ailleurs pas.

CHAPITRE XIV

DE LA ROUE DU SOUFRE, DU MERCURE ET DU SEL, DE LA GÉNÉ-
RATION DU BIEN ET DU MAL ; COMMENT ILS SE CHANGENT L'UN
EN L'AUTRE ET SE MANIFESTENT L'UN PAR L'AUTRE, TOUT EN
RESTANT DANS LA PREMIÈRE CRÉATION DU MIRACLE DE DIEU,
POUR SA MANIFESTATION ET SA GLOIRE.

SOMMAIRE. — Explication détaillée de la genèse des sept formes dans la Nature éternelle et dans les Natures temporelles. — Le minéral. — Les faims de chacune des sept propriétés. — L'élément un. — Le dégoût. — Sa guérison.

1. — Chacun dit : montre-nous le bon chemin. Chère raison, tu dois devenir toi-même le chemin, l'intelligence doit naître en toi, je ne peux rien faire de plus ; il faut que tu cherches pour que l'entendement te soit ouvert ; je décris, selon l'esprit de la contemplation, la genèse du bien et du mal, et j'ouvre la source ; c'est à celui que Dieu a prédestiné à faire jaillir l'eau ; je ne puis que montrer comment tourne la roue de la vie.

2. — En traitant du Soufre, du Mercure et du Sel, je n'entends parler que d'une seule chose, spirituelle ou corporelle ; toutes les créatures sont cette chose unique (1); mais les propriétés la différencient ; quand je parle d'un homme, d'un animal, d'une plante, ou d'un être quelconque, tout cela est la même chose unique.

3. — Tout ce qui est corporel est une même essence, plantes, arbres et animaux ; mais chacun diffère selon qu'au

(1) Cf. Table d'Emeraude, spécialement dans l'*Amphitheatrum* de Khunrath.

commencement le Verbe *fiat* y a imprimé une qualité. Tout se reproduit semblablement, selon sa semence, et il n'y a rien qui n'ait un fixe en soi, occulte ou manifeste, car tout doit rendre témoignage à la gloire de Dieu.

3. — Ce qui est provenu du fixe éternel, comme les âmes des anges et des hommes, reste immuable. Ce qui est provenu du mouvement temporel retourne à la mutabilité d'où il a pris naissance, et en est un moulage comme le reflet inanimé dans un miroir. Ce qui vient de l'éternité, a été amené par le Très-Haut dans la vie naturelle concevable pour que nous puissions contempler les merveilles de la Sagesse dans l'essence créaturelle.

5. — Considérons la mère unique ; elle produit la multiplicité innombrable ; elle engendre dans la vie et dans la mort, dans le bien et dans le mal ; toutes choses doivent revenir à leur principe, au lieu d'où elles sont parties : le mystère de ce retour est la mort.

6. — Aucune chose ne peut revenir à sa place primitive, telle que sa mère l'a engendrée dans sa racine, sans qu'elle meure dans cette mère ; elle est alors, de nouveau, dans le Verbe prononçant *fiat*, comme avant qu'elle ne soit corporelle.

7. — Telle est l'origine des choses ; on ne peut pas dire que ce monde est provenu de quelque chose ; il est une convoitise venue de la liberté où se mirent l'abîme, le bien suprême, la volonté éternelle ; cette dernière a saisi cette convoitise, l'a imprimée, figurée et corporisée, en corps et esprit, selon telle ou telle forme ; par ainsi, les possibilités sont devenues une Nature.

8. — Cette impression est l'unique mère de la manifestation du Mystère : on l'appelle Nature ou essence (1), car elle réalise ce qui existe dans la volonté éternelle de toute éternité. Dans l'éternité, se trouve une nature, une âme de volition, mais seulement comme un esprit, et ses potentialités

---

(1) Nous traduisons par être, ou essence, ce que Bœhm appelle *Wesen* ou *Ens*. Chaque plan de l'omnivers est pour lui une nature, et il en compte de plus, une, avant toute création : la Nature éternelle. De sorte que, plus une créature est loin du centre, proche de la matière, plus elle est compliquée, plus elle contient de natures.

restent dans le miroir de la volonté ou Sagesse éternelle (1). Là, toutes choses de ce monde sont distinguées en deux centres, l'un de feu et de lumière, l'autre de ténèbres et d'essences ; le mouvement de la volonté éternelle en tout ceci est entré par le désir, en un mystère manifeste, et s'est introduit en une possibilité visible.

9. — Telle est l'essence prononcée, telle qu'elle sort de l'éternité, pour entrer dans le temps ; elle consiste dans les trois formes du Soufre, du Mercure et du Sel ; elles ne sont point séparées ; c'est une essence unique, qui prend figure dans les propriétés du désir, selon le potentiel de la manifestation. Il faut comprendre qu'une propriété ne peut exister sans l'autre, elles ne sont toutes ensemble qu'une seule possibilité. Nous allons traiter maintenant de leur différenciation, en bien ou en mal, en paix ou en lutte.

10. — Nous trouvons sept propriétés principales dans la Nature, qui opère tout par leur moyen ; ce sont 1° la convoitise âpre, froide, dure et sombre ; 2° l'amertume, aiguillon de l'âpreté, attract en soi, cause du mouvement et de la vie ; 3° l'angoisse, fureur de l'impression, produite par la dureté attaquée par l'aiguillon ; 4° le feu, où la volonté éternelle devient un éclair chatoyant dans cette angoisse et augmente la fringale des ténèbres qui en consumant la dureté donne un esprit corporel foisonnant (2) ; 5° la volonté libre sort des ténèbres du feu, et de sa demeure en soi ; elle rayonne comme la lumière d'une flamme et son puissant désir, aiguisé au feu, consumé dans l'obscurité de la première forme, se produit maintenant dans la lumière, hors de l'agonie ignée : selon sa faim, c'est de l'eau ; selon son éclat, c'est la teinture du feu et de la lumière, le désir d'amour, la beauté, d'où naissent toutes les couleurs, comme nous l'avons expliqué dans le livre de la *Triple vie de l'homme* ; 6° la voix, ou le son qui, dans sa première forme, n'est qu'un choc de la dureté, au feu de laquelle il est mort pour renaître dans la 5° forme selon

---

(1) Cf. sur la Sagesse unie au Verbe, le livre de Salomon d'abord, ceux de Suso et de Khunrath ; à rapprocher de la *Sakti* brahmanique. Bœhm appelle *Sophia* l'émanation individualisée de cette Sagesse dans l'âme humaine.

(2) Au sens chimique du mot.

la lumière de la Teinture; en lui naissent les cinq sens; 7° La menstrue ou semence de toutes ces formes, que le désir imprime en un corps conceptible, qui contient tout; ce que les six formes sont spirituellement, la septième l'est essentiellement.

11. — Telles sont les sept propriétés de la mère universelle d'où est né tout ce qui existe en ce monde. Le Très-Haut leur a donné la forme d'une roue; elles sont comme l'âme de cette mère par qui elle crée sans cesse. Les étoiles et les planètes sont disposées sur le modèle de la constellation éternelle, qui est un esprit ou l'âme de la Sagesse divine, ou la Nature éternelle, de qui les forces de l'éternité sont devenues des créatures.

12. — De plus, le Très-Haut a donné à cette roue quatre chefs qui dirigent la génération de la mère; ce sont les quatre éléments, à qui la constellation infuse un désir, de sorte que cet être tout entier ne constitue qu'une seule chose, organisée comme l'âme de l'homme. De même que l'âme et le corps ne font qu'un individu, tout ceci n'est qu'un seul être, image de l'éternité selon son âme, et image du temps selon sa forme extérieure; et les deux images obéissent à la volonté éternelle.

13. — Considérons avec soin cette roue sulfureuse de tous les êtres dont les qualités entrent dans le bien et dans le mal et en ressortent.

14. — La première forme, l'impression, qui s'appelle aussi le *fiat*, saisit le désir dans les sept formes, de sorte que du néant sort une essence analogue à la propriété. Sa qualité première propre, en tant que convoitise, est sombre et produit un choc, cause du son qui se durcit encore dans la quatrième forme; sa grossièreté y meurt, pour être ressaisie dans la cinquième forme, d'où elle sort comme sixième, hors du feu et de l'eau.

15. — Ce son s'appelle Mercure dans la première forme à cause de l'attract en soi qui produit le mouvement et l'aiguillon; celui-ci est la deuxième forme, fils de la première et résidant en elle.

16. — Cette seconde forme est le délire et la douleur de l'amertume qui conglomère la convoitise en une essence; dans cette essence, l'attraction est comme un aiguillon que la dureté ne peut souffrir; elle s'exalte à vouloir contenir cet ai-

guillon qui n'en devient que plus piquant ; de là naît la première inimitié ; ces deux formes qui n'en sont qu'une luttent l'une contre l'autre et sans cela il n'y aurait ni essence, ni corps, ni esprit, ni manifestation de l'abîme.

17. — Comme l'amertume ne peut pas dominer et comme l'âpreté ne peut pas la réfréner, elles se transpercent mutuellement comme une roue tourbillonnante, en une essence affreuse, tout en conservant chacune leur propriété : ainsi est produite la troisième forme, la grande angoisse, de laquelle la volonté primitive demande à sortir pour retourner dans le repos éternel, dans la liberté, dans le rien. Ici, elle s'est manifestée elle-même et elle ne peut ni fléchir, ni s'enfuir.

18. — Cette angoisse est la mère du Soufre, car l'aiguillon la tourmente et l'âpreté l'imprime. C'est une agonie et c'est cependant la mère de l'existence. Elle possède deux propriétés ; selon l'impression, elle est sombre et dure et selon le désir qui tend vers la liberté, elle est spirituelle et lumineuse ; l'aiguillon brise l'essence que la dureté forme en elle, c'est pourquoi elle est cassante et bigarrée comme un éclair.

19. — L'être de ces trois formes est un esprit furieux, la convoitise les imprime et en fait des essences. Selon la première, le grand mouvement initial est devenu la terre ; selon la seconde l'essence est une passion qui rend la matière amère ; et selon la troisième, c'est un esprit sulfureux, qui n'est pas encore un être et qui est cependant le père de tous les êtres.

20. — La quatrième forme naît d'une part de l'impression ténébreuse et de l'aiguillon de l'angoisse : c'est le jeu sombre et le tourment du grand froid. Elle naît d'autre part, de la volonté vers la Nature, qui sort de ce froid et retourne en elle-même vers la liberté ; son acuité allume le désir libre éternel, qu'elle a reçu dans l'impression ; c'est pourquoi elle est une apparence mouvante et mobile.

21. — La liberté n'est ni sombre ni lumineuse ; le mouvement la rend lumineuse, car son désir se concentre pour se manifester dans la splendeur. Cela ne peut se produire que par l'action des ténèbres qui font que la lumière se manifeste et que l'âme éternelle se trouve elle-même ; une volonté n'est qu'une essence, qui reçoit une forme par la multiplicité, jusqu'à l'infini ; notre écrit n'est que le balbutiement de ces grandes merveilles.

22. — La liberté gît dans les ténèbres, s'oppose à leur convoitise et les saisit avec le concours de la volonté éternelle ; à leur tour les ténèbres veulent saisir la lumière libre mais elles ne peuvent y arriver, car celle-ci s'enferme en elle-même et devient peu à peu une ténèbre ; de la réaction réciproque de ces deux tendances naît, dans l'impression, l'éclair ou principe du feu ; l'angoisse emprisonne la liberté apparue dans l'impression comme un éclair. Mais comme cette liberté est insaisissable, qu'elle est antérieure et extérieure à l'impression, et qu'elle n'a pas de base, son adversaire ne peut la retenir, se rend à elle et laisse engloutir en elle son essence obscure : par ce mouvement, la liberté règne sur les ténèbres sans être comprise par elles.

23. — Le feu est consumant ; son acuité vient de l'impression sévère, froide et amère dans l'angoisse : sa propriété combustive vient de la liberté qui fait de quelque chose un rien. Il faut comprendre que la liberté ne tend pas vers le néant, car son désir se dirige vers la Nature pour s'y manifester en puissance et en essence. Elle s'approprie les qualités de l'impression froide, par l'acuité, puis elle brûle dans le feu l'essence ténébreuse et sort du feu et de l'angoisse sous forme de lumière avec les propriétés spirituelles : comme nous voyons physiquement que la lumière sort du feu sans en avoir le tourment. La lumière manifeste les propriétés des ténèbres en elle-même ; elle reste lumineuse et les ténèbres demeurent dans leur obscurité.

24. — La liberté, qui est Dieu, est la cause de la lumière et l'impression est la cause des ténèbres et de la douleur. Ces deux principes sont éternels, et ils habitent chacun en soi-même.

25. — C'est ainsi qu'ils s'ouvrent et se manifestent en sept propriétés. Il n'y a pas de commencement dans l'éternité, mais cet engendrement est perpétuel ; il s'opère par son propre désir, jusqu'à ce monde visible qui est une image temporelle de l'esprit éternel.

26. — Quant au feu, il est le principe de toute vie ; il donne l'essence aux ténèbres ; sans lui, elles ne contiendraient pas d'inimitié, ni d'esprit, mais seulement de la dureté et un aiguillon aigu, rude et amer, comme on le voit dans la nuit éternelle. Aussi loin que peut atteindre le feu brûlant, la propriété obscure exalte son essence, comme une folie affreuse :

on peut reconnaître ici ce que sont la sagesse et l'insanité. Le feu produit aussi la lumière, comme désir de la liberté.

27. — Cette liberté, en tant qu'elle est un rien, ne possède pas d'essence ; c'est l'impression sévère qui produit l'essence ; l'esprit de la volonté libre s'empare de cette essence, se manifeste en soi par la convoitise et traverse le feu, tandis que la grossièreté y meurt.

28. — Quand l'éclair ignée atteint l'essence obscure, il se produit un grand craquement où le feu froid meurt et s'enfonce. Ceci a lieu au moment où le feu s'allume dans l'angoisse ; d'une part, l'essence s'enfonce dans la mort où le feu froid agonise, de là viennent l'eau et la terre ; d'autre part, cette essence se dirige vers la liberté, et élève l'éclat du royaume de la joie.

29. — Quand l'éclair se produit entre la liberté et le feu froid, ils forment une croix et circonscrivent toutes les propriétés, en exhalant l'esprit dans l'essence (cela est figuré par le signe astronomique de la terre). Si tu es intelligent, tu ne demanderas plus ce que sont l'éternité et le temps, l'amour et la colère, le ciel et l'enfer. Le demi-cercle inférieur est le premier principe, la Nature éternelle dans la colère, le royaume des ténèbres. Le demi-cercle supérieur avec la croix est le salniter. La croix est le royaume de la gloire manifesté par la splendeur de la liberté sortant du feu ; l'esprit aqueux, qui s'élève avec elle, est la corporéité du libre désir en laquelle l'éclat combiné du feu et de la lumière forme une teinture, un verdoiement, une croissance et une manifestation des couleurs.

30. — Cette séparation de l'essence vivante et de l'essence morte est la cinquième forme, l'Amour. Son principe est la liberté qui s'élève comme une flamme dans l'exaltation du royaume de la joie ; elle imprime, aux propriétés qu'elle a reçues de la volonté éternelle, en traversant le jeu, son désir d'amour : ainsi la joie sort de l'angoisse.

31. — Sans l'angoisse on ne pourrait pas savoir ce qu'est la joie ; dans cette forme, les propriétés se partagent en cinq : l'eau de l'Amour s'imprègne de la teinture : c'est la vue. L'aiguillon qui transperce la dureté produit l'ouïe qui devient un son que saisit la teinture dans le rien paisible et libre. L'acuité de la fureur produit le tact qui fait que les propriétés se perçoivent l'une l'autre ; la réaction mutuelle des propriétés, par

quoi elles se modifient, donne le goût, et l'esprit qu'elles dégagent en sortant l'une vers l'autre donne l'odorat.

32. — Ces cinq qualités comprises dans la cinquième forme constituent la sixième, le son en qui elles se trouvent toutes enveloppées par l'esprit aqueux du désir igné de lumière. Ce désir se forme à lui-même une essence dans laquelle il opère et qui est la septième forme, habitacle des six autres, de qui est provenu le régime de ce monde visible, à l'image de la génération éternelle.

33. — Tout ceci n'est pas la divinité, mais sa manifestation, qui se reconnaît dans le ternaire. La divinité est l'abîme libre, sans fond, hors de toute nature ; mais elle se manifeste elle-même en un fond par le miracle de sa Sagesse.

34. — Le Père se manifeste par le feu, le Fils par la lumière du feu, et le Saint-Esprit par la vie et le mouvement sortant du feu, comme une flamme d'amour : nous ne disons ceci que d'une façon symbolique et créaturelle.

35. — La divinité est universellement tout en tout, mais seulement selon la lumière de l'amour ; selon l'esprit de la joie elle s'appelle Dieu ; selon l'impression ténébreuse, elle s'appelle la Colère divine et selon l'esprit éternel igné, elle s'appelle un feu consumant. Tout ceci s'entend de l'Être des êtres, dont le principe est un, mais dont la manifestation est multiple pour sa plus grande gloire. Nous voulons vous montrer ce qu'est la vie créaturelle selon cette essence universelle.

36. — Le Soufre, le Mercure et le Sel sont esprit dans l'éternité ; lorsque Dieu a ému la Nature éternelle, Il a extrait de l'essence spirituelle une essence manifeste, et mis dans la création les propriétés éternelles. Je ne veux parler que du royaume extérieur ou troisième principe ; dans ce monde, la lumière et les ténèbres sont mélangées ; Dieu a commis le Soleil comme dieu des forces extérieures, mais c'est lui qui le gouverne ; l'externe est Son ouvrage qu'il régit par l'harmonie, comme le maître fait son travail au moyen de ses outils.

37. — En ce monde, le Soufre représente le mystère de la manifestation divine, de la première mère, car il procède des ténèbres, du feu et de la lumière ; il est, d'une part, amer, selon l'impression ; et de l'autre, comme image de la Divinité, feu, lumière et eau ; il se sépare dans le feu en deux formes : en

eau, selon l'agonie, et selon la vie, en huile, qui est la véritable vie des créatures physiques.

38. — Mercure est la roue du mouvement dans le Soufre ; selon l'impression, il est le grand agitateur, le harcèlement ; le feu sulfureux de sa mère le divise en une eau double : un régime de joie lumineuse qui, se combinant avec le soufre, produit l'argent dans la septième forme de la Nature ; — dans le feu, cette eau devient le mercure métallique ; dans l'âpreté, c'est une suie ou une fumée. C'est pour cela que si on met sur le feu la matière extérieure aqueuse du mercure, il s'enfuit comme une fumée, car le feu restitue chaque chose dans la première essence d'où elle est venue, où tout était un seul esprit ; d'autre part, le feu résout pour chaque propriété le Mercure en l'eau de l'impression ténébreuse, en un tourment empoisonné ; ce n'est pas une eau à vrai dire, mais une essence corporelle de l'esprit ; telle est la qualité spirituelle, telle en est l'eau après l'éclair igné.

39. — Dans l'éclatement du Salniter, naissent beaucoup de sels ; le mouvement de l'Être des êtres a corporisé les qualités de l'esprit, les a rendues visibles, conceptibles.

40. — Cet éclatement a lieu quand le feu s'allume ; il s'imprime aussi lorsque le feu meurt, à la naissance de l'eau ; cette eau contient beaucoup de feu, mais son essence morte est de même qualité que l'éclatement ; elle circonscrit toutes les qualités et reçoit aussi bien celles de la lumière que celles des ténèbres, les rend toutes ignées, selon le froid ou selon le chaud, mais surtout selon le Mercure indéfini qui est la vie universelle, dans le bien et dans le mal.

41. — Le salniter est le principe de tous les sels qu'on trouve dans les plantes, les arbres et les créatures, partout où se trouvent l'odeur et la saveur : il y est la racine première. Dans les choses bonnes que fait croître l'amour dans l'huile du Soufre, il est bon, aimable et puissant ; dans les choses mauvaises par l'angoisse sulfureuse, il est mauvais ; dans les ténèbres, il est l'effroi perpétuel, qui cherche à s'enfuir hors du feu ; de ceci viennent la volonté diabolique et l'orgueil qui seul échappe à l'humble désir d'amour. Le feu est son épreuve, comme on le voit dans l'éclair où il se consume avec la rapidité de la pensée ; car son essence ne vient pas de l'éternel, mais de la combustion du feu temporel ; il est perceptible dans

l'esprit éternel à cause de l'exaltation du règne de la joie ; dans l'agonie, on le trouve dans le feu puisqu'il naît de la première convoitise, de la première impression ; c'est le Saturne des sages ; c'est pourquoi il a une grande quantité de sels.

42. — Toute saveur est saline ; les bonnes saveurs naissent d'un sel huileux de même que les bonnes odeurs qui en sont l'exhalaison où la Teinture (1) apparaît comme couleur.

43. — L'éclatement du salniter est la division des propriétés en mort et en vie : la vie prend une essence par l'Amour, et quand l'éclatement agonise par la congélation, son évanouissement donne la densité ; sa subtilité donne l'eau, sa grossièreté donne la terre, le Soufre et le Mercure y produisent le sable et les pierres, la subtilité de ce soufre et de ce Mercure donne la chair, et l'angoisse ténébreuse dépose une suie ; la qualité huileuse selon l'Amour produit une essence douée dont l'esprit est le parfum agréable ; la réaction du feu et de l'eau produit l'élément, et l'éclat de la lumière en fait la noble teinture, qui dans tous les sels huileux donne le bon goût et la bonne odeur.

44. — L'éclatement salnitrique est, dans l'essence, le bouillonnement d'où résulte la croissance ; son impression, ou le sel, est la conglomération qui corporifie les essences, ce qui retient ensemble le Soufre et le Mercure.

45. — Ces trois sont en toute chose ; le salniter divise en quatre l'élément un qui n'est, en lui-même, qu'un mouvement plein de vie dans les corps. De même que l'esprit éternel de Dieu le Père sort du feu et de la lumière comme mouvement vital de l'éternité, l'esprit aérien sort de l'éclat salnitrique de l'angoisse sulfureuse vers la roue mercurienne, qui fait révoluer toutes formes ; c'est le fils et la vie de ces qualités ; leur feu lui donne la vie et la lui reprend ; l'eau est son corps par lequel il produit le bouillonnement, et la terre est sa force en qui il s'allume.

46. — Cette combustion de l'élément un dans le Salniter produit quatre parties : le feu consumant ténébreux, et le froid qui vient de la mort lors de l'éclatement ; l'obscurité se partage en outre dans sa subtilité en eau, dans sa grossièreté en terre,

---

(1) Physique : tout ceci jusqu'au § 46 a trait à la constitution du minéral.

dans sa mobilité en air ; ce dernier est le plus semblable à l'élément un, bien que celui-ci ne soit ni froid ni chaud, ni impulsif, mais bouillonnant.

Du désir des propriétés.

47. — La propriété est une faim qui se saisit elle-même et forme une essence semblable à elle-même et produit dans les quatre éléments un esprit analogue par le bouillonnement salnitrique. L'élément un est le principe du bouillonnement, c'est le Salniter qui le divise en quatre.

48. — Tout corps, par sa vie intérieure, réside dans l'élément et par sa croissance dans les quatre ; mais les esprits élevés, les anges et les âmes des hommes vivent seuls par l'élément un, parce qu'ils viennent du premier principe. Dans le troisième principe, il conduit secrètement, comme la main de Dieu, les quatre éléments au moyen desquels il opère et édifie.

49. — Chaque propriété cherche dans les quatre un aliment convenable à sa faim, chaque esprit se nourrit de son corps et les quatre sont le corps des propriétés. Elles s'alimentent d'abord de l'impression ténébreuse et amère, puis de l'impression lumineuse, du mal et du bien.

50. — La faim ténébreuse recherche les choses terrestres ; la faim amère tire des éléments les poisons piquants ; la faim de l'angoisse recherche l'angoisse dans le Soufre, la mélancolie, la tristesse, le désir de la mort ; le feu prend la colère, l'orgueil, la domination, la dévastation ; l'amertume va vers l'envie et la haine ; l'âpreté vers l'avarice et le feu vers la fureur.

51. — Telle est la véritable appétence des diables et de tout ce qui est contre Dieu et contre l'amour ; cela peut se voir dans les créatures et dans les plantes.

52. — L'éclair igné du premier désir est la finalité de la nature ténébreuse ; il se dirige vers le feu qui consume la grossièreté de la première forme et la jette dans la mort ; là, elle se sépare en deux volontés : l'une est obscure et retourne dans la mort, c'est ce que les diables firent lorsque, voulant dominer dans l'éclair du bouillonnement salnitrique sur le temps

et sur l'éternité, l'esprit de Dieu les repoussa et les rejeta hors de l'Amour ; c'est ce qui arrive aux hommes impies.

53. — Tel est le but de l'élection de la grâce, dont l'Ecriture dit que Dieu reconnaît les siens : le désir de la liberté saisit l'esprit volitif, qui est né dans le centre ténébreux et le reconduit par la mort du feu, dans l'élément un.

54. — Dans l'éclat du Salniter, si la volonté retourne en arrière, elle devient terrestre dans ce monde et tombe dans la colère divine, dans le monde éternel ; elle ne pourra voir Dieu que si, se convertissant, elle meurt entièrement par le feu à son moi, et rentré par l'abandon dans l'élément un ou corporéité céleste, dont elle se nourrira : elle n'aura plus d'autre désir, puisqu'elle sera morte à la faim mauvaise ténébreuse.

55. — La lumière naît de cette mort ignée parce que la liberté s'y allume et s'affame de l'Amour. Extérieurement c'est la lumière du Soleil selon les éléments ; c'est l'amour animal selon l'essence sulfureuse, de qui viennent la reproduction et la vie végétative ; l'action du Mercure dans le Salniter produit la vie sensorielle à qui les étoiles donnent l'entendement selon les propriétés du Salniter.

56. — La constellation tout entière est un Salniter du *fiat* saisi dans le mouvement de l'essence de toutes les essences, au moment de l'éclair igné, sous la propriété saline ; toutes les forces élémentaires s'y trouvent ; elle s'infuse dans les quatre éléments comme d'un sel salnitrique, et fait passer son désir par leur intermédiaire dans les corps, comme on peut le remarquer en observant le règne végétal.

57. — Le second centre, la lumière qui sort de l'agonie du feu, fait passer la liberté abyssale dans la base de la Nature, aussi bien pour le royaume intérieur de l'éternité que pour le royaume extérieur du temps.

58. — Ce centre, qui possède aussi les propriétés du désir, naît du premier principe ; il n'est pas proprement la mort ignée ; c'est l'essence ténébreuse qui meurt, l'esprit en sort dans la lumière avec la volonté éternelle, par une transmutation qui excite une appétence vers la liberté, un désir d'Amour.

59. — Dans l'âme de l'homme, ce centre attire l'élément divin ou Salniter céleste et avec lui les sels ou puissances divines. Dans le monde extérieur, il engendre l'huile du Soufre

qui alimente la flamme de la vie minérale ou végétale.

60. — Le soleil accomplit la transmutation extérieure et le soleil divin l'intérieure, selon le rang de chaque chose sa faim s'empare de telle ou telle propriété temporelle ou éternelle.

61. — La faim éternelle se nourrit de l'éternité, la faim temporelle se nourrit du temps ; la vie véritable des créatures se nourrit du Mercure spirituel ou sixième forme, où sont en essence tous les sels ; l'esprit se nourrit des cinq sens qui en sont le corps ; la vie végétative se nourrit du Soufre et du Sel ; car le Christ dit : « L'homme ne se nourrit pas seulement de pain, mais de toute parole qui sort de la bouche de Dieu. »

62. — La sixième forme est le verbe spirituel prononcé ; elle contient le verbe spirituel prononçant ; dans l'impression ténébreuse, c'est le verbe de la colère divine ; dans le monde extérieur, c'est le Mercure empoisonné, cause de la vie et de la sonorité ; l'esprit du Mercure et l'esprit du Soufre ne sont pas deux choses distinctes, mais deux propriétés.

63. — Ce qui naît d'un seul principe n'a qu'un régime, mais deux tendances : vers le bien et vers le mal. Ce qui sort de deux principes, comme l'homme, a deux appétits et deux régimes, l'un du centre extérieur, l'autre du centre ténébreux ; mais si l'homme meurt à lui-même et tend vers le royaume de Dieu, son âme pourra se nourrir du Mercure divin (les cinq sens de Dieu et l'élément un). Cependant, l'homme extérieur dans ce monde ne pourra le faire que par l'imagination ; le corps intérieur pénétrera le corps extérieur, comme lorsque le soleil éclaire l'eau, celle-ci reste toujours elle-même.

64. — Car avant la chute, l'élément un pénétrait les quatre autres et dominait dans l'homme ; mais la malédiction le sépara dans l'âme.

65. — Et cette dernière est enfermée dans les quatre éléments jusqu'à ce qu'elle meure à la volonté terrestre pour reverdir dans l'un.

66. — Le corps extérieur est dans la malédiction, et se nourrit du Salniter terrestre, par les propriétés terrestres maudites ; les appétits terrestres luttent les uns contre les autres, car la malédiction est un dégoût dans tous les sels ; cette lutte se répercute dans le corps, comme un bouillonnement, et pour en être délivré, il faut qu'il passe par la mort du feu.

67. — Le procès est le même que pour la cure de la vie vé-

ritable. Ce dégoût provient d'une opposition entre le Sel et l'huile vitale ; il s'allume dans les éléments et s'exalte dans le Salniter comme une vie étrangère.

68. — Celle-ci obscurcit et brise la véritable vie, si l'on n'y porte remède, et il n'y en a point d'autre, que de donner à ce dégoût un aliment analogue.

69. — Il doit être mené dans la mort élémentaire et son esprit doit être teint dans la cinquième forme, par le désir de Vénus, pour que le Mercure spirituel s'élève dans la propriété de Jupiter. Il faut qu'il passe par la putréfaction élémentaire : le feu le fait mourir à la terrestréité, la fermentation aqueuse le débarrasse de la terrestréité aqueuse, de même pour l'air ; il passe ensuite à Vénus et de là à Jupiter, et enfin se lève le soleil du désir d'amour.

70. — Toutes les autres cures sont mauvaises ; si on oppose la chaleur au froid, ou le froid à la chaleur, cela produit un éclatement igné, le feu cesse son action, l'être tombe dans la mort et la racine du dégoût devient un Mercure venimeux ; si on tempère le chaud ou le froid par Vénus et Jupiter, le dégoût s'apaise dans le bouillonnement salnitrique, mais sa racine persiste jusqu'à ce que la vie soit devenue forte. Le médecin remarquera facilement que les plantes grossières n'attaquent pas cette racine qui demeure comme un mal caché, tandis que l'amélioration ne se fait sentir que dans les quatre éléments.

71. — La même chose se produit pour les astres dans le corps élémentaire desquels le bouillonnement a lieu ; s'ils sont délivrés de ce dégoût, leur désir va vers le bien, et leur corps se guérit en étant libéré de la vanité (*Rom.*, VIII, 19 à 22). Telle est la malédiction de la terre où la constellation jette sa convoitise vaniteuse ; si elle peut savourer une vie pure, elle s'en réjouit et rejette le dégoût.

72. — Dans l'huile vitale, le dégoût provient du Mercure et du Soufre intérieur ; le Mercure venimeux, en se dirigeant vers l'égoïté, lors de l'éclair igné, à la naissance du salniter, produit le péché et la vie venimeuse.

73. — Pour être sans tache, toute vie doit passer au moyen de son esprit volitif par la mort ignée de la première impression et s'y abandonner jusqu'à la lumière de l'amour ; qu'elle soit céleste ou terrestre, la méthode est la même, si elle veut arriver à sa plus haute perfection.

74. — Pour l'homme, il faut que le centre de l'Amour rentre en lui et que la vie propre ou égoïsme en sorte ; pour les éléments, il faut aussi qu'ils passent par la mort ignée, cela se passe ainsi dans le bouillonnement salnitrique terrestre pour les métaux et les plantes bonnes. Toute propriété désire son semblable et elle ne le trouve que dans l'Amour, de même la liberté éternelle est introduite par le feu, dans la nature éternelle, en puissance et en majesté.

75. — Tout suit la même loi, car tout est venu d'une seule essence mystérieuse qui est la manifestation de l'abîme en une base.

76. — Si la créature reste à son rang, elle ne récolte pas le dégoût, qu'elle soit végétante ou vivante, car chaque forme se nourrit de sa qualité et elle n'en souffre pas.

77. — Mais si la volonté entre dans une propriété étrangère, elle devient désireuse, le désir produit une faim, et la faim absorbe l'essence étrangère, et comme cela est contre le cours de la nature, le dégoût et la turba naissent, l'essence étrangère et la volonté luttent l'une contre l'autre.

78. — La Colère se lève, les propriétés rentrent dans leur centre de la première impression pour y chercher la force du feu : de là résultent le chaud et le froid dans les corps ; la première mère est réveillée par cette lutte dans sa méchanceté la plus furieuse, le combat se poursuit et celle des propriétés qui est vaincue se consume dans la mort.

CHAPITRE XV

DE LA VOLONTÉ DU GRAND MYSTÈRE SELON LE BIEN ET SELON LE MAL, D'OU VIENNENT LA BONNE ET LA MAUVAISE VOLONTÉ ET COMMENT ELLES INFLUENT L'UNE SUR L'AUTRE.

SOMMAIRE. — De la double volonté agissant dans l'homme. — La régénération. — Le faux christianisme et le vrai. — L'esprit et la lettre. — De la valeur réelle de l'homme. — Son rôle ici-bas. — Le jugement. — La réintégration universelle.

1. — Toute propriété vient du Grand Mystère qui est le désir vers la Nature; elle en sort comme l'air s'exhale du feu; le rayonnement d'une volonté est inconsistant, car il ne possède pas de qualité; le premier principe demeure en soi, et sort sous forme de volonté.

2. — Dans cette voie de l'éternité, il n'y a pas de rupture, car toute chose y demeure en elle-même; quand la forme du Grand Mystère se manifeste, elle se perpétue avec sa racine dans l'éternité.

3. — Mais dès qu'elle s'introduit vers un autre désir, ces deux propriétés produisent la lutte; dans l'éternité il n'y a que l'élément un et le libre désir dont le frémissement est l'esprit de Dieu.

4. — Mais quand le Grand Mystère se meut et que le désir convoite l'essence, le combat commence; les quatre éléments naissent avec leurs multiples convoitises pour régir un seul corps : d'où le chaud et le froid, le feu et l'eau, l'air et la terre qui sont la mort l'un de l'autre.

5. — La créature soumise à ce régime n'y trouve qu'une agonie perpétuelle, à moins qu'elle ne reprenne une volonté unique; mais alors la multiplicité des volontés doit dispa-

raître et la convoitise doit mourir, d'où sont venus les éléments, pour que la volonté redevienne ce qu'elle était dans l'éternité.

6. — Reconnaissons que nous sommes nous-mêmes sous le régime des quatre éléments dans la lutte, dans la contrariété, dans le dégoût, dans le désir de la mort, étant à nous-mêmes nos propres ennemis. Si la volonté, que Dieu a insufflée par son esprit à Son image, hors de l'éternel mystère, veut reparaître, il faut qu'elle meure aux quatre éléments pour retourner dans celui dont elle est sortie ; il faut qu'elle accepte l'héritage éternel en vue de quoi elle a été créée ; tout ce qui vit dans la volonté de Dieu ne vient pas de la convoitise propre, ou y est mort, s'il en est provenu.

7. — Toute volonté qui rentre dans son moi et qui cherche la base de sa vie, s'arrache du grand mystère et l'attaque ; l'enfant est méchant puisqu'il désobéit à sa mère, mais s'il change et exécute les désirs de celle-ci, rien ne pourra le faire tomber dans la *turba*, et il rentrera dans l'essence d'où il est sorti.

8. — Comprends, ô homme, ce que tu as à faire, contemple en toi-même ce que tu es, si tu accomplis la volonté de ta mère ; sinon, tu es un enfant indocile qui s'est fait lui-même son propre ennemi ; tu ne peux plus habiter qu'en toi ; ce qui te rend malade, c'est toi-même, car tu te suicides.

9. — Il faut abandonner ta propre convoitise, devenir pour elle comme un néant, porter tous tes désirs dans l'Eternel et dans la volonté de Dieu par l'abandon ; hors de cela, tout n'est que vanité, peine et agonie perpétuelles.

10. — Le choix de la grâce est fondé sur la volonté humaine ; si elle veut bien mourir à elle-même, sa première mère l'élit, l'adopte et l'unit à la volonté divine ; mais qui demeure dans le moi, demeure dans le péché, puisqu'il est ennemi de Dieu.

11. — Il ne peut rien accomplir de bon au dehors, puisque, au dedans, il ne réalise que la mort ; de là vient aussi le mensonge puisque la créature renie l'unité divine et se met à sa place ; si elle reconnaissait l'essence universelle comme sa mère, si elle ne se l'appropriait pas, elle ne produirait pas l'avarice, la jalousie, ni la haine.

12. — Tous les péchés viennent du moi ; il veut attirer tout

à lui et se fait l'ennemi de toute essence étrangère ; de sorte que le péché lutte contre le péché, le dégoût contre le dégoût, en abomination devant la Mère éternelle.

13. — La volonté régénérée, qui sort d'elle-même pour entrer dans l'abandon, est ennemie du moi, comme la santé est ennemie de la maladie ; elles se font une guerre sans trêve.

14. — Le moi ne cherche que ce qui peut lui servir ; l'abandon ne désire que la Mère éternelle. Le premier lui dit : « Tu es folle de t'abandonner à la mort, tu vivrais magnifiquement en moi. » Et le second lui répond : « Tu es mon dégoût et mon tourment, tu ne peux que me conduire hors de l'éternité, dans la misère, pour donner mon corps à la terre et mon âme à l'enfer. »

15. — Le véritable abandon est la mort du dégoût de Dieu ; celui qui quitte son moi et qui se rend, de tout son cœur, de tous ses sens et de toute sa volonté à la miséricorde divine, dans la mort de Jésus-Christ, est mort à la terre ; c'est un homme double ; le dégoût se suicide en lui et la volonté abandonnée vit et ressuscite avec le Christ ; et, bien que le désir propre pèche puisqu'il ne peut pas faire autre chose, la volonté abandonnée vit, non pas dans le péché, mais dans la terre des vivants par le Christ, tandis que le moi vit dans le pays des morts.

16. — L'homme terrestre est, par la malédiction, en horreur à la sainteté de Dieu ; il ne peut que se chercher lui-même, et s'il fait quelque chose de bien, c'est la volonté abandonnée qui l'y force ; elle se sert de lui, comme elle-même sert d'instrument à la volonté divine (1).

17. — Celui donc qui veut arriver au royaume de Dieu, doit sortir son âme du moi, comme le médecin délivre son malade de la douleur et change la maladie en plaisir d'amour, de même la volonté terrestre traitée par l'âme devient la servante de la volonté abandonnée.

18. — L'homme élémentaire et sidérique ne doit être que l'instrument de l'homme animique, c'est pour cela que Dieu l'a créé ; en Adam, l'âme l'a pris pour maître et en est de-

---

(1) Cf. pour tout ce chapitre, la doctrine mystique des Pères de l'Eglise, de l'*Imitation*, de Mme Guyon, des Soufis et du Brahmanisme prévédique.

venue la prisonnière ; si elle veut se faire enfant de Dieu elle doit mourir aux désirs terrestres, renaître à la volonté de Dieu par la mort du Christ, régner sur le moi et le tenir en laisse, car le moi tend toujours vers la lumière propre, vers la multiplicité, vers l'envie et la colère, s'il ne peut atteindre ses désirs, et vers le mensonge.

19. — Mais la volonté abandonnée écrase sans cesse la tête de ce serpent et lui dit : « Tu es né du diable et de la Colère, je ne veux pas de toi » ; et, bien qu'elle ait été jusqu'alors prise dans les faux désirs lorsque le diable oppressait son imagination, elle crie vers Dieu pour qu'Il la délivre de l'opprobre de la mort.

20. — Elle n'a pas de repos dans ce combat, car elle habite une fausse maison ; en elle-même elle est bien dans la main de Dieu, mais hors d'elle-même elle gît dans l'abîme de la Colère et dans le royaume du diable, qui est toujours là à la convoiter comme le centre. Mais les bons anges la protègent contre les images vénéneuses et les traits enflammés, comme le dit saint Paul (*Eph.*, vi, 16).

21. — L'Amour et la Colère se disputent l'homme ; ils sont en lui ; il est pris par celui de ces deux principes éternels vers lequel il se dirige. Si l'âme demeure dans le moi, elle est liée par la Colère ; si elle se jette dans la miséricorde, dans les souffrances du Christ, dans sa résurrection et dans son ascension, si elle ne veut que ce que Dieu veut, elle meurt à la Colère et au moi ; le diable ne peut rien sur elle ; ce n'est pas elle qui vit, mais l'éternité vit en elle ; elle revient au point où elle était avant d'être une créature ; elle est un instrument de la symphonie divine que seul l'Esprit de Dieu fait résonner pour sa gloire.

22. — Tout mouvement propre est vain, la volonté propre ne conçoit rien de Dieu, mais la volonté abandonnée ne fait rien que par l'Esprit, en qui elle repose et dont elle est l'instrument.

23. — Bien que le moi puisse apprendre et faire beaucoup de choses, sa conception ne réside que dans le verbe prononcé, dans la forme des lettres, et ne comprend rien au verbe prononçant, car elle est née de l'extérieur et non pas de la Mère universelle qui n'a ni fond, ni commencement, ni fin.

24. — Celui qui est né du Verbe prononçant est libre, au-

dessus de toute base ; il n'est lié à aucune forme, car c'est la volonté éternelle qui le conduit, selon qu'il plaît à Dieu.

25. — Mais celui qui s'attache à la lettre est né dans la forme du Verbe prononcé, il marche selon le moi, et délaisse l'esprit qui a fait la forme.

26. — Un tel docteur est Babel ; il dispute sur la forme selon sa compréhension personnelle ; il n'est qu'un airain sonnant, il ne comprend rien à l'esprit et discute sans terme ni mesure ; la réputation et les conceptions propres extérieures ne sont pas le Verbe de Dieu, mais ce qui procède de la volonté abandonnée selon l'esprit au Verbe parlant, et qui modèle dans le cœur la forme par quoi l'âme est attirée à Dieu.

27. — Le vrai berger, c'est celui qui entre par la porte du Christ, qui enseigne par l'esprit du Christ ; en dehors de cela il n'y a que la forme historique, qui prétend suffire pour consoler ; mais elle reste dehors, car elle ne veut pas mourir à elle-même par la grâce.

28. — Tout ce qui parle de la rédemption du Christ sans enseigner la vraie base (qui est de mourir au moi et de s'abandonner à l'obéissance comme un petit enfant) est extérieur et ne vient pas de la porte du Christ.

29. — Ce ne sont pas les consolations hypocrites qui servent à quelque chose, c'est de mourir avec le Christ à la volonté fausse, de tuer sans cesse le moi terrestre et d'éteindre le mal qui est semé dans l'air.

30. — La vraie foi n'est pas de parler du Christ, cela n'est qu'extérieur ; il faut une volonté convertie, qui rejette le mal, qui s'écarte des désirs terrestres, qui s'enfonce en Dieu, qui ne veut pas sortir de la mort du Christ qui crie toujours : « Cher Père, accepte pour moi l'obéissance de Ton Fils, fais que je vive en Sa mort, que je vive en Toi par Son humanité, prends-moi avec Lui dans Sa résurrection, donne-moi Sa vie, que Ses souffrances soient miennes, que je prenne Sa force à la mort et que je sois devant Toi comme un bourgeon de l'arbre qu'Il est ! »

31. — Telle est la vraie foi ; son désir atteint les souffrances du Christ, il se prosterne devant Lui, il s'enfonce dans la plus grande humilité, il supporte tout pour recevoir la grâce, il prend la croix et méprise la moquerie de l'égoïsme universel.

32. — Ce désir croît de la mort du Christ ; il fleurit dans sa

résurrection et porte, dans la patience, des fruits cachés en Dieu, et que l'homme extérieur n'aperçoit pas.

33. — Le vrai chrétien est un chevalier imitateur du Christ sur terre. Jésus vainquit la mort et introduisit la volonté humaine dans la véritable obéissance : c'est ce que désire aussi le vrai chrétien.

34. — C'est pourquoi, chers frères, gardez-vous du manteau de pourpre ; sans abandon, sans repentir, sans conversion, ce manteau ne sera qu'une risée ; gardez-vous des enseignements personnels et des œuvres de justification particulière.

35. — Le vrai chrétien est lui-même le Grand OEuvre qui opère sans cesse dans la volonté de Dieu, contre le désir personnel, bien qu'il soit souvent contrecarré par le moi ; mais il le brise et verdoie comme une belle fleur dans l'Esprit divin.

36. — La chrétienté doit savoir et bien comprendre que si elle veut sortir des vaines consolations, sans changer sa volonté, elle n'aura qu'une forme extérieure de la régénération. Un chrétien ne doit faire qu'un esprit avec le Christ, ni la forme ni les bonnes paroles ne l'aident, mais la mort de la mauvaise volonté ; la science ne sert à rien non plus ; la subtilité des discussions n'est qu'un empêchement : le pâtre est aussi près de Dieu que le docteur.

37. — La vraie volonté entre dans l'Amour, elle ne cherche point de forme, mais elle tombe aux pieds de son Créateur et demande la mort du moi ; elle cherche l'œuvre de l'Amour contre tous, elle ne veut fleurir qu'en Dieu ; sa vie tout entière n'est que pénitence et repentance, elle ne cherche point l'éclat, mais l'humilité ; elle se tient pour indigne et son christianisme lui est caché en son moi.

38. — Elle dit : « Je suis un serviteur inutile, et je n'ai pas encore commencé sérieusement à faire pénitence. Elle cherche la porte de la grâce, comme une femme dans les douleurs de l'enfantement. Le Seigneur se cache d'elle pour que son opération grandisse ; elle sème dans les larmes et ne voit point les fruits qui sont cachés en Dieu ; elle court vers le but comme un messager, mais elle ne trouve point le repos jusqu'à ce qu'elle aperçoive la perle ; et quand celle-ci s'efface devant le moi, l'affliction de l'âme recommence, elle demande jour et nuit, et ne cesse que lorsque les ténèbres s'évanouissent aux premiers rayons du soleil levant.

39. — Gardez-vous donc, chers frères, des discussions savantes ; le vrai chrétien est mort aux désirs de son entendement, il ne cherche que la science de l'Amour et de la grâce ; le Christ construira Lui-même la forme en Lui ; la forme extérieure n'est qu'une introductrice, Dieu doit devenir homme sans quoi l'homme ne peut devenir Dieu.

40. — C'est pourquoi un chrétien est l'homme le plus simple du monde, comme le dit *Isaïe* xi, 19. Tous les païens convoitent la propriété et se précipitent sur la puissance et sur les honneurs ; mais un chrétien ne demande qu'à mourir à cela, il ne cherche que l'honneur du Christ. Tout ce qui se dispute pour les plaisirs de la vie est païen et plus que païen, diabolique ; ce qui est sorti de Dieu, pour entrer dans l'égoïsme, en se couvrant du manteau du Christ, c'est l'homme de la fausseté.

41. — S'il veut être un Chrétien, il lui faut mourir à ce moi, et rejeter le vêtement de ce monde, où il n'est que pèlerin ; il doit se souvenir qu'il est le serviteur de Dieu et non de lui-même. Tout ce qui agit par soi-même, sans l'ordre de Dieu, appartient au diable et le sert ; pare-toi comme tu voudras, tu ne vaux rien devant Dieu, ta grandeur ne te sert de rien devant Lui ; tu es à toi-même ton propre jugement, qui te conduit à la mort ; serais-tu roi, tu n'es qu'un serviteur et tu dois passer avec les plus misérables, par la régénération, sans quoi tu ne verras pas Dieu.

42. — Toute puissance propre, par qui les pauvres sont opprimés, appartient à l'égoïsme et naît de la forme prononcée qui s'est particularisée et est sortie de Dieu. Tout ce qui ne sert pas Dieu est faux, que ce soit haut ou bas, savant ou ignorant ; nous sommes tous les serviteurs de Dieu ; rien ne devient quelque chose de personnel, qu'il ne naisse par la Colère de Dieu dans l'impression de la Nature.

43. — Si un chrétien possède quelque chose de vrai en propre, il n'en est pas autre chose pour cela que l'intendant du Seigneur ; tout ce qu'il voudrait rapporter à l'égoïsme, le conduirait dans la prison de l'avarice, de l'envie, de la chair, et le rendrait concussionnaire des biens dont Dieu lui a confié la gérance.

44. — Le vrai chrétien n'a rien en propre ; qu'il cherche, qu'il plante, qu'il bâtisse, qu'il fasse ce qu'il veut, il doit

savoir que c'est à Dieu qu'il le fait, et à Lui qu'il doit en rendre compte ; s'il se préoccupe de ce que font ses camarades, dans les plaisirs de ce monde, il est encore loin du royaume de Dieu, il ne peut pas se dire en conscience un chrétien, il n'est encore que dans la forme du christianisme et non dans l'Esprit du Christ ; la forme disparaîtra avec le temps, l'Esprit seul demeure éternellement.

45. — Le vrai chrétien doit l'être en esprit ; il doit travailler à donner une forme à cet esprit, non pas seulement par des paroles, mais par des œuvres ; il ne suffit pas de prêcher, mais il faut encore mourir réellement au moi, pour renaître, par la volonté de Dieu, dans l'Amour, comme artisan de Ses miracles ; il faut faire sa partie dans le concert divin, dans le Verbe perpétuellement créateur, il faut opérer ce que Dieu fait et crée.

46. — Regarde donc, ô chrétienté, si tu œuvres selon le Verbe actif de Dieu, si tu n'es pas simplement dans la forme du christianisme, tandis que ton moi agit dans la vanité. Vois comme tu es devenu une abomination devant le Très-Haut, dont tu as perverti le Verbe, en t'en recouvrant ; on découvrira ce manteau de fausseté. Il faudra que tu brises cette forme fausse ; le Ciel t'aidera à détruire l'œuvre que tu as accomplie dans la *turba*, en te parant à tort du vrai Nom, tandis que tu ne servais que l'homme terrestre.

47. — Le serviteur véritable sera recherché, le Seigneur rassemblera ses brebis, les orgueilleux apprendront ce qu'est le jugement du Seigneur, toute espérance athée sera brisée, car le jour de la moisson approche. La crainte du Seigneur fait trembler le monde, Sa voix retentit jusqu'aux extrémités de la terre, et l'étoile de ses miracles se lève. Personne ne prévoit cela, car ce secret est enfermé dans le conseil des veilleurs.

48. — Que chacun s'examine donc, car le temps s'avance. Tous les faux désirs ont été trouvés dans la *turba* ; et le grand moteur de tous les êtres découvre ce qui était caché dans cette *turba*, et chaque chose reviendra à son gardien éternel. Tout est venu du désir, tout finira dans le désir, et tout désir récoltera son grain. Le miracle de l'éternité a pris la forme temporelle, et rentrera dans son premier lieu. Toutes choses reviendront là d'où elles sont parties, mais en conservant la forme

propre qu'elles se sont créée dans le Verbe prononçant : c'est la fin du temps. Et comme toutes choses ont été engendrées de ce Verbe, qui a signé leur forme intérieure et leur forme extérieure.

49. — La volonté propre donne une forme propre, la volonté abandonnée a une forme selon l'éternité ; comme la Sagesse divine agit avant la création, la volonté éternelle produit une forme pour la gloire de Dieu. Ce qui est individuel se modèle soi-même, mais ce qui est libre reçoit la volonté libre ; la forme propre ne peut pas hériter de l'Être Unique, car là où il y a deux volontés dans un seul être, il y a lutte.

50. — Puisque Dieu est Un, tout ce qui veut vivre en Lui doit se soumettre à Sa volonté. Une viole doit être accordée, bien que chacune de ses cordes rende un son différent, il en est de même pour l'harmonie humaine ; et si un esprit volitif ne veut pas se soumettre à l'accord, il sera rejeté vers ceux qui lui sont semblables.

51. — Si un esprit est devenu mauvais, il ira avec les mauvais, car toute faim recherche son analogue. La manifestation éternelle n'est pas autre chose qu'une faim ; telle est cette faim, tel est son accomplissement ; elle est le commencement de la créature, et elle en est aussi la réintégration. Par la faim, l'esprit s'engendre avec le corps ; par elle, il rentre dans l'éternité, en mourant à lui-même, et la mort est le seul moyen par lequel l'esprit puisse changer de forme. S'il meurt à lui-même, il poussera un nouveau rejeton, non plus selon sa faim première, mais selon sa faim éternelle ; si une chose rentre dans son néant, elle revient au Créateur qui en fait ce à quoi la volonté éternelle l'avait destinée : tel est le vrai but de l'éternité.

52. — Tout ce qui circule dans la Nature se tourmente. Mais ce qui arrive au bout de la Nature atteint le repos et agit dans l'unité du désir. Ce qui produit le combat dans la Nature produit en Dieu la joie, car toute l'armée Céleste est ordonnée en une seule harmonie. Chaque royaume angélique est un instrument et tous ensemble constituent la symphonie de l'Amour divin. Ce que Dieu est en lui-même, la créature l'est en lui : Dieu-Ange, Dieu-Homme, Dieu tout-en-tous, et hors de Lui, il n'y a rien de plus. Comme tout était avant le temps, toute la création demeure en Lui dans l'éternité : tels sont le commencement et la fin.

CHAPITRE XVI

DE LA SIGNATURE ÉTERNELLE ET DE LA JOIE CÉLESTE, POURQUOI TOUTES CHOSES SONT PORTÉES VERS LE BIEN ET VERS LE MAL

Sommaire. — De la raison du monde. — De la liberté qu'ont reçue les créatures. — Épreuve de cette liberté. — Résultat de cette épreuve. — Ses symboles bibliques : Adam, Esaü, Jacob, le Christ. — La vie des anges et la vie des diables, de Lucifer en particulier.

1. — La création entière manifeste bien omniprésent ; tout ce qu'Il est dans son régime sans commencement, la création l'est aussi, non pas comme toute-puissance, mais comme une pomme pousse sur l'arbre : toutes choses sont jaillies du désir divin, bien qu'au commencement, il n'y avait point d'essence, mais seulement le mystère de l'engendrement éternel dans sa perfection.

2. — Dieu n'a pas fait la création pour devenir plus parfait, mais pour manifester Sa magnificence : Sa béatitude n'a pas commencé avec la création, elle existait de toute éternité dans le Grand Mystère, mais seulement comme un mouvement spirituel. La création est l'extériorisation de ce mouvement, comme l'harmonie grandiose d'une multitude d'instruments.

3. — Le Verbe éternel, qui est un esprit, s'est exprimé par des formes : Son ouvrage est semblable au jeu de l'Esprit, Il est le Verbe prononcé, Il dirige l'harmonie vivante, comme le jeu d'un orgue dans lequel un peu d'air fait rendre à chaque tuyau un son particulier et concourt à constituer la mélodie complète.

4. — L'ouvrage de la manifestation divine tout entière

n'est qu'un seul esprit qui réalise par le Verbe prononçant ou par la vie, le Grand-Mystère dont tout provient.

5. — Les Chœurs angéliques manifestent la voix divine, et sont une partie de ce Grand Mystère ; ils forment un tout, dans le Verbe parlant, car un seul esprit les régit. Chaque prince angélique est une propriété de la voix divine et porte le grand nom divin. Nous en avons une image dans les étoiles du firmament et dans les principautés de la terre où les subordonnés portent le nom de leur chef ; les étoiles ne forment aussi qu'un corps ; les plus grandes d'entre elles portent le nom du Mystère des sept formes, et les autres sont hiérarchisées comme dans un royaume ; tout est réglé comme dans une horloge, les étoiles fixes ont leurs propriétés particulières, et les sept planètes ont les leurs, selon les sept formes de la Nature, provenues du mystère éternel, par l'action de l'Esprit.

6. — La force génératrice des étoiles agit dans les éléments, qui en sont le corps ; elles y produisent le plaisir ou la douleur, et cependant en soi tout est bon ; le mélange des créatures vient du désir qui les exalte dans la colère du feu et les fait sortir de la concordance.

7. — Aucune chose n'est mauvaise si elle demeure dans l'harmonie ; ce qui devient très mauvais en sortant de la concordance, reste très excellent en y demeurant : le même mobile peut donc produire de la joie ou de la douleur.

8. — Aucune créature ne peut donc accuser le Créateur de l'avoir faite mauvaise ; elles sont toutes très bonnes, mais elles deviennent mauvaises en s'exaltant hors de l'harmonie, et en passant de l'Amour à la douleur.

9. — A sa création, le roi Lucifer était dans la plus haute béatitude ; mais il sortit de l'harmonie, il s'éleva dans le feu froid et sombre, il quitta sa place, il voulut tout dominer : il est ainsi devenu un instrument de la puissance sévère du feu, que fait résonner l'esprit universel, mais selon la fureur. Telle est l'harmonie ou la forme vitale en chaque chose, telle est sa résonance dans le son éternel, saint avec les saints et pervers avec les pervers.

10. — Tout être loue le Créateur ; les diables le louent dans la puissance de la Fureur ; les anges et les hommes le louent dans la puissance de l'Amour.

11. — L'Être des êtres est un ; en engendrant, Il se sépare

en deux principes : lumière et ténèbres, joie et douleur, bien et mal, amour et colère, feu et lumière ; et de ces deux en un troisième commencement qui est la création en laquelle se retrouvent les deux premiers désirs.

12. — Chaque chose vit dans son harmonie, mue par un seul esprit semblable en chacune à la qualité de cette chose : telle est l'ordonnance du Grand Mystère éternel, réglé selon chaque principe et selon la propriété particulière de chaque chose.

13. — Dans tout ce qui est temporel, la mort est la séparatrice qui brise le mal. Ce qui sort de sa vie primitive, pour entrer dans une autre figure, quitte l'ordre divin et est rejeté comme une dissonance, et il est amené du côté des dissonances.

14. — L'enfer est devenu la demeure du diable parce qu'il s'est fait l'instrument du feu éternel en introduisant sa vie dans la Colère de Dieu et dans la fureur de la Nature éternelle ; l'esprit de la Colère le fait résonner pour la gloire de Dieu.

15. — Cette Colère est sa joie, non pas qu'il vécût auparavant dans la tristesse et dans l'impuissance, mais parce qu'il a voulu régner par le feu, par la propriété qu'il est lui-même dans le premier principe, dans le monde ténébreux.

16. — Par contre, le monde angélique est l'autre principe où paraît la clarté divine dans toutes les essences, où la voix divine se fait entendre, dans toutes les créatures où l'esprit produit la béatitude et l'amour dans les êtres angéliques : Comme dans le feu tremble l'angoisse, dans l'Amour tremble la joie qui produit la béatitude dans les anges, et les âmes des hommes.

17. — La voix de Dieu fait descendre sa béatitude dans la créature, par qui elle se manifeste ; le monde est l'image vivifiée par l'esprit de ce que Dieu engendre par Son Verbe éternel, hors du Grand Mystère selon la propriété du Père.

18. — Toutes les propriétés de ce mystère se retrouvent dans les anges et les hommes ; les créatures ne se réjouissent pas en silence de la majesté divine ; mais l'esprit éternel agit d'éternité en éternité et manifeste perpétuellement la Sagesse infinie. De même, la terre produit sans cesse des fleurs, des arbres, des métaux et des êtres de plus en plus forts et de plus

en plus beaux ; quand l'un naît, l'autre disparaît ; c'est un mouvement et un travail continus.

19. — De même que dans le mystère saint, les fruits se multiplient, les lumières fleurissent, les odeurs du Mercure divin et les saveurs de l'Amour s'épanouissent sans cesse.

20. — Tout ce dont le monde est l'image existe dans le royaume de Dieu à l'état spirituel parfait ; non seulement comme esprit ou comme pensée, mais comme essence et sapidité corporelles, bien qu'incompréhensible au monde extérieur. Le monde visible est né de ces essences spirituelles où réside l'élément pur et de l'essence ténébreuse du mystère de la fureur.

21. — Ce monde visible n'est pas constitué par l'essence éternelle, mais de son exhalaison d'amour et de colère, de bien et de mal ; il est le produit d'un principe particulier de l'esprit éternel.

22. — Tout ce qu'il contient reproduit le monde angélique ; non pas que le mal que l'on voit dans ce monde se trouve dans le ciel ; il y a deux principes : dans le ciel, tout est bon et lumineux ; dans l'enfer, tout est furieux et ténébreux.

23. — L'enfer produit aussi des fruits, comme le ciel, mais selon la propriété furieuse ; car le feu rend dans les ténèbres tout mauvais, et dans la lumière tout est bon ; et ces deux mondes éternels n'en font, en somme, qu'un seul.

24. — Les ténèbres et la lumière se séparent et se haïssent pour que l'on reconnaisse le bien et le mal.

25. — Dans la Nature éternelle, tout est un en principe ; dans le monde angélique, le feu est l'Amour, et il est la Colère pour l'enfer ; le premier est la mort du second, il veut lui enlever sa force, mais la fureur lui résiste, car s'il n'y avait pas de fureur il n'y aurait pas de feu, partant pas de lumière ; s'il n'y avait pas de colère, il n'y aurait pas de joie ; celle-ci se change en celle-là dans la lumière ; l'essence du feu ténébreux se tue elle-même et renaît dans l'amour : ainsi la lumière se nourrit de la cire et dans le cierge le feu et la lumière sont une seule chose.

26. — Le Grand Mystère est aussi un en lui-même, mais par son développement éternel, il se divise en bien et en mal ; ce qui est bon pour l'un est mauvais pour l'autre ; l'enfer n'est pas bon pour les anges, puisqu'ils n'ont pas été créés pour lui, mais il est bon pour les diables.

27. — Par contre, pour ceux-ci, le ciel serait leur mort : il y a donc une inimitié éternelle et Dieu seul est un. Selon les ténèbres Il dit : Je suis un Dieu jaloux et un feu consumant ; chaque créature doit demeurer dans le lieu où elle a été créée et dont elle est une image, et elle ne peut sortir de cette harmonie sans devenir un adversaire à l'Être des êtres.

28. — L'enfer est donc ennemi du diable puisque celui-ci n'en est que l'hôte étranger, il veut régner là où il n'a pas été placé. Toute la création le tient pour un esprit déchu, sorti de son rang, ennemi de la fureur, bien qu'il soit lui-même la fureur et parasite de la Colère de Dieu. Celui qui était trop riche est devenu trop pauvre ; il possédait tout lorsqu'il se tenait dans l'humilité, il est dans la honte ; c'est un roi qui a dilapidé son trésor ; le roi est encore là, mais le royaume est parti ; il est juge de ce que saisit la Colère de Dieu, mais il ne peut faire que ce que son maître veut.

29. — La raison contredit à cela en disant : Dieu est tout-puissant et omniscient, Il peut faire de son ouvrage ce qu'il veut ; qui peut résister au Très-Haut ? Oui, chère raison, tu touches au point capital, mais apprends d'abord l'A. B. C. du Mystère.

30. — Tout ce qui vient de la volonté éternelle, les anges et les âmes demeurent dans une mesure égale entre le bien et le mal, dans la Volonté libre comme Dieu lui-même Le désir qui surmonte l'autre dans la créature au moment de la qualification donne sa qualité à la créature ; de même qu'un cierge produit la flamme et que de la flamme sort un air, que le feu attire en lui, et qui en sort à nouveau ; quand cet esprit est sorti du feu et de la lumière, il en est débarrassé et il assume la propriété qu'il accepte.

31. — Le premier mystère de la créature est l'universel ; le second, son esprit, est sa volonté propre. Chaque ange possède son esprit propre, venu de son mystère propre, cet esprit tente Dieu et éprouve le mystère universel qui, alors, l'emprisonne comme il est arrivé à Lucifer. Il avait en lui la fureur et l'amour ; pourquoi l'esprit provenu de ces deux principes, à l'image de l'Esprit de Dieu, n'est-il pas resté dans l'obéissance et dans l'humilité, comme un enfant devant sa mère ?

32. — Tu réponds : Il ne l'a pas pu. C'est inexact. Un esprit est en équilibre dans le lieu où il est créé et y est libre ; il est

un avec l'esprit universel, bien qu'il puisse y créer à sa guise un désir dans l'Amour ou dans la Colère ; il reçoit dans le Grand Mystère la propriété du désir qu'il émet. La puissance génératrice est en Dieu, pourquoi ne serait-elle pas dans la créature faite à Son image ? La créature est dominée par la propriété qu'elle a évoquée.

33. — La volonté de Dieu envers la créature est une, selon celle des propriétés du Mystère éternel qui a été saisie. Lucifer fut bien conçu comme bon ange, mais sa volonté propre réveilla en lui la mère éternelle pour dominer par son moyen ; l'esprit de la volonté est le point de départ, il est libre, il fait ce qu'il veut.

34. — Provenant des deux principes, il a choisi la fureur ; celle-ci s'est exaltée et l'a entraîné avec elle : telle est la chute de Lucifer et des méchants.

35. — La raison cite l'Ecriture : « Beaucoup d'appelés, peu d'élus » (*Matth.*, xxii, 14). *Item :* « J'ai aimé Jacob et j'ai haï Esaü ». *Item :* « Un potier ne peut-il faire de l'argile ce qu'il veut ? » (*Rom.*, ix, 13 à 21). Il y en a peu d'élus parce qu'ils ne le veulent pas ; s'ils placent leur volonté dans la Colère, ils deviennent ses enfants ; ils sont pourtant tous appelés à la régénération en Adam et en Christ ; l'Amour n'élit que son semblable et la porte est ouverte cependant aux impies, bien qu'ils soient emprisonnés dans la Colère ; l'homme a la mort en lui, par laquelle il peut échapper au mal, mais non pas le diable, car il fut créé dans la plus haute perfection.

36. — Quant à Jacob, il représentait la lignée du Christ, et Esaü la chute d'Adam ; le premier n'était promis à l'humanité que pour effacer la faute du second et la délivrer de la Colère. Je ne sais si Esaü est resté pécheur ; l'Ecriture ne le dit pas ; la bénédiction lui fut donnée ; il la méprisa ; elle fut alors reportée sur Jacob, c'est-à-dire sur le Christ, qui rebénit plus tard Esaü et Adam : la porte de grâce leur fut ouverte ainsi.

37. — Jacob-Christ parla comme il suit quand il fut entré dans l'âme et dans la chair d'Adam : « Venez à moi, vous tous qui êtes fatigués, et je vous soulagerai » (*Matth.*, xi, 28). *Item :* « Je suis venu pour appeler le pécheur à la repentance », non pas Jacob, mais Esaü qui en a besoin ; quand ce dernier répond à l'appel, Christ dit : « Il y a plus de joie dans le Ciel à cause de lui que pour quatre-vingt-dix justes qui

n'ont pas besoin de pénitence » (*Luc.*, xv, 7). Il y a, en effet, plus de joie pour le pauvre pécheur qui entre dans la mort du péché.

38. — Mais qui sont les justes ? En Adam, nous sommes tous devenus pécheurs. Les justes sont ceux qui ont saisi la lignée du Christ dans l'humanité ; non pas qu'ils ne puissent tomber en Adam, mais ils ont été choisis par l'esprit du Christ au point de la roue où l'Amour et la Colère s'équilibrent. Il en fut ainsi pour Jacob, Isaac et Abel ; leur lignée eut à instruire celle de Caïn, d'Ismaël et d'Esaü, pour les sortir de la Colère, pour briser l'aiguillon du diable par l'Amour ; si dont ils veulent se convertir et entrer dans la mort du Christ, ils pourront être élus par la Grâce.

39. — Pourquoi Jacob fut-il béni à la place d'Esaü ? En lui, était cachée la semence d'Abraham et d'Adam par laquelle la bénédiction devait descendre sur Esaü le premier-né ; car c'est dans notre chair et dans notre sang que le Christ doit naître pour que la semence de la femme puisse écraser la tête du serpent.

40. — Il doit apaiser la colère dans l'humanité, non par un sacrifice à proprement parler, mais par l'abandon de l'Amour ; Jacob-Christ devait désaltérer Esaü avec son sang pour que ce dernier devienne un Jacob en Christ. Quand Esaü ne veut pas reconnaître l'aînesse de Jacob, c'est Adam qui ne veut pas accepter le Christ, car il lui faudrait mourir à la chair pécheresse ; c'est pourquoi Esaü combattait avec l'Adam terrestre contre Jacob.

41. — Lorsque Jacob vint à sa rencontre avec des présents (*Gen.*, xxxiii, 10, 11), c'est Christ qui s'offre à l'humanité avec son amour ; Esaü pleura dans les bras de son frère, c'est Adam qui se repentait en lui de son projet fratricide ; l'Amour fait passer la compassion pour qu'une porte de miséricorde soit ouverte aux enfants d'Adam ; et, se plongeant dans la mort, brise la Colère et amène la grâce jusqu'au pauvre pécheur.

42. — Ce dernier doit donc entrer dans la mort par le Christ, pour que le sang divin le purifie et l'élève de nouveau comme enfant de Dieu.

43. — Christ nous appelle à sa mort ; et les deux semences, celle de la femme et celle du serpent, luttent dans le pécheur ; et celle des deux qui triomphe engendre l'enfant. La volonté

libre peut donc passer par l'une des deux portes. Beaucoup de ceux qui appartiennent au lignage du Christ, sont conduits dans le mal par le désir ; ils sont appelés, mais ne résistent pas à l'épreuve ; il faut qu'ils sortent du péché et ressuscitent avec le Christ. Celui qui accepte Dieu-Christ, non seulement de bouche, mais de toute sa volonté, sera élu. La science ne saisit pas ce choix, mais le désir profond et la rupture du mal.

44. — Ce que la raison sait de l'élection de la Grâce n'est pas suffisant ; Adam fut bien élu ; si un rameau se flétrit, la faute n'en est pas à l'arbre qui envoie à toutes ses branches indistinctement sa sève ; mais si le bourgeon croit dans une volonté propre, il est commis par le feu du Soleil avant d'avoir pu se rafraîchir dans la sève naturelle. L'homme se corrompt de même ; pour que Dieu lui donne sa grâce, il lui faut faire pénitence ; mais la société et le diable le conduisent dans la voie impie jusqu'à ce qu'il soit étroitement emprisonné dans la Colère ; le travail est alors bien plus difficile. C'est ainsi que la grâce passe par-dessus sa tête, à moins qu'il ne redevienne pieux.

45. — Beaucoup sont appelés, mais ils ne sont pas capables de recevoir la grâce à cause de leur mauvaise volonté ; c'est pourquoi il est dit : « Nous avons joué de la flûte, et vous n'avez pas dansé, etc. » (*Matth.*, xi, 17), et encore : « O Jérusalem, combien de fois ai-je voulu rassembler tes enfants, etc. » (*Matth.*, xxiii, 37) ; il n'est pas dit : « Tu n'as pas pu », mais : « Tu n'as pas voulu » ; Dieu ne donnera pas sa perle aux pourceaux, mais à ceux de ses enfants qui s'approchent de lui.

46. — Qui donc accuse Dieu, méprise sa miséricorde qu'il a montrée pour le genre humain et s'accroche lui-même son jugement au cou.

47. — J'ai représenté fidèlement au lecteur ce que le Seigneur m'a montré : s'il se regarde dans ce miroir, intérieurement et extérieurement, il y trouvera son utilité. C'est une porte très large ouverte sur le Grand Mystère. Les gloses ne serviront pas ; c'est l'expérience, même dans les choses naturelles, qui profitera au chercheur.

48. — *Car les lis fleuriront sur les montagnes et dans les vallées jusqu'aux extrémités de la terre. Qui cherche trouve.* Amen.

Février 1622.

PETITS TRAITÉS

transcrits en substance

ET

VOCABULAIRE

des termes rares

PAR

SEDIR

LA SPHÈRE PHILOSOPHIQUE

(In *Quarante questions sur l'âme*).

1. — L'Abîme, le Rien est la première base, le milieu omniversel.
2. — En lui se forme un quelque chose, un fonds, le Mysterium Magnum, œil de l'éternité, initial, premier être.
3, 4, 5. — En lui est la divinité hors de la nature : le Père (aboutissant au 6), le Verbe (source du 7), l'Esprit.
6. — Teinture, ens de la Volonté divine, commencement de la Nature ; médium entre l'arcane de la Trinité et celui de la Nature.
7. — Feu, principe, résoluteur.
8. — Essence, lieu des sept formes, produit par la magie du désir divin.
9. — Le Père en dehors de la Nature, centre du 1er principe ténébreux, source de la Nature éternelle.
10. — Esprits éternels : âmes des anges et des hommes, centre comme le n° 9 ; il produit :
11. — Volonté de l'âme, reçoit l'intelligence dans le 2e principe lumineux en passant par le :
12. — Volonté, et le :
13. — Ame, pour aboutir au :
14. — Saint-Esprit, venu du n° 9, se déploie dans la liberté, et dans la Nature, bien que la Nature ne le sache pas.
15. — L'image sur-naturelle : désirs de l'amour divin.
16. — L'abîme, aboutissement du 9 ; et donnant à l'image sa liberté.
17. — La puissance du Père qui s'exerce en :

18. — La colère ou les 3 premières formes.
19. — La ruse produit du 17 sur le 18.
20. — Le diable vivant par le 18 et le 19.
21, 22. — Ruse diabolique.
23. — Volonté colérique.
24, 25, 26. — Feu et angoisse des ténèbres, séjour du 23 : avarice essentielle.
27. — Mort : fin des précédents.
28. — Volonté sortie du 27 vers le 2ᵉ principe.
29. — Lumière divine.
30. — Esprit de Sophia.
31. — Homme régénéré contenant :
32. — Image divine et habitant en :
33. — Dieu.
34. — Nombre neuf : teinture divine, séjour du régénéré.
35. — Demeure éternelle de l'âme.
36. — Monde angélique environnant le 36.
37. — Démon de l'orgueil.
38. — Lucifer, volonté du diable.
39. — Monde ténébreux et
40. — Enfer éternel.
41. — Le Fils, verbe éternel.
42. — Ciel, lieu du désir divin.
43. — Elément pur, qui se manifeste par
44, 45, 46. — La Trinité dans la Lumière.
47. — Désir spirituel divin, provenant du 46.
48. — Humanité divine venant du 44.
49. — Paradis : verdoyant de l'éternité au temps.
50, 51, 52. — Essence divine, et corps divin du Christ.
53. — Mystère de la matrice de la terre.
54, 55, 56. — Mystère angélique spirituel.
57. — Quatre éléments.
58. — Béatitude, venant du 45.
59. — Demeure de l'homme spirituel.
60. — La terre.
61. — L'homme terrestre.
62, 63. — Miracle de Babel.

1. — Abîme

1er principe : Ténèbres	La Croix. Fils	2e principe : Lumière
Trinité : 3 à 5	41 à 43	Trinité : 44 à 46
Qualités diaboliques 23 à 26	27	Régénération : 28 à 36
Le Père ; l'âme	16	L'Esprit : 9 à 15
Les Enfers : 17 à 22	49, 50 à 52, 53. Paradis	Les Cieux : 50 à 56, 59
6 à 8 Propriétés ignées 37 à 40	57, 60 à 63 3e principe	47, 48, 58, Propriétés lumineuses

Abîme (left) · Abîme (right) · Abîme (bottom)

LES SEPT FORMES DE BABEL

(*Apoc. 1*)

Dans le 1ᵉʳ Principe (Colère) :
1. — ♄ ☾ Acreté, convoitise, volonté, Sel.
2. — ☿ ♃ Amertume, aiguillon de la sensibilité.
3. — ♂ ♀ Angoisse, âme, Mercurius.
Canal, résoluteur, éclair : 4. ☉, Feu ou esprit.
Dans le 2ᵉ Principe (Lumière) :
5. — ♀ ♂ Lumière, Amour, Source de la vie éternelle.
6. — ♃ ☿ Son, compréhension.
7. — ☾ ♄ Corps, séité.
Dans le monde moral, ces sept deviennent respectivement :
Propriétés infernales (3 1/2).
1. — Dureté, froideur, avarice.
2. — Envie, jalousie.
3. — Inimitié.
4. — Orgueil, feu ténébreux.
Propriétés célestes (3 1/2).
4. — Amour, feu lumineux.
5. — Douceur.
6. — Béatitude.
7. — Individualité paradisiaque.
Dans le 3ᵉ principe, nature naturée, création temporelle, comprenant les plans physiques et les plans astraux, ces sept formes se manifestent respectivement comme :
1. — Froideur, Dureté, os, pierres, sels.
2. — Vie, croissance, poison, sens, soufres.
3. — Sensibilité, tourbillons, luttes, douleurs, mercures.
4. — Esprits, compréhension, désir.
5. — Organisation, Vénus, lumière vitale naturelle.
6. — Voix, organes, individus, spécialisation.

7. — Corps physiques, enveloppes matérielles.

Le 1ᵉʳ principe (Feu, Colère, Ténèbres) est comme l'allumage d'une torche ; la quatrième forme en est le Feu ; le 2ᵉ principe (Lumière, amour) en est l'éclat.

Les 1ʳᵉ et 2ᵉ formes sont la racine de feu froid, principe de tous les sels ; les formes 3 et 4 sont la racine de feu chaud, infernal et diabolique.

TABLE DES PRINCIPES

Le 1ᵉʳ principe est le monde des ténèbres,
Le 2ᵉ   —   — de la lumière,
Le 3ᵉ   —   — élémentaire, astro-physique.

* *

D'abord, qu'est Dieu ?

AD	Père	Volonté	IE
O	Fils	Désir	HO
N	Esprit	Science	VAH
A	Puissance	Parole	Vie
I	Couleurs	Sagesse	Vertu

A est un I triple qui exprime le centre, l'intériorisation et l'extériorisation.
D est le mouvement de l'A.
O en est la circonférence.
N en est le triple esprit.
Le 2ᵉ A est la réaction du premier.
L'I est l'unité de l'efflux total.
Le Père est l'éternel commencement.
Le Fils est l'opération du Père.
L'Esprit est le mouvement vivant.
La Puissance est la vie sensible, compréhensible.
Les couleurs sont l'objectif, prétexte de la contemplation.

La volonté est le passage de l'un au trois.
Le désir est le quelque chose sorti du rien.
La science est la conscience, racine des sens et de la vie éternelle.
Le verbe est l'expression de la volonté.
La sagesse est le miroir du tout.
Jéhovah exprime les trois souffles de l'unité s'équilibrant l'un l'autre.

*
* *

Le tableau ci-après est l'extériorisation du Verbe divin. Dans le mot *Tinctur*, T est le Père ;
                 I est Jésus ;
                 N est l'Esprit ;
                 C est le Christ ;
                 T est le Père dans le Christ ;
                 U est l'esprit du Christ ;
                 R est le trône royal.
Ce mot représente le jeu des sept formes dans l'harmonie, lesquelles sont énumérées dans la seconde ligne du tableau (1). Les 49 cases restantes doivent se lire comme une table de Pythagore. Ainsi, par exemple, la Lumière (5) agissant sur le son (6 horizontal) produit la sagesse, etc.

(1) P. 186.

L'ÉTERNELLE NATURE

	Premier Monde : Ténèbres			Deuxième Monde : Lumière		
	T 1	J 2	N 3	C 4	T 5	U 6	R 7
1	Désir Attraction	Science Aiguillon	Angoisse	Feu	Lumière	Son	Être
2	Ténèbre	Mouvement	Tourbillon	Vie douloureuse	Amour	Compréhension	Action
3	Dureté	Inimitié	Anima	Effroi	Joie	Cinq sens	Forme
4	Acuité	Exaltation	Vie	Mort	Puissance	Amour	Sperme
5	Fureur	Orgueil	Tremblement	Enfer	Gloire	Don	Conception
6	Grande mort	Volonté fausse	Petite mort	Diable	Ange	Louange	Propagation
7	Apaisement du moi	Rupture	Séparation	Folie	Sagesse	Gloire	Humilité
8	Défaillance	Vol. propre	Vol	Fantaisie	Connaissance	Force	Trône

LE MACROCOSME

C'est un Tableau du troisième principe qui comprend la Création matérielle, astrale et psychique. Les sept colonnes verticales sont les sept formes qui signent tout le reste.

Formes	1	2	3	4	5	6	7
Monde	Terre	Air	Feu	Ciel	Jour	Etoiles	Eau
Planètes	♄	☿	♂	☉	♀	♃	☽
Alchimie	Sel	Mercure	Soufre	Salniter	Huile	Force	Corps
Couleurs	Noir	Bigarré	Rouge	Jaune	Vert, blanc au dedans	Bleu	Bleu, rouge au dedans
Complexion	Mélancolique		Colérique		Sanguine	Flegmatique	
Minéral	Pierre	Métaux	Rouille	Maturation	Perles	Gemmes	Menstrue
Métaux	Plomb	Mercure	Fer	Or	Cuivre	Etain	Argent

Végétaux	Bois, os	Plantes	Dureté	Teinture terrestre	Doux	Amer	Herbes
Médecine	Acide	Poison	Douleur	Ouvrir	Guérir	Fortifier	Chair
Sens	Mutisme	Sentir	Toucher	Voir	Goûter	Entendre	Dégoût
Société	Mourir	Mentir	Guerre	Richesse	Noblesse	Mental	Posséder
Pouvoirs	Maîtrise	Ruse	Force	Droit	Fidélité	Vérité	Simplicité
Sentiments	Voler	Tromper	Perdre	Trouver	Jouir	Amitié	Étourderie
Humeur	Triste	Fou	Dédaigneux	Constant	Pur	Gai	Idiot
Qualités	Terrestre	Animale	Mauvaise	Céleste	Bonne	Sensorielle	Basse
Animaux	Loup	Renard	Chien	Lion	Oiseau	Singe	Porc
Espèces	Vers	Serpents	Fauves	Domestiques	Cerf	Grands	Poissons
États	Avarice	Péché	Damnation	Repentir	Renaissance	Amour	Sophia

Le monde astro-physique, le troisième principe, est une image de la Trinité divine. Chaque planète réalise une des sept formes de la Nature, dans l'ordre suivant :

Saturne représente l'attraction.

La Lune — la corporisation (Ces deux forment le soufre).

Jupiter — le cœur de Saturne, comme un cerveau.
Mercure — le son.
Mars — l'angoisse.
Vénus — la lumière.
Le Soleil — le feu.

Mais, en réalité, il n'y a pas de hiérarchie de haut en bas ; tout est un tourbillon.

La terre est comme la huitième sphère, le feu central séparateur ; ensuite vient la Teinture céleste ; puis la Majesté divine ; puis Dieu.

Le Zodiaque est le régime animique, ou cordial ; il se partage selon la teinture et selon l'astral.

Le régime de la teinture se partage en 6 étoiles, ou lettres, qu'il extrait de ce monde ; et en six autres venant de l'esprit tinctorial émané du Centre éternel : ce sont les douze étoiles qui couronnent la femme vêtue du Soleil.

Cette femme a un royaume abyssal, et un royaume créaturel ; la douzième étoile est angélique et humaine ; dans chacune de ses moitiés elle a un centre igné et un terrestre : ce qui fait $2 \times 2 \times 6 =$ les 24 lettres des langues terrestres.

Dans le tableau ci-dessus, les trois premières colonnes verticales sont la base de la Nature ; la 4e et la 5e sont l'élément pur, l'harmonisation dans le monde intérieur spirituel, et qui, dans le physique, s'appelle la quintessence. Enfin les 6e et 7e colonnes, sont l'épanouissement dans la Lumière de ce qui a été semé dans les éléments.

.˙.

LE MICROCOSME

Ce quatrième tableau comprend aussi les sept formes selon ses sept colonnes verticales, comportant chacune une lettre du mot *Tinctur*, une planète et un jour de la semaine. Bœhm a décrit dans les six colonnes horizontales un ternaire établissant le parallèle des qualités en Adam avant sa chûte, en Satan et en Christ ; c'est-à-dire dans l'âme en son innocence, en sa chûte et en sa régénération.

— 191 —

	1 ♀	2 ☿	3 ♂	4 ☉	5 ♀	6 ♃	7 ☾
	A	M	E	ES	PR	IT	CORPS
Adam Satan J.-C.	Convoitise Acuité Verbe	Mouvement Colère Vie	Sensibilité Douleur Acceptation	Voir Amertume Douceur	Aimer Inimitié Gloire	Joie Frayeur Puissance	Corps céleste Souffrance Essence div.
Adam Satan J.-C.	Image Égoïsme Union	Exhalaison Vaine science Abandon	Mobilité Vol. propre Souffrance	Hauteur Tyrannie Sacrifice	Vol. infér. Orgueil Désir	Louange Honte Harmonie	Unité Folie Sagesse
Adam Satan J.-C.	Goût Querelle Baptême	Sens Mensonge Loi	Tempérament Angoisse Apostolat	Compréhension Doute Espérance	Esprit Chûte Humilité	Parole Puanteur Foi	Evestrum Vomissement Génie
Adam Satan J.-C.	Force Régner Bassesse	Pénétration Force Obéissance	Puissance Méchanceté Compassion	Sainteté Soif Pardon	Convenance Étourderie Don	Puissance Folie Création	Trône Am.-propre Honorer
Adam Satan J.-C.	Ange Diable Christ	Serviable Ennemi Introversion	Doux Voleur Pénitence	Animal Assassin Nouvelle vie	Beauté Prostitué Sainteté	Vertu Poison Restitution	Chair Chair terr. Sophia
Adam Satan J.-C.	Ciel Enfer Appel	Innocence Lutte École	Occulte Douleur Délivrance	Manifeste Chute Renaissance	Chant Folie Joie	Harmonie Confusion Prière	Paradis Abîme Viridité

Jacob Boehm a écrit ces tables en février 1624, à la demande de Johann Siegmund von Schweinitz et d'Abraham von Frankenberg.

LA MANIFESTATION DIVINE

(47ᵉ *Epître théosophique*)

Dieu considéré en Lui-même, au-dessus de la Nature et de la créature, laisse apercevoir sept aspects :

1. — L'abîme.   Aın-soph
2. — Le rien et le tout ; l'un ; le Père.   Je
3. — Le désir, conceptualité du vouloir ; le Fils.   Ho
4. — La *science*, le mouvement, l'Esprit.   Vah
5. — La Trinité, la raison éternelle de toutes choses.
6. — Le Verbe divin, le parler, l'expression.
7. — La Sagesse, le verbe prononcé, miroir où Dieu se contemple.

Ici commence le Grand Mystère *(Mysterium magnum)* ou la Nature éternelle, c'est la différenciation qu'opère le Verbe en se prononçant ; elle a lieu d'abord en sept formes, puis se subdivise indéfiniment. Elle part d'un état d'harmonie qui forme la frontière, si l'on ose dire, entre Dieu et l'Éternelle Nature : cet état est la *Teinture* (10).

8. — Le 1ᵉʳ principe (voir plus haut) comprend les trois premières formes :

La convoitise, nuit, dureté, astringence (sel).

L'aiguillon, *science*, mouvement, vie infernale, principe de l'inimitié.

L'angoisse, *essence*, tempérament, sensibilité (soufre).

Le feu sépare ce 1ᵉʳ principe du

9. — 2ᵉ principe (Dieu selon l'Amour) qui se compose des trois dernières formes :

La lumière ou l'amour.

Le son, ou la différenciation, la séparation

Et l'être, ou la sagesse essentielle.

11. — Les trois premières formes sont la vie diabolique; et les trois dernières la vie angélique.

12. — La matière de ce dernier monde est l'Elément pur, d'où naîtront plus tard, dans le 3ᵉ principe, les quatre éléments.

13. — La vie propre, la croissance et le mouvement et toutes les transformations, dans ce monde angélique, intérieur, spirituel, c'est le Paradis.

14. — Ici commence le monde extérieur temporel. Ces trois mondes sont au-dedans l'un de l'autre; ils ne sont ni en haut, ni en bas, ni internes, ni externes; ils sont ensemble; tout est dans tout. — Ce troisième principe est le Verbe prononcé, signature des deux invisibles qui le régentent; voici comment on peut le représenter :

15. — Le Verbe prononçant dans le 1ᵉʳ principe, devient l'âme humaine dans le second principe, et dans le 3ᵉ, le firmament, eau sèche ignée, à rayonnement stellaire.

16. — L'Amour et la Colère luttant (dans le 1ᵉʳ principe), Adam innocent (dans le 2ᵉ) deviennent, ici-bas, la Quintessence, les étoiles, l'astral, c'est-à-dire, forces subtiles différenciées en bien ou en mal, analogiquement à la différenciation de la *Science* divine. Cette quintessence est la vie bonne des créatures.

17. — La loi de Dieu s'appliquant à la différenciation (1ᵉʳ principe), la vie humaine dans l'harmonie du paradis terrestre (selon le 2ᵉ principe) produisent, dans le 3ᵉ, les quatre éléments terrestres, avec leur venin et leurs impuretés.

18. — Le monde matériel physique.

CORRESPONDANCE
DES SEPT FORMES ET DES QUATRE ÉLÉMENTS

(47ᵉ *Epître théosophique*)

La loi divine, promulguée selon le Verbe créant, fait que l'homme tombe hors de l'harmonie paradisiaque. La convoitise est le *fiat*, ou le commencement de la Nature ; elle s'imprime en sa propre substance : de là vient tout ce qui est astringent, pesant, dur, inerte, Saturne, la TERRE.

La malédiction divine, selon la Nature, fait naître la distinction du bien et du mal et la matérialité du corps. De la Science viennent mouvement, différence, sensibilité, vie. Elle est la séparatrice du pur et de l'impur ; c'est par elle que dans la quintessence, les terres grossières sont rejetées, et la terre pure qui reste est une eau sèche, le Mercure, principe de l'air. Car le Verbe extérieur est la contre-partie du souffle de Dieu. Tels sont la planète Mercure et l'élément EAU.

La Colère divine, précipitant l'homme dans l'enfer, c'est la 3ᵉ forme, l'Angoisse ; elle produit en nous les cinq sens, l'idéation, dans la terre le Soufre, et dans la quintessence, le *Spiritus Mundi* ; dans les planètes, Mars, renforcé par Saturne, et empoisonné par Mercure ; dans les ténèbres, l'enfer ; dans la lumière, la Joie. C'est l'élément FEU.

Dieu est pervers avec les pervers, et bon avec les bons (Ps. 18, 26), l'homme animal est ainsi bon ou mauvais, selon les influences. Du désir viennent la Nature et l'Essence ; de la *Science*, vient la vie sensible, l'acte, l'évolution et la reproduction. De l'angoisse naît le feu, ou la vie compréhensible ; du feu vient l'air, qui est le mouvement de la *Science ;* de l'air vient l'eau humide, et de celle-ci l'être élémentaire corruptible : dans les planètes, le Soleil. Tel est l'élément AIR.

Le Christ vient pour sauver l'homme mort à la vie divine.

La Volonté du Rien originel emmène toutes les qualités créées à la mort du Feu pour les faire renaître dans la Lumière. Sur la terre c'est ainsi que naissent les métaux précieux. Cet éclair du feu est un éclatement du salniter ; au milieu, on voit l'huile, et au-dessous d'elle, une eau spirituelle, qui est le corps de la Teinture. Celle-ci est la force unie du Feu et de la Lumière ; elle vient du Verbe descendu dans la Nature ; c'est Vénus.

Le Christ est le porte-parole de Dieu, contre la confusion de Babel. Ainsi, la 6ᵉ forme, le Son est le Verbe exprimé, la vie, dans son épanouissement ; c'est la vertu de chaque chose, c'est l'intelligence ; Jupiter.

Le Christ s'incarne pour s'opposer à l'homme animal. La 7ᵉ forme, Essence, Déité, Corps, est une matrice de la Quintessence, une menstrue du principe, une eau où tout se développe, un centre bon et mauvais ; la Lune.

VOCABULAIRE DE LA TERMINOLOGIE

DE JACOB BŒHME

Le petit travail qu'on va lire n'est pas un lexique complet des termes qu'emploie le célèbre théophilosophe teutonique. J'ai voulu simplement résumer en quelques lignes pour chaque mot le sens qu'il faut attribuer aux expressions rares, inconnues ou inusitées qui fourmillent dans l'œuvre touffue de ce grand illuminé. On ne trouvera donc point ici une exposition de son système, mais un simple instrument de travail pour ceux qui veulent se donner la peine de l'étudier ; c'est une tentative faite pour remédier à cette luxuriance de mots et d'images qui jointes à l'archaïsme du langage, découragent, en France, beaucoup d'esprits capables de comprendre cette majestueuse synthèse.

A

A. Dans la langue de la nature, cette lettre représente le désir de l'éternelle volonté tendant à sortir d'elle-même pour manifester quelque chose ; elle n'a pas de qualité et les renferme toutes.

Abîme. Demeure de l'unité divine, le Rien éternel, c'est-à-dire ce qui n'est aucune chose particulière.

Adonaï. Voici à quoi correspond ce nom hiéroglyphique :

AD	—	Père	—	Volonté	—	IE
O	—	Fils	—	Désir	—	HO
N	—	Esprit	—	Science	—	VAH
A	—	Puissance	—	Parole	—	Vie
I	—	Couleurs	—	Sagesse	—	Vertu

C'est le mouvement propre de l'éternelle et insondable unité.

Æther. Chaque chose a son éther, c'est-à-dire son principe

imaginatif, qui fut cette chose avant qu'elle n'ait reçu sa forme.

Alchimie. Bœhme n'en parle que selon son illumination. Voyez tout le *Signatura rerum*.

Aquaster. C'est la matrice de l'élément eau, qui produit le côté féminin dans les créatures; l'aquaster céleste est l'essence de la terre céleste ou de l'élément saint.

Archée ou Séparateur. C'est le Mercure igné ou le Verbe extériorisé dans toute chose, l'agent par lequel les êtres sont formés; il détermine avant tout leur esprit; de lui viennent les quatre éléments.

Astral. Les vertus des corps sidérés s'entremêlent dans l'espace; celles d'entre elles qui peuvent se combiner se substantialisent par cette combinaison (voyez *Formes de la Nature*, le son) et donnent deux produits: l'un, corps spirituel ou astral, et l'autre, corps matériel ou élémentaire ou physique. Ainsi l'astral est partout; le soleil est son centre générateur; il est lui-même l'âme du monde. Son point de perfection est l'élément un, fixe et céleste.

Amour. C'est le Cœur de Dieu, son verbe, les noms Jésus et Jéhovah; dans l'homme, c'est la demeure de Dieu; dans la création, c'est la cinquième forme de la nature. C'est enfin le moyen, le but et le procédé de notre régénération et de celle du monde entier.

Ame. L'âme de l'homme est, d'après Bœhme, le feu central éternel de la volonté propre : elle est donc le premier principe; elle est le résumé des trois mondes, possède en spirituel les sept formes de la nature, elle est immortelle et plus haute que les anges. L'esprit de l'âme est la lumière centrale ou Temple de Dieu. L'âme a un corps dans le monde de la lumière, c'est l'élément pur; elle a un corps astral selon le *spiritus mundi*, et un corps physique. Elle est localisée dans le cœur; le cerveau est son organe, la Teinture du corps est son corps; le sang est sa maison.

C

Cène. Le corps du Christ est partout; la cène évangélique est donc le symbole de la cène spirituelle qui se reproduit chaque fois qu'un homme régénéré se nourrit de la volonté de

Dieu, c'est-à-dire de la chair et du sang du Christ. Ce corps sacré devient le corps nouveau du disciple qui revêt son âme lorsqu'elle résiste au feu de la Colère ; c'est l'âme qui mange la chair et qui boit le sang du Christ et qui fabrique ainsi, avec la coopération de la Trinité, la Vierge Sophia. La lumière spirituelle comme la lumière matérielle est un agent d'expansion ; en se donnant autour de soi elle donne en même temps ce dont elle se compose, c'est-à-dire sa vie et son essence ; et comme elle se donne indifféremment à tout ce qui l'entoure (c'est-à-dire selon le langage de Bœhme, à l'élément tempéré ou harmonie), elle récupère incessamment ce qu'elle dépense ; prenant ceci dans le spirituel, et le réalisant dans le matériel, nous arriverons à comprendre le grand mystère de l'alimentation spirituelle. La foi du communiant saisit l'âme du Christ, sa bouche intérieure saisit son corps et son sang, sa bouche extérieure saisit le pain et le vin.

Convoitise (V. *désir*, *formes*). C'est l'attraction ; sa mère est la volonté, elle peut être double : ou dans la lumière ou dans les ténèbres, elle peut venir de Dieu ou d'une créature ; dans tous les cas, elle est un *Fiat*. Son action est saturnienne, son moyen est magnétique ; son objet est un enfantement dans quelque monde que cela soit.

Cérémonies extérieures. Sont, en quelque sorte, des moyens mnémotechniques ; lorsque le Saint-Esprit ne les vivifie pas, elles sont antichristiques.

Constellation. C'est l'aspect des étoiles ou mieux le schéma des influences invisibles ; il y en a une externe, dans le *Spiritus Mundi*, et une interne, pour les âmes.

Corps du Christ : composé du même élément pur dont est fait le soleil.

Cagastrum. Le feu extérieur de la génération, le centre de la Nature.

Centres. Il y a un centre qui est Dieu en soi. Quand Dieu se propose de créer, il y a un premier centre qui est son Verbe, un second qui est le Verbe prononcé ou Sagesse, un troisième qui est le Verbe Fiat. — Les centres de la Nature sont ses sept formes distinguées en centres ignés et lumineux. Le centre de l'homme, c'est la vie ignée de l'âme. Tous les centres contiennent la pierre des Sages.

Chaos. C'est toujours un abîme, un *mysterium magnum*.

En Dieu, c'est Dieu même comme essence des essences ; dans la création, c'est l'œil de l'éternité, le désir vers la nature, le Verbe parlant ; c'est enfin la racine de la Nature, ou la septième forme de la génération créaturelle.

Ciel. C'est le royaume de la joie ; il se trouve entre le paradis et l'enfer, il est partout jusqu'au jour du jugement. Il comprend la Teinture, le Mercure igné, la Matrice éternelle. Il y a un ciel extérieur qui est le ciel étoilé, et un ciel intérieur qui est la septième forme, le corps de Dieu, l'élément saint ; il produit des plantes et des animaux ; enfin il se répercute dans l'âme de l'homme ; mais là comme partout il est le résultat de l'expansion de l'amour.

Colère. C'est celui des trois mondes ou des trois principes qui engendre les quatre premières formes de la Nature ; il correspond à Dieu le Père et se trouve par conséquent au centre de toutes les créatures, dans lesquelles il combat l'amour. Dans l'homme c'est l'enfer, le Dragon ; il se nourrit du péché.

Corps. D'une façon générale, c'est la signature de l'esprit. Le corps de Dieu est à la fois le Saint Ternaire, l'élément pur et ce monde. Le corps de l'homme est le fils de toute la nature ; son corps extérieur est le *mysterium* du 3ᵉ principe ; son corps intérieur nouveau est le *mysterium* du 2ᵉ principe ; entre les deux est le corps sidérique. Les autres créatures de ce monde possèdent un corps physique et un corps astral.

E

Enfer. C'est une prison construite par le diable, c'est-à-dire par la chûte de Lucifer, qui comprend les quatre premières formes de la nature ; sa vie est la colère, c'est le centre du monde visible ; son fondement est le dragon ou Satan. Il s'interpénètre dans ce monde (le 3ᵉ) avec le ciel, par conséquent se trouve partout et surtout dans l'âme de l'homme. Il a des créatures, des habitants, des végétaux et des fruits.

Esprit. Toute volonté s'exaltant produit un esprit ; on distingue le Saint-Esprit, l'esprit de ce monde et les esprits de toutes les créatures. Le Saint-Esprit est le souffle d'amour qui relie le Père au Fils ; il n'est compris par l'homme qu'après la régénération ; il descend en nous par la douceur et l'humilité, et construit son temple dans notre âme. Le *Spiritus*

Mundi est l'esprit des étoiles, l'astral, l'âme du monde ; c'est la ressemblance de l'Esprit-Saint dans le 3ᵉ principe dont il est la vie ; il tend vers la Teinture et vers l'Élément saint. — Enfin il est des esprits élémentaires et astraux dans les créatures, qui ne sont ni saints ni éternels. Il ne faut pas les confondre avec les essences et avec les âmes.

Eden. C'était en quelque sorte le Paradis sur la terre ; avant Ève, Adam habitait le Paradis dans le Ciel ; après, il lui fut donné l'Éden sur cette terre : cet Éden est d'ailleurs interpénétré par les forces célestes ; c'est la chûte de Lucifer qui avait déterminé l'Éden, sans quoi la terre entière aurait été un paradis.

Egoisme, appelé aussi Propriété, Soi-isme : c'est une image du diable ; il constitue le tourment des damnés et c'est le chemin le plus court du démon à notre âme.

Éléments. Ils ont une mère fixe cachée en eux et dans laquelle ils aspirent à rentrer ; ils sont produits par l'action des quatre premières formes de la Nature (V. *Formes*) ; ils sont habités par des esprits, et les diables agissent par eux ; ils sont un lieu de combat et produisent par suite la maladie et la mort ; ils sont le corps des choses, ils cachent le corps astral, lequel renferme la quintessence ; celle-ci contient la Teinture où les deux feux centraux sont conjoints. Au-dessus, il n'y a que Dieu.

Élément saint. Il remplit le Ciel ; il en est la corporéité, la terre ; c'est le corps de la Vierge, le Saint Ternaire, le Paradis, le principe du corps du Christ, l'Universel ou Teinture ; il formait le corps d'Adam. C'est une essence spirituelle qui se coagule autour du Verbe créateur ; le mouvement de la création en divise les quatre qualités. — Voici comment il est produit. La vie divine produit la vie angélique, l'âme des anges ; cette âme ou ces âmes se construisent des corps, qui sont comme l'huile dont s'alimentent leurs feux ; cette huile produit l'Élément saint, et cet Élément contient la terre céleste ou l'aliment du Paradis.

Ens. C'est la vie de la septième forme, sensible, végétante, le verbe prononcé, qui se prononce, se forme et se coagule de nouveau dans la croissance. C'est le verdoiement.

Essence. Voici quelle est la génération de l'Essence dans le monde divin. (V. ce mot.)

La science éternelle attire en soi la volonté du Père, constitue un centre dans le Ternaire divin et l'exprime par un verbe. Cette verbalisation est une séparation, une individualisation, qui désire se concevoir elle-même ; c'est cette conception qui est l'essence. Ce procès se répète dans tous les plans. Par suite le Fils est à lui-même sa propre essence ; en l'homme, la volonté et le désir sont deux essences éternelles, qui produisent la vie psychique ; il y a des essences dans les étoiles, les éléments et les enfers.

Evestrum. Courant astral de réaction provoqué par une âme humaine ou autre.

F

Feu. Il y en a une grande quantité. Celui du premier principe est le feu interne, sombre, froid et colérique ou infernal : il est compris dans la quatrième forme de la nature ; il résulte de l'angoisse dans toute matrice ; il est magique et éternel. Le feu du second principe est la lumière et l'amour, la cinquième forme de la nature ; c'est le feu du sacrifice ; il transmue le feu colérique et régénère l'homme. Le feu élémentaire ou du troisième principe comprend tous les feux matériels. Dans tous ces feux habitent des créatures.

Fiat est le verbe créateur ; il sépare les formes et agit par le désir et par la lumière essentielle.

Formes de la nature, ou qualités, ou propriétés, ou roues sont au nombre de sept ; chacune d'elles est une appétence et engendre les six autres. La première est le désir attractif qui produit l'amertume ; réagissant l'une sur l'autre et cherchant à échapper l'une à l'autre, elles engendrent l'angoisse rotatoire. Ce sont le soufre, le mercure et le sel ; leur mouvement produit l'éclair du feu (4e) qui, lorsqu'il trouve son aliment, produit la lumière (5e) ; celle-ci en se répandant produit le son (6e) ou la forme compréhensible ; et toutes les six forment l'essence (7e). Elles correspondent respectivement ou expriment l'action de Saturne sur la Lune, de Mercure sur Jupiter, de Mars sur Vénus, du Soleil, de Vénus sur Mars, de Mercure sur Jupiter et de la Lune sur Saturne. Les trois dernières formes sont le 2e principe, le Fils. On peut dire aussi que le Père produit la première et la dernière forme ; le Fils, la seconde et la sixième ;

l'Esprit, la troisième et la cinquième. Le Feu est le séparateur ou résoluteur.

Fureur est la racine de toutes choses, l'aliment du Diable et le principe de tout mouvement. V. *Colère*.

G

Génération, que Saint-Martin traduit par *engendrement*, est multiple. Il y a une génération intérieure de Dieu qui est incompréhensible, et une génération extérieure qui est la septuple forme de la Nature.

Ce monde possède une triple génération : extérieure, astrale et intérieure ; son principe et sa fin est l'éther. La génération de l'homme est analogue ; l'homme apporte l'âme, et la femme l'esprit ; dans le sein de la mère commencent déjà des combats, et le Christ descend déjà au secours de l'âme de l'enfant.

H

Huile désigne la force de la Teinture chez les êtres des trois mondes ; elle est générée par la combustion de la Teinture qui se brûle elle-même sans se diminuer.

I

Iehovah ou Tetragrammaton est le soutien de toute parole. *Ie* est le Père ; *Ho*, le fils ; *Vah*, l'esprit ; c'est Dieu omniprésent, et Jésus est sa force ; c'est le fondement de la magie et de la cabale.

Iliaster. C'est le commencement de la Nature, l'état à demi paradisiaque de l'essence divine hors de la Nature se compactant pour devenir une Nature. C'est le *fiat* ténébreux ; c'est la terre dans la génération du troisième principe, la forme sévère.

Imagination. A son principe dans la première forme, dans le désir ; et elle se propage jusqu'à la quatrième, le feu, par qui elle devient spirituelle : là elle peut à son gré retourner dans sa mère ténébreuse ou mourir pour renaître dans la lumière ; ainsi, là où l'homme met son imagination, là il se trouve ; elle est le médium de tout progrès ou de toute chute.

Impression. C'est le résultat de la Convoitise (V. ce mot).

Inqualifier. C'est le mouvement par lequel une force entre dans un organisme, le vivifie et en sort : telle est la fonction respiratoire ; mais elle s'étend à tous les plans et à toutes les forces.

L

Limbus. Désigne la matrice de la forme ignée, comme l'Aquaster est la matrice de la forme aqueuse ; dans le monde physique, c'est le principe des êtres mâles ; comme dans l'astral, celui des étoiles ; dans l'élément pur, c'est le Paradis ; et en Dieu, le limbus de la Teinture céleste est l'homme régénéré.

Langues. Il y a cinq alphabets principaux : celui de la nature, l'hébraïque, le grec, le latin et celui de l'esprit.

Limus. Est la terre rouge de la Genèse ; il est céleste et terrestre. Le Limus céleste est l'Ens du Verbe du Seigneur, par qui le nom de Jésus s'est incarné ; le terrestre est l'Ens du Serpent, sur lequel est l'épée de Cherub ; il doit ressusciter de la mort.

M

Magia. Sort du Père et est conçue par le désir ; elle est divine ou diabolique ; sa forme principe est la trinité divine révélée dans la 6e forme. Appliquée au 3e principe, elle peut en changer les formes ; mais l'homme ne connaît pas la force magique qui réside dans son âme et qu'il peut réaliser par des plantes et des animaux. La magie naturelle fut la magie des sages païens ; ils ne purent arriver jusqu'à Dieu.

Matrice. Est triple : celle du feu, celle de la lumière et celle de ce monde. La première est, au Paradis, cachée en Dieu ; elle est la prison des diables ; elle sépare toutes choses lorsqu'elle arrive à l'engendrement ; d'elle viennent les maux et toutes les créatures imparfaites de ce monde. La deuxième matrice appartient au 2e principe ; elle est l'amour d'où viennent les âmes, les anges et par qui passe l'Esprit Saint ; elle a créé le ciel étoilé. Entre ces deux matrices passe un désir constant de réunion. — La matière de ce monde comprend les deux autres ; c'est le ciel astral, car matrice et ciel sont la même chose.

Magnet. C'est la convoitise *essentielle* de la nature.

Mens réside dans l'Ens comme l'âme exprime par le corps le mot mental du mot *ental*. C'est l'eau spirituelle dont la force est la plus haute teinture.

Mercure. Le Mercure intérieur est le Verbe que le Père exprime dans l'ignition de sa lumière ; il est le son, la musique des Anges ; le Mercure extérieur est un feu froid et chaud, une eau sèche, un séparateur, une archée, l'artisan de la nature physique ; c'est donc en lui que réside l'arcane de l'alchimiste ; c'est alors un poison, et plus le poison est violent, plus le baume qu'on en peut extraire est pur. Le feu est la bouche de l'Essence, la lumière en est le souffle, et le son ou Mercure en est la parole.

Mesch, dans la langue de la nature, est la terre rouge, le Limus de tous les êtres.

Minéraux. Sont des métaux non fixés.

Mondes. Il faut bien noter qu'ils s'interpénètrent. Lorsque le Verbe sort du Père, il produit quelque chose, du sensible, une division, qui comprend les quatre premières formes de la nature ; puis une expansion, un rayonnement qui est le monde de la lumière, comprenant les trois dernières formes ; ces deux mondes sont coéternels ; leurs réactions produisent les êtres temporels qui constituent le troisième monde, le monde élémentaire ou physique, ou matériel. C'est pourquoi ce dernier est une image de l'éternité. Les minéraux sont une correspondance du premier monde, les végétaux du deuxième, les animaux le représentent lui-même, et l'homme est destiné à être son Dieu.

Mumie. C'est un corps balsamique, immuable et incorruptible. Tel était le corps du Sauveur.

Mystères. Le mystère de ce monde est notre corps actuel ; le mystère du monde de l'Amour est le corps de gloire ; l'âme est le mystère de Dieu le Père ; le royaume de Dieu en nous est le mystère spirituel. Il y en a encore d'autres, mais les deux éternels sont celui de l'Amour et celui de la Colère. Le principe de tous les mystères est le *Mysterium magnum* qui se trouve partout, dans la terre comme dans l'homme. Son Ens est le *Spiritus Mundi;* il est éternel et produit les deux opposés que nous venons de nommer.

N

Nature. il y a une Nature éternelle qui est l'opération des sept sources spirituelles en formes et qui est la mère des trois principes. La Nature temporelle est notre monde physique qui est appelé d'ailleurs à se fondre dans la nature éternelle après le Jugement dernier.

Nécrolice, le monde ténébreux ou plutôt les trois premières formes.

Nécromantie, l'esprit du Feu.

Néant ou **Rien** est Dieu opposé aux créatures qui toutes sont quelque chose, en ce sens que Dieu n'est ni ceci ni cela, qu'il est inconcevable, avant le commencement de quoi que ce soit.

Nigromantia. Magie noire, thaumaturgie de l'Enfer.

Noces de l'Agneau. Union de l'âme et du Verbe par le moyen de Sophia ; elles doivent être célébrées dans les trois principes.

P

Phantaisie. C'est la volonté de tout centre désirant la vie ignée. Elle appartient donc aux enfers ; Lucifer est son prince.

Principes. V. *Mondes.* — Dans notre monde, ils s'appellent Sel, Soufre et Mercure ; ils sont pervertis.

Q

Qualités. V. *Formes.*

Quintessence. C'est la racine des quatre éléments, ou élément pur ; sa couleur est le blanc, elle est partout parce qu'elle est l'Ens du Verbe de la création ; elle réside dans l'huile de l'esprit du soufre, et contient la teinture. Enfin c'est l'Ens du feu et de la lumière.

R

Régime. Celui du ciel est triple ; chacune de ses parties est soumise à l'une des trois personnes divines ; ses chefs sont Michel, Raphaël et Gabriel. Celui de la terre est corrompu ; Nimrod est son protagoniste. Enfin le régime spirituel de l'homme réside dans l'humilité.

Roues. C'est le mouvement des sept formes qui tournent les unes dans les autres.

S

Salitter ou Salniter est divin ou terrestre, selon qu'il est la force des sept sources-esprits en Dieu ou dans la nature ; ce dernier est la demeure du diable ; c'est sur cette terre le Saturne des sages.

Scienz. Est la volonté éternelle sortant de l'abîme. Dans l'amour, c'est la connaissance ; dans le feu, c'est la science diabolique.

Sel. C'est la première des sept formes, par conséquent la première matière de notre monde ; c'est le principe de toute corporéité, dans tous les mondes.

Soufre. Est la deuxième forme, il est universel comme le sel et le mercure ; il est le feu central agissant dans les créatures à l'image de Dieu le Père.

Sophia. N'est pas la Vierge Marie, mais s'est incarnée en elle, elle est l'esprit de l'élément pur, le miroir de Dieu, la force de la teinture, l'amour essentiel, l'œil dont l'éclat défie toute description. Elle habite partout, son époux est l'âme de l'homme, elle corporise toutes les productions célestes, elle est le grand sabbat, le voile translucide au travers duquel nous pouvons apercevoir Dieu.

T

Ténèbres. Sont la demeure du feu froid des diables, leur feu est glacé jusqu'à ce qu'elles atteignent l'angoisse. Elles désirent la lumière sans pouvoir la posséder que dans le mystère de la régénération de l'homme.

Teinture. Son principe est le feu, et son corps est la lumière. Elle réside dans les trois principes de l'essence divine, ainsi que dans ce monde. Ici elle est double, masculine ou féminine, ignée ou lumineuse ; il y en a une dans l'homme et une dans chacun des trois règnes ; son mouvement est l'élément pur, elle est dans la nature septuple ce que l'esprit est dans la Sainte Trinité. Elle habite entre les trois mondes ; son nom est indicible, elle est le parfum, la splendeur, la suavité. Son emploi est indispensable dans les arts occultes, et plus elle est noble, plus elle est profondément cachée.

Turba ou *Turba Magna*. Est en quelque sorte une huitième forme qui réside dans la multiplicité des volontés. Elle est le régime de la fureur ou l'atelier du diable, et ne sera consumée que par le déluge de feu.

V

Vie. Toute vie est un feu, ou une teinture sortant d'un feu. Ainsi le Fils est la vie du Père ; l'huile du sel, du soufre et du Mercure, en brûlant constitue la vie de la lumière.

Chaque mystère possède une double vie : l'une spirituelle, l'autre essentielle ou naturelle. En outre, dans les créatures, la vie est végétative, sensuelle et mercurielle ou compréhensive. La vie masculine a une teinture composée de Soleil et de Mars, et celle de la vie féminine comprend Vénus et Mercure.

Vierge Céleste. Est contemporaine de la Sainte Trinité qu'elle rend compréhensible à l'âme. (V. *Sophia*.)

*
* *

Terminons ce petit travail par quelques considérants. — Jacob Bœhme ne mérite pas la double réputation qu'on lui a faite : de folie incompréhensible ou de sublimité absolue. Lorsqu'on se donne la peine d'apprendre sa langue, d'élaguer les redondances, les répétitions, les tournures de style embarrassées, il devient clair, profond, lumineux ; le comte de Divonne l'a bien montré lorsqu'il a écrit ces pages si substantielles que Guaïta a remises au jour (1). Mais, pas plus qu'aucun homme il n'a la vérité unique, la science totale. Son œuvre grandiose offre aux esprits érudits l'étonnant rappel de l'ancienne théosophie brahmanique : mais il se tient constamment, pour employer une expression de Kabbale, dans la sphère de *Ma*. Il a vu des choses effrayantes de profondeur, et, merveille encore plus rare, il a conservé l'humilité christique ; nous nous considérons, avec bien plus de motifs que Saint-Martin, comme indigne de dénouer le cordon de sa chaussure ; mais nous voulons simplement rappeler que l'aliment qu'il offre n'est pas bon pour tous et que son élixir n'est pas le seul qui puisse procurer à l'homme l'immortalité céleste.

(1) *La Voie de la Science divine.*

TABLE DES MATIERES

Avant-propos 1
Préface de l'auteur au lecteur ami de la sagesse 3
I. — Ce que l'on dit de Dieu dans la connaissance de la signature est muet et insignifiant ; dans le composé humain se trouve la signature selon l'être de tous les êtres 5
II. — De l'opposition et du combat dans l'être de tous les êtres 10
III. — Du grand mystère de tous les êtres 17
IV. — De la naissance des quatre éléments et des étoiles à la propriété métallique et créaturelle . . . 24
V. — De la mort sulfureuse, de la résurrection et de la réintégration du corps en sa première splendeur 34
VI. — Comment s'engendrent l'eau et l'huile de la différence de l'eau et de l'huile, de la vie végétative. 39
VII. — De la condition d'Adam au paradis, et de celle de Lucifer avant son péché ; comment leur imagination et leur orgueil les ont fait périr . . . 46
VIII. — Du bouillonnement sulfureux de la terre ; de l'accroissement de la terre, et de la séparation des espèces, une porte est ouverte ici à la sagacité des chercheurs. 63
IX. — Comment l'interne signe l'externe 74
X. — De la cure intérieure et extérieure de l'homme . 87
XI. — Des souffrances, de la mort et de la résurrection du Christ ; du miracle du sixième règne, et de consommation de l'œuvre 102
XII. — Des sept formes dans le royaume de la mère ; comment la septième forme, solaire, est revivifiée, à l'image de la résurrection du Christ . . . 122

XIII. — De l'antagonisme de l'esprit et du corps et de sa cure 131
XIV. — De la roue du soufre, du mercure et du sel, de la régénération du bien et du mal ; comment ils se changent l'un en l'autre et se manifestent l'un par l'autre, tout en restant dans la première création du miracle de Dieu, pour sa manifestation et sa gloire 145
XV. — De la volonté du grand mystère selon le bien et selon le mal d'où viennent la bonne et la mauvaise volonté et comment elles influent l'une sur l'autre . . . . , ... 159
XVI. — De la signature éternelle et de la joie céleste, pourquoi toutes choses sont portées vers le bien et vers le mal 168
Supplément. — La sphère philosophique . . . , . . . 179
    Les sept formes de Babel 182
    Table des principes 184
    La manifestation divine 192
    Correspondance des formes et des éléments. 194
    Vocabulaire. 196
    Table des matières 209

Saint-Amand (Cher). — Imprimerie Bussière

LIBRAIRIE GÉNÉRALE DES SCIENCES OCCULTES
BIBLIOTHÈQUE CHACORNAC
11, QUAI SAINT-MICHEL, 11. — PARIS (Vᵉ)

OUVRAGES DU TRADUCTEUR

Les Tempéraments et la Culture psychique d'après Bœhme, 2ᵉ éd. refondue, in-8. Prix 1 franc.

Les Miroirs magiques, br. in-8, 2ᵉ éd. Prix 1 fr. 50.

Les Incantations, vol. in-18, schémas. Prix 3 fr. 50.

Les Plantes magiques. vol. in-18. Prix 2 francs.

Theosophia practica, trad. de l'allemand de GICHTEL, vol. in-8 carré, fig. en couleurs h. texte. Prix 7 francs.

Pensées et Vie de Gichtel, trad. de l'allemand, br. in-8. Prix 1 fr. 50

Esprit de la Prière, trad. de l'anglais de W. LAW, br. in-18 Prix 1 fr. 50.

Vie, Œuvres et Doctrines de Jacob Bœhme, avec portrait, br. in-18. Prix 1 fr.

Eléments d'Hébreu d'après Fabre d'Olivet, br. in-18. Prix 1 franc.

Les Lettres magiques, vol. in-18. Prix 1 fr. 50.

Vos Forces, 2ᵉ et 3ᵉ séries, trad. de l'anglais de PRENTICE MULFORD. vol. in-8. Prix 3 francs chaque vol.

Initiations, 3 contes pour les petits enfants, in-16. Prix 2 fr.

Essai sur le Cantique des Cantiques, br. in-8. Prix 1 fr. 50.

En collaboration avec le Dʳ Papus :

L'Almanach du Magiste, année 1894 à 1899, br. in-18.

Épuisés :

Le Messager céleste de la Paix universelle, trad. de l'anglais de JEANNE LEADE, br. in-18.

Le Gui de sa philosophie, traduit de l'anglais de PETER DAVIDSON, br. in-16 carré.

Iatrochimie et électro-homéopathie, traduit de l'allemand de SATURNUS, br. in-18

La Création, br. in-8.

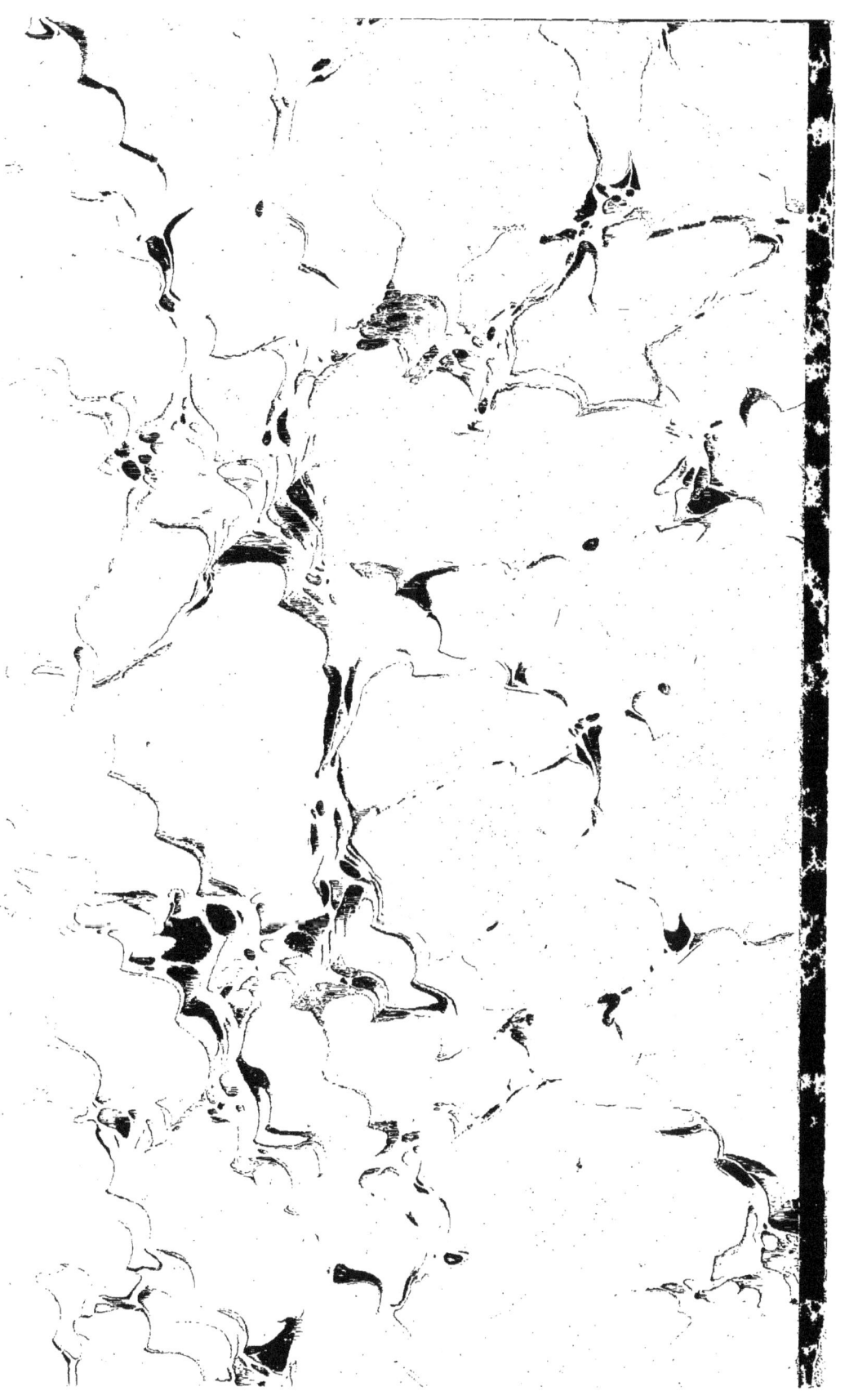

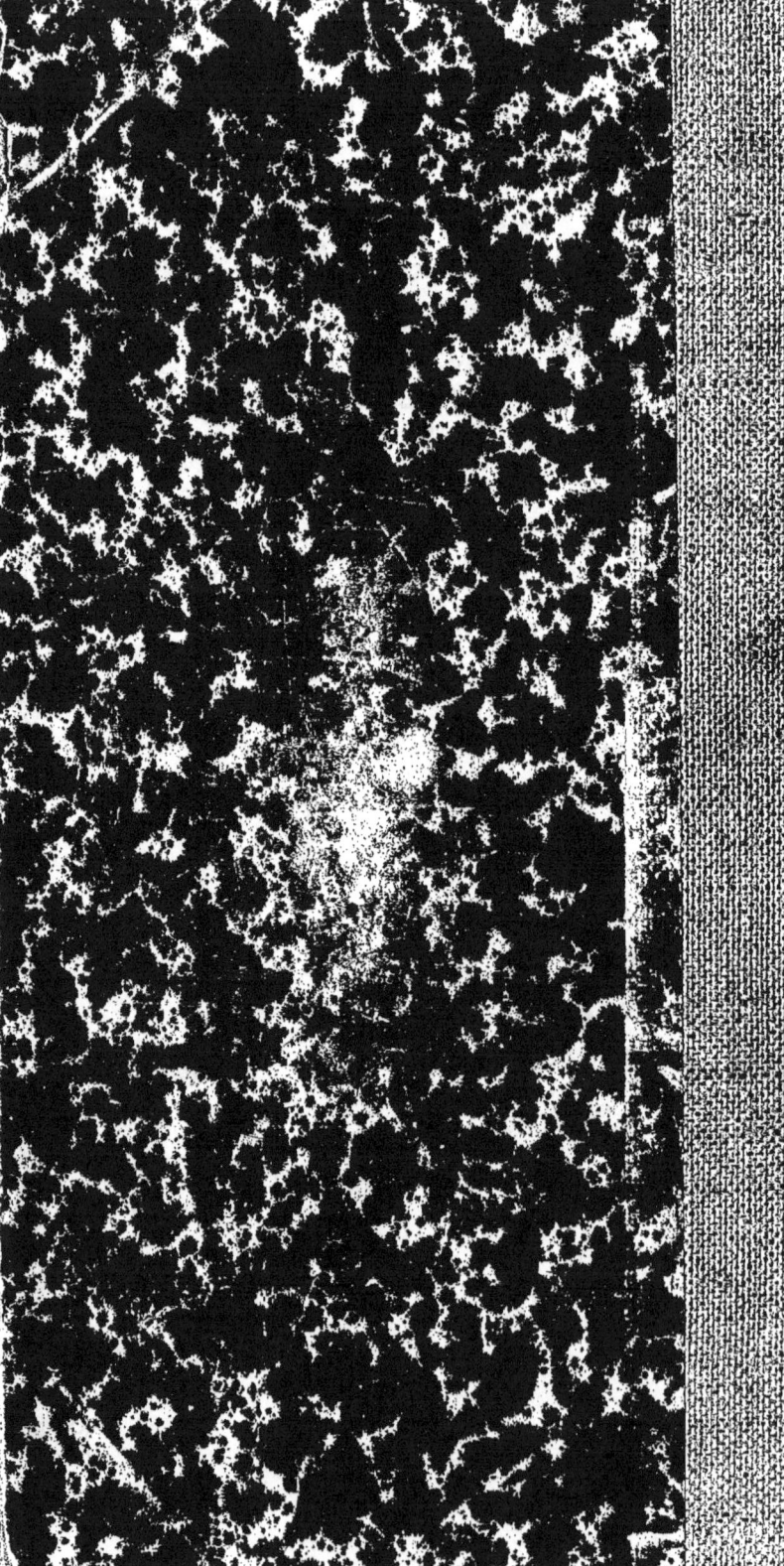

www.ingramcontent.com/pod-product-compliance
Lightning Source LLC
Chambersburg PA
CBHW071950160426
43198CB00011B/1627